「Between C&D」
>>P.44
『謄写技法 別輯1
ガリ版刷春本編』
>>P.40
定休日は
毎週水曜日
『張り込み日記』
>>P.28
『ドクメンタ13
マテリアルズ』
>>P.17
鮮魚
竹蔵
BETWEEN C AND D
謄写技法 別輯I
ガリ版刷春本編
エロ写植
『エロ写植』
>>P.35
「モスクワ・
ローリングストーンズ・
ファンクラブ会報」
>>P.14
ТЮМЕНЬ

①『HENRY DARGER'S ROOM』>>P.48　②BOOKS AND PRINTS&ZING >>P.53　③『Hello My Big Big Honey!　Love Letters to Bangkok Bar Girls and Their Interviews』>>P.64　④『らせん階段一代記』>>P.67　⑤『ニッポンの廃墟』>>P.78　⑥『1コイン廃墟ブックレット特別版　消えゆくニッポンの秘宝館　秘宝館を世界遺産に!』>>P.78　⑦『知られざる日本人　南北アメリカ大陸編―世界を舞台に活躍した日本人列伝』>>P.70　⑧『izakaya THE JAPANESE PUB COOKBOOK』>>P.74　⑨『銀座社交料飲協会八十年史　銀座 酒と酒場のものがたり』>>P.83　⑩『田中コレクションⅡ　サキオリから裂織へ』>>P.86　⑪『中国低層訪談録　インタビュー どん底の世界』>>P.90　⑫『トラック野郎風雲録』>>P.94　⑬『別冊映画秘宝　映画『トラック野郎』大全集』>>P.94　⑭「任侠手帳2010」「月刊 実話ドキュメント」2010年2月号別冊付録 >>P.97　⑮「昭和の「性生活報告」アーカイブ」>>P.101　⑯『ホットロード』>>P.105

⑰『歌謡・演歌・ナツメロ　ナレーション大全集』>>P.107　⑱『音楽が降りてくる』>>P.114　⑲『音楽を迎えにゆく』>>P.114　⑳『せんだいノート　ミュージアムって何だろう?』>>P.116　㉑『死刑囚90人　とどきますか、獄中からの声』>>P.119　㉒『リアルタイム「北海道の50年」すすきの風俗編』>>P.111　㉓『ロング・グッドバイ　浅川マキの世界』>>P.122　㉔『アメリカは歌う。歌に秘められたアメリカの謎』>>P.127　㉕『カラオケ化する世界』>>P.130　㉖『俺節』>>P.131　㉗『東京都北区赤羽』>>P.133　㉘『セレブマニア』>>P.133　㉙『レッツゴー!! おスナック』>>P.133　㉚『絶滅危惧種見聞録』>>P.134　㉛『憂魂、高倉健』>>P.136　㉜「ワンダーJAPAN」>>P.138

「LB中洲通信」>>P.140

『果因果因果因』>>P.139

『ラブホテル裏物語
女性従業員が見た
「密室の中の愛」』
>>P.136

『1234567891011121
31415161718192021
222324』>>P.135

『ビ』>>P.151

『村上春樹
雑文集』
>>P.149

『まずいスープ』
>>P.148

『電子顕微鏡で
見るミクロの
世界』>>P.146

『ナショナル
ジオグラフィック
プロの撮り方
完全マスター』
>>P.141

小松崎茂
>>P.160

山下清
>>P.158

「土佐源氏」
（『忘れられた
日本人』）
>>P.154

『田中小実昌
エッセイ・
コレクション2
旅』>>P.154

『荒野へ』
>>P.154

岡本太郎と
宮本常一
>>P.178

梅佳代>>P.173

細江英公
>>P.168

篠山紀信
>>P.165

『Gentlemen of Bacongo』>>P.204
『The Nine Eyes of Google Street View』>>P.198
The Nine Eyes of Google Street View
『隣人。38度線の北』>>P.211
森田一朗 >>P.191
サーカス
キース・ヘイリング >>P.183
Eight Ball
うしじまいい肉写真集
『うしじまいい肉写真集』>>P.230
『ODO YAKUZA TOKYO』>>P.217
『少女ポーズ大全』>>P.227
少女ポーズ大全
TIGRES DEL RING
「Los Tigres del Ring」>>P.233
『Retratos Pintados』>>P.225

『昭和のレコードデザイン集』>>P.234
『海女の群像 千葉・岩和田 1931-1964 (新装改訂版)』>>P.247
『ワイルドマン』>>P.242
『おかんアート』>>P.237
海女の群像
CHARLES FRÉGER
WILDER MANN
THE IMAGE OF THE SAVAGE
おかんアート
『アラスカ』>>P.251
『スペクター 1974-1978』>>P.256
スペクター1974-1978
SPECTER
ROADSIDERS' weekly
ECHOLILIA
『ECHOLILIA』>>P.259
壁の本
『壁の本』>>P.263

『池本喜巳写真集
近世店屋考』>>P.270
近世店屋考
「建築写真文庫」
>>P.275
Cabarets
キャバレー
14
『堕落部屋』
>>P.264
『新宿段ボール村』
>>P.279
新宿ダンボール村
迫川尚子写真集1996–1998
『上野駅の幕間』
>>P.279
『昭和の肖像〈芸〉』
>>P.293
昭和の肖像〈芸〉
小沢昭一
『サーカスの時間』
>>P.288
サーカスの時間
上野駅の幕間
昭和の肖像〈町〉
小沢昭一
『昭和の肖像〈町〉』
>>P.288

都築響一

ROADSIDE BOOKS

書評 2006-2014

まえがき 10

本をつくる 13

本を読む 63

人を読む 157

イメージを読む 197

本棚が、いらなくなる日 298

自著解題 1989-2013 302

初出一覧 308

まえがき

「また『ロードサイド』かよ」という声が聞こえてきそうな本書『ロードサイド・ブックス』は、二〇〇八年に発表した『だれも買わない本は、だれかが買わなきゃならないんだ』に続く、二冊めの書評集である。収録された書評というか記事は約八十冊ぶん。こうして一冊にまとまったものを読み返してみると、いろいろな思いがこみ上げてくる。

前書以降、僕にとっていちばんの変化、それは活字の仕事がほとんどなくなったことだ。巻末の初出リストを見てもらえばわかるように、今回の八十冊のうち、雑誌や新聞のために書いた記事は三十ほど。半分以下だし、そのほとんどは紀伊國屋書店の広報誌「scripta」で長くやらせてもらっている連載だから、まあ大半がウェブ・メディアのための原稿で、それもほとんどすべて二〇一二年一月から始めた自分の有料週刊メールマガジン『ロードサイダーズ・ウィークリー』と、その前身である無料ブログ『ロードサイド・ダイアリーズ』に書いたもの。つまり出版社から依頼された仕事がほとんどない！という驚愕の事実が、ここに明らかになった……って、仕事もらえなくなっただけじゃないですか！

それが長く続く出版不況のせいなのか、書評担当編集者に嫌われるようになったのか、原因はわからない、というかわかりたくない。たぶん、その両方なのだろう。でも日曜日の新聞の書評面や、雑誌のうしろのほうに申し訳ていどに載っかってる「書評」に、もうほとんど心動かされなくなったのも事実だ。新刊書の情報はいまや印刷メディアではなく、Amazonからの「都築響一さん、こんな本が……」みたいなお知らせや、いろんなツイートやFacebookの書き込みから得るほうが圧倒的に多くなったのは、みなさんも同じかと思う。

メールマガジンを購読していただいている方々はおわかりだろうが、ウェブには基本的に分量の制約がない。一万字、二万字の著者インタビューだって、図版を百点掲載するのだって、音声や動画を組み合わせるのだって可能だ。そういうスタイルに慣れてしまったいま、いったい八百字とか千二百字とかで、著者が心血注いだ作品を、どう語れというのだろう。前書にはそんな短い紹介記事がたくさん載っていたが、いまはもうそういう記事は、書こうと思っても書けない。依頼もないが。

二十代の初めに雑誌の編集部に飛び込んで、もうすぐ編集者生活四十年になるいま、僕のような人間ですら（というと不遜な言い方になるが）、これだけ仕事がない、ちゃんと書ける場が自分のメルマガしかないという現状には呆然とするしかないし、いったい若手の同業者はどうやって生活できているんだろうと心配にもなるが、まあ本心ではあんまり呆然も心配もしていないというか、しているヒマがない。

毎週毎週、容赦なくやってくるメルマガの締め切りのために、どこに行くにもノートパソコンを背負って、Wi-Fiでネットにつないで、寸暇も惜しんで書きまくる日々がもう二年半も続いていて、それはたしかに大変ではあるけれど、苦しくはない。苦労ではあるけれど、ストレスではない。書きたいことを書きたいだけ書けて、それを道端の産直野菜コーナーみたいに直接、読者に買ってもらって、そのお金でまた取材に出かける。深夜まで飲みながら編集者のご機嫌とったり、おしゃれなデザインにあわせてむりやり文章や図版を削ったりしてるより、はるかに健全に思えてくる。

印刷メディアの世界では、小出版社は大出版社にぜったいかなわない。僕の手作り本を置いてくれる本屋は十軒ぐらいだろうが、大手の出版社で作った本が流通に乗れば、日本中の本屋に行きわたる。自費だったら六十四ページとかが精一杯でも、出版社がウンと言ってくれたら六百四十ページの本だって可能だ。

でもウェブ・メディアはちがう。巨大出版社の総合誌と、僕の細々としたメルマガでは、予算は一万倍どころか百万倍ぐらいちがうけれど、そういうメジャー誌をウェブで読むときに、僕のメルマガと較べてモニターが百万倍大きくなるわけでも、解像度が百万倍高くなるわけでもない。音楽配信でも映像配信でもそれは同じこと、ウェブには送り手のスケールメリットを完全に無力化してしまうという、素晴らしい特性がある。有名だろうが無名だろうが関係ない。おもしろければ、ひとはアクセスし、情報は拡散する。つまらなければ、捨てられる。それだけだ。

多くのひとがそうだろうが、僕も原稿は百%ワープロソフトで書く。それをウェブに乗せて発表する。ということは完全に横書きの世界に生きている。それがこうして書籍という形態に落とし込まれて、初めて縦書きに組み直されて現れるのは、僕にとって少なからぬ違和感と、新鮮さが入り混じった感覚だ。ウェブで書いて、まとまったら本にするというやりかたが、これからもしばらくは続くはずなので、それはこういう感覚と折り合いをつけながら進んでいく、ということでもあるのだろう。

繰り返しになるが、本書に収められた原稿の多くは、メールマガジンという媒体だからこそ実現できたボリュームだ。書籍化する時点でほとんどの図版をカットせざるを得なかったが、「すぐ書いて、すぐ読んでもらって、すぐ次に行く」というこの新しいスタイルは、僕のささやかな編集者人生で辿り着いたひとつの到達点であるし、現在進行形の挑戦でもある。

本書の文中からそのエネルギーを少しでも感じ取っていただけて、メールマガジンにも目を向けていただけたらうれしいし、僕はさらに遠くに行けるだろう。

都築響一
www.roadsiders.com

本をつくる

2006

「モスクワ・ローリングストーンズ・ファンクラブ会報」

あれはソ連が崩壊した直後だったから、一九九〇年代はじめのことだ。世界の出版業界でいちばん重要な見本市ということになっているフランクフルト・ブックフェアに、そのころ僕の本を出してくれた京都の出版社といっしょに出かけたことがある。

幕張メッセを数倍大きくした会場に、世界中の出版社や書店の代表が集まり、商談に熱くなっているのを眺めるのは、飲み屋のカウンターで「よし、これ本にしましょう!」なんて話が決まったりする日本の出版業界しかみてこなかった僕には、かなり刺激的な体験だった。

会場の一角では毎年テーマを決めた書物の展覧会が開かれていて、その年はソ連の地下出版物という、タイムリーな企画の展示があった。厳しい言論統制のもと、文字どおり地下鉄のホームなどで、コートの下に隠して売られたりしていたソ連の地下出版物を〈サミスダート〉と呼ぶことも、そのとき初めて知った。

広々としたギャラリーに入ってみると、まず入り口付近の一等地には現代小説や詩の自主制作本が並んでいて、棚の前では制作者らしき知的な風貌の男女が、得意そうに説明を加えている。売ることはもちろん、所持しているだけで逮捕という環境の中で、ソルジェニーツィンの著作などを広めてきたソ連のサミスダートだから、来訪者からも惜しみない賞賛の声があがっている。

文学の奥には社会科学系の論文や政治思想に関する地下出版物のコーナーがあり、こちらも文学に劣らぬ関心を集めていた。そして、いちばん奥の柱の陰という最悪の場所に、ほかの手作り地下出版物と比較してもかなり情けないルックスの雑誌が数冊飾ってあるのを、僕と友人は目に留めた。というか、雑誌の脇にぼーっと立っていた、汚い革ジャン姿の男と目が合ってしまったのだ。

やむをえず彼が展示しているらしい雑誌に近寄って眺めてみると、表紙にローリング・ストーンズやレッド・ツェッペリンの写真が入っている。「これ、モスクワ・ローリングストーンズ・ファンクラブの会報」と、男は誇らしげにその内容を僕らに告げるのだった。

言論統制と戦う知性のエネルギーに満ちたその会場で、革ジャン兄ちゃんは明らかに、ひとりだけ浮きまくっていた。タイプライター特有の不揃いな文字が並ぶだけの、サービス判プリントぐらいの大きさの手作りロック雑誌を、彼はリュックサックに入れて、ヒッチハイクしながらフランクフルトまでやってきたのだという。

へー、がんばるじゃない、と思い、僕はその雑誌を何冊か買おうと思い、値段を尋ねてみると、「いや、これは売れない」と、兄ちゃんはあいかわらず力強く語るのだった。

「なんで売れないの？　ここ、展示即売会でしょ」と言うと、「いや、これは限定五部だから」というお答え。なんだ、アートブックみたいなもんかと、僕の購買欲がいきなり急降下したのを見透かしたのだろう、兄ちゃんはいきなり、早口で説明を始めた。「これはね、五部しか作れなかったんだよ。おれたちがいるところじゃね、コンピュータなんかひとつもないし、コピー機だって、一枚取るのにも許可を申請しなきゃならないから、自分たちの雑誌作りになんか使えないんだ」。

じゃあ、どうやって作ったの？

「あのさ、カーボン紙、あるだろ。タイプするときに、紙のあいだに挟むやつ。あれを挟んで、白い紙を挟んで、またカーボン紙を挟んで、って重ねてくと、五部まではいちどにタイプで打てるんだよ。すごい力を込めて打たなきゃならないから、指は骨折しそうになるけど」。ところどころ文字がかすれたり揃ってなかったりするのは、そうやって全力でタイプを叩いた結果の産物だったのだ。

カーボン紙のおかげで生まれた五部限定雑誌の横には、汚い白黒写真のプリントをホチキスで留めただけの雑誌もあった。しかもプリントに写っているのはミュージシャンの写真じゃなくて、原稿を複写した文字の列だ。「これはね、原稿をタイプしたのを二枚並べて、写真に撮って焼いたんだよ。こうすれば、何冊でもできるからね。これなら売ってもいいよ」。

安カメラで撮影されたのだろう、甘いピントで写しとられた小さな文字の原稿は、とてつもなく読みにくい(だいたいロシア語だから読めないが)。でも、読む気があれば、読める。

当時はちょうどマッキントッシュによるDTPが世の中に広まりはじめたところで、僕らはいつも「マックはフォントが弱い」とか、「文字組みはやっぱり活版がベストかね」なんてツウな談義をデザイナーと交わしていたのだが、革ジャン兄ちゃんと出会ってから、僕はそういう戯言を絶対に口にしないようにして、いままでやってきた。

手作りだからいい、というのではない。新しいテクノロジーが使えるのなら、よりたくさんの予算や人員を使えるのなら、使ったほうがいいに決まっている。

けれど僕らは、カネや時間をかけることで、すでになにかを成し遂げた気持ちになってしまいがちだ。道路が渋滞しているのなら、車を捨てて走ったほうが速いのに、自分でハンドルを握り、運転しているだけで、仕事した気になってしまう、そういうことだ。

本作りにいちばん必要なのは、潤沢な予算でもなければ、優れた印刷所でも、強力な取次でも、書店ですらない。「これだけはどうしても読ませたい！」というモチベーション。意志のチカラ。それだけだ。

自分の本を作ろうとして、なにか揉め事が起きるたびに、僕はあの革ジャン兄ちゃんの、ごつい指を思い出すようにしている。

2012

『ドクメンタ13 マテリアルズ』

大竹伸朗／エディション・ノルト

カッセルの「ドクメンタ13」が、九月十六日に百日間の会期を終え、無事に閉幕した。会期中の総入場者数は八十六万人、これは五年前の前回にくらべて十一万人も多い数だという。

幸運にも会場に行けたひとは、そしてメルマガのリポートや大竹伸朗による制作日記を読んでくれたひとも、カールスアウエ公園の見事な緑のなかに設置された、『モンシェリ：自画像としてのスクラップ小屋』の不思議な魅力を肌で、目と耳で感じ取ってくれたと思う。

その『モンシェリ』の全貌を伝える記録集が、新潟県浦佐のedition.nord（エディション・ノルト）から刊行された。ただし、全部で五段階になるという出版プロジェクトのうち、今回リリースされたのは第一弾から第三弾まで。これから年末～来年にかけて、さらにふたつの刊行物が用意されるという。

五種類の記録集。それがすべて東京の大出版社ではなく、新潟県の片隅で、夫婦ふたりで営むデザイン・スタジオ兼出版社から、完全に自費出版のかたちで制作販売される。しかも通常の印刷プロセスを省き、全ページをレーザー出力し、そのコピー紙の束をそのまま封筒に詰めたり、製本したという……。これも『モンシェリ』本体に負けず劣らずの、素敵に無謀なプロジェクトだろう。

手づくりの出版物だけに、この記録集はどの本屋にも並ぶというものではない。東京、大阪の限られた美術・デザイン書店の店頭でしか、なかなか見る機会がないと思うので、ここでなるべく詳しく紹介しておきたい。

今回リリースされた第一〜三弾の構成は、次のようになっている——

---

①**ドクメンタ13 マテリアルズ：01–07**

『モンシェリ』のための構想メモ、スケッチ、ドローイング、地図、図面、スナップ写真、ペインティングなどなど、膨大な資料が7冊の封筒に収められ、それが書類ケースに封入された資料集。

②**ドクメンタ13 マテリアルズ：08 〝#67／2〟**

『モンシェリ』の現場で背景音として流されていた音を収録したCD。これは後述のマテリアルズ・ボックスにも入っている（初版のみ）。

③**ドクメンタ13 マテリアルズ：09 〝スクラップブック#67／宇和島バージョン〟**

『モンシェリ』の小屋内に収められていた、巨大なスクラップブックの全ページを撮影した、四百ページ以上の分厚い作品集。

ちなみにこのあとに続くのは——

④『モンシェリ』の完成写真を写真や映像で収録したドキュメント・エディション

⑤①から④までのすべてに、特製のコラージュ作品や、現場の解体で発生した作品の破片などを入れて、これも作家本人による手染めの布で装丁した、スペシャル・ボックスエディション

その内容をじっくり見ていくと、まあふつうの出版社だったら、薄笑いしながら企画書突っ返して終わりだろうなあと思うし、それを印刷経費を省いてレーザープリンターでぜんぶ実現させてしまった、自費出版ならではのエネルギーの強度にも頭が下がる。各巻の詳細をエディション・ノルトのサイトから見てみると——

●ドクメンタ13 マテリアルズ：01—07

作品のための構想メモやスナップ写真、初期ドローイングなど、現地下見から資材の発送までの準備期間における、大竹の思考と制作のプロセスを読み取ることができる様々な資料を01から07のカテゴリーに分けて収録しました。スキャンされ、レーザー出力された、様々な資料。そのコピー紙の束が、特注の窓つき封筒に分類され、特注の書類ケースに収納されています。初版100部にはサウンドCD〝dOCUMENTA（13）materials: 08-#67／2〟がバンドルされています。各資料のカテゴリーは以下の通りです。

01：メモパッド　準備期間に使用された4冊のメモ帳からドクメンタに関連するページを収録

02：スケッチブック　準備期間に使用された2冊のスケッチブックからドクメンタに関連するページを収録。下見に訪れたカッセルでの風景スケッチや構想のためのドローイングなど

03：ペインティング　カッセル訪問ののち、宇和島で一気に描き上げられた、カールスアウエの森をモチーフにしたペインティング33点のシリーズ（未発表）を収録

04：コラージュと壁紙　小屋の室内の壁紙として使用するために宇和島であらかじめ制作された、コラージュのシートと染色やドローイングを施された布を収録

05：スナップショット　準備期間に備忘録としてデジタルカメラで撮影されたスナップショットの画像データ205点を、サムネール出力とともにCD-Rに収録

06：ドローイングと模型　大竹が自己の制作現場をマーキングしたカールスアウエ公園の地図や、初期・後期のプレゼンテーション用の水彩ドローイング、小屋のマケットの写真、宇和島のアトリエで組まれた原寸模型の図面、構造スケッチなどを収録

07：カッセルへの資材リスト　カッセルに送る作品の部品やインスタレーションに使用するための様々なオブジェを、備忘録として撮影した写真のアルバム全ページを収録―資料シート：A4×227枚＋A3×7枚／カラーレーザー出力

CD-R：1枚／画像205点 箱：h.336×w.251×d.56 初版100部 10000円+税

●ドクメンタ13 マテリアルズ：08 〝#67／2〟

2006年における、ヤマンタカ・eyeとの〝Puzzle Punks〟名義での「PUZZO」、及び内橋和久との「内ダブ」以来、6年ぶりとなる大竹の音に関するリリース。

新たに活動を開始したサウンド・ユニット〝2〟による、ドクメンタ・インスタレーションのためのサウンドトラックを収録したアルバムは、その中心的なオブジェ「スクラップブック#67」と同じタイトルがつけられました。

サウンド・アーティスト、畠中勝とともに制作された18のトラックは、全編フィールド・レコーディングとノイズとのコラージュ。80年代のユニット、〝19〟の即物性、抽象性がより純化された形がここにあり、日本のノイズ／パンクのオリジネーターである大竹の、テクノ、エレクトロニカを経たロックへの回答ともいえるでしょう。大竹の手書きによるタイトルが印刷されたCD-Rが、無地の白ボールに貼り付けられたラフなパッケージ。内側には、トラック・リストとクレジットが記載された紙切れがセロテープで留められています。

ディスク：CD-R／全18曲 ケース：125mm×140mm×5mm 初版100部 2000円+税

●ドクメンタ13 マテリアルズ：09 〝スクラップブック#67／宇和島バージョン〟

大竹が80年代以来継続して制作しているスクラップブックは、現在67冊が完成しています。なかでも、最新の#67は、これまでの日常的な営みとしてのスクラップブックと平行して、もう一冊、ドクメンタに向けた大きなサイズでも制作が進みました。

先に完成したその巨大な分身は、最終的にインスタレーションを形成する上での中心的なオブジェとなりました。畳1枚分を超える面積を持つページが400以上連なる巨大なその本は、宇和島での制作開始からカッセルの現場でインスタレーションに組み込まれるまで、常に手が加えられ、変化し続けました。

このブック・エディションは、変容する「スクラップブック#67」の、宇和島からカッセルに向けて輸送される直前の姿をとらえたものです。

無数のコラージュとインクとペイントの集積である巨大な紙の束は、常に重力の破壊力にさらされています。重力に形を歪め、光り、はみ出し、波打つページをそのままの姿で全ページ撮影しました。420ページにもおよぶ本文の色調整とレーザーカラー印刷は、チクチク・ラボによる社内作業で行われました。製本はPURとENバインディングとの混合技法を用いています。主にヨーロッパへの出荷を目的としたハードカバー版もあります。


スクラップブックの製本だけは東京の業者によるものだが、あとはすべて浦佐の小さなアパートの一室でつくられたもの。カメラとパソコンとレーザープリンターさえあれば、これだけの「本」ができてしまう時代になったという事実に、ちょっと感動してしまう……してしまうが、天文学的な作業量に想いを巡らすと、ちょっと気が遠くもなる。エディション・ノルト、いったいどんなひとたちなんだろう。

Trademarks ®
りまわし、
どっちかが、
を見ていると、
始ま
の幼稚園からも
らしい。
音を発した時から何か
るのだが、

付 ¥
もりのち雨。
店へ行くと、ヤマンタカ
ハンをねむたそう
風味
わせたドレッドへ
の端の8

東京駅から上越新幹線に乗れば、わずか一時間半ほど。新潟県南魚沼市浦佐は……どうしてこんな場所に新幹線の駅ができたのか、理解に苦しむ小さな町だ。駅前広場も、駅ビル商店街も、駅前ビジネスホテルやチェーン居酒屋すら見あたらない。タクシー乗り場の脇にある、「ヨッ」と片手を上げた田中角栄の銅像すら、なんだか寂しげだ。

駅を降りてほんの数分歩くと、川沿いに一戸建てやアパートが並んでいる。広い土手と、ゆっくり流れる川と、彼方に見える八海山。こんなのどかな場所に住居兼アトリエを構えているエディション・ノルトは、グラフィック・デザイナーの秋山伸さんと、パートナーの堤あやこさんが二〇〇八年に設立したホームメイド・パブリッシャーだ。

最近五十歳になったばかりの秋山さんは、もともと浦佐の出身。地元で高校まで行ったあと、東北大学の建築科に進学した。卒業後は上京、東京芸大の大学院に進み、やはり建築を二年間学ぶことになる。

特に建築が好きだったわけじゃないんです（笑）。もともと理科系が好きで、芸術がもっと好きで、そのふたつの嗜好を満たしてくれるのが建築かな、と思いまして。

でも大学院に進んだあたりから、ちょっと醒めてしまったんです。あまりにもデザインや作品性ばかりが語られて、「建築は住むひとがつくる」という観点が見事に抜け落ちてるというか。そのひとの人生を左右してしまうような作品を、自分は怖くてつくれないなあと。いわば倫理的な壁にぶつかったというか。

東北大時代に美術部に入ってまして、そこで絵を描いたりグラフィックもやったりしはじめてたんですね。自分では音楽がいちばん好きなんで、レコードジャケットのデザインがやりたかったんです。マイナーなロックやノイズ、現代音楽とかにハマってて。

それで大学院のときにＰＨスタジオでアルバイトを半年ぐらいやったのが始まりで、そのあと川崎市民ミュージアムのグラフィック部門で半年バイト、一年嘱託で働きました。そこでグラフィックデザインの勉強をしながら、いろんな人脈ができていって、そのうちに個人でデザインの仕事を受けるようになっていったんですね。映画上映会とか、展覧会まわりのグラフィックとか。それから矢萩喜従郎さんのところで一年半ほど働いて、デザインの実務を学んだあと、ちょうど三十歳になったころに本格的にフリーのデザイナーとしてスタートしたんです。

秋山さんのパートナーである堤あやこさんのほうは、もともと映画関係の仕事に就いていた。

単館系の映画館とかで働いてたんですけど、自分が作品のプロモーションを任されたときがあって、それで「川崎市民ミュージアムのポスターのデザイナーに頼みたい！」と思って探して。それが秋山との出会いですね。

二〇〇一年、秋山さんと堤さんはグラフィック・デザイン・スタジオ「schtucco」（シュトゥッコ）を立ち上げる。最初は三人ほどの小さなスタジオだったが、次第に規模を拡大、仕事も増えていった。

シュトゥッコでは建築家の作品集や著作とか、やっぱり建築関係のデザインがいちばん多かったんです。でも、もともと建築があまり好きじゃなくて、グラフィックのほうに行ったのに、やっぱり建築にかかわらざるをえなくなったので、いつかは脱却したいと思ってたんですね。それも浦佐に帰ってきた理由のひとつなんです。あとは、ひとりっ子なので、いつかは親の世話をしに戻らないと、と。

けっきょく、やってるうちにグラフィックデザイン自体に、ちょっと疑問を感じてきたんでしょうね。事務所も大きくなるに従って自分が手を動かすよりも、仕事の交通整理やスタッフの教育ばかりやらなくてはならなくなるし。それでこころを決めて、数年間かけて仕事を整理して、スタッフも独立できるようにしまして。

二〇一〇年に子供ができたので、ちょうどいい機会だと思い、浦佐に移ってきました。その前から計画はずっと立てていたので、帰省するたびに場所を探して、この部屋もずいぶん前から借りていましたし。

シュトゥッコを閉めたのは二〇一〇年ですが、エディション・ノルトは二〇〇八年に立ち上げてます。シュトゥッコの仕事とはちがう、もっと自分のやりたいこと、つくりたいものを、小さな規模でいいから実現させる場所がほしかったんですね。それで少しずつ本をつくりながら、移住の準備もして、こっちに帰ってきたんです。

まあ、そうはいってても本だけでは食べていけませんから、アート関係のデザインの仕事も、依頼が来たらやらせてもらうということで、なんとかふたりでやってますね。

今回のドクメンタ・プロジェクト制作場所として、となりの部屋を一時的に借りたが、ふだんは二階建ての長屋のようなアパートで、秋山さんと堤さんは仕事と家庭を両立させている。台所に置いた大きなテーブルが、ふたりの食卓であり、仕事デスクでもある。

そんな彼らふたりにとって、大竹伸朗との仕事は今回が初めてだという。

前に河井美咲さんというアーティストの本をつくったんですが、それを大竹さんが見て、「こういうのいいな」と言ってくれて、それで画廊を通して今回の依頼を受けたんです。展覧会のちょうど一年ぐらい前でした。

それで、大竹さんの宇和島のアトリエから、資料や素材がどんどん送られてくるわけです。それをどう本にしていったらいいかと考えてるうちに、きっちり編集してまとめるよりも、「研究者が資料をコピーして持ち帰ったらどんな感じか」というような、即物的な資料集にしたいと思うようになったんですね。最初からデザインに関しては、大竹さんからは百%任せるというスタンスだったので、こちらのスタイルでどう大竹さんの世界を表現するか、というふうに考えました。それがボックスの資料集という形になったんです。

「編集」というのは、ある意味で本づくりでいちばん楽しくてスリリングな工程だが、あえてその段階を外して、ゴロッとしたカタマリのような素材の山を提供する。編集者の恣意を交えずに、作家と読者がダイレクトに結びつく、いちばん近い道を考える。それがエディション・ノルト流の制作工学なのかもしれない。その姿勢が、今回は「印刷でなくプリンターでの手仕事」というチョイスにもつながっている。

マテリアルのボックスにしても、スクラップブックにしても、これをふつうにオフセット印刷して流通させようと思ったら、数千部は刷らなくちゃならないし、そしたら一千万円単位の制作費がかかりますよね。それにはスポンサーがどうしても必要になる。なんとかそういうことをなしにして、デザイナーができる範囲で、モノとして定着させられないかなと考えて。それでレーザープリンターを使えば、百部ぐらいなら手作業でできるんじゃないかと。それならお金もラクだし、在庫を抱える必要もないし。売り切れても注文があれば、いくらでも刷れますし。それも少部数で。

リースの期限切れ間近のレーザー複合機があったんで、メーカーと交渉してトナーを安く入れてもらうようにして、あとはひたすらプリント作業でした！　気を抜いてると、ドラムが傷んで線が入ってしまったり、ミスでヤレがいっぱい出たりして。一日に六部ぐらいつくるのが限度で、経済的にもけっこう大変でしたが、学生で手伝いに来てくれたひともいて、助けてもらいましたね。

だから大変といえば大変だったんですが、それほど苦しんだという感覚がないんですよ。大竹さんはすべて任せてくれたし、いちどもせかされたことありませんでしたから（笑）、こっちも頼まれ仕事の合間を使ったりして、自分のペースで楽しくできました。ドクメンタの会場にも撮影に行って、宇和島にも通って。そうやって動きながらつくるという感覚が、僕は好きなんですよ。

建築で言えば、美術館だの高層ビルだの大建築を目指すのではなく、施主とふたりで泥だらけになりながら、小さくて居心地いい家をいっしょに建てる、というふうな。「より安く大量にモノをつくる」ために、新しいテクノロジーは存在すると思われがちだが、こんなふうに「より小量の、かけがえのないモノを手づくりする」ために、実はデジタル技術は時として最高の武器になることを、このふたりは完璧に理解している。

エディション・ノルトが生み出すミニマルでありながら、すごく暖かみが漂う、しかもシロウトの同人誌やジンとは次元のちがう完成度の手づくり本を見ていると、本づくりってこれからもっともっと可能性があるんだなと実感しないわけにいかない。自分もすぐになにかやりたくなって、ウズウズしてくる。「出版不況」と「電子書籍」しか話題のない出版界の淀んだ会話に、耳をふさぎたくなってくる。

そうしてもちろん、耳をふさぐいちばんいい方法は、うるさい場所から遠く離れてしまうことに決まっているのだし。

2013

『張り込み日記』

渡部雄吉（ROSHIN BOOKS）

「事実は小説より奇なり」という、言い古された格言の英語は「Truth is stranger than fiction」だが、ときとしてそれが「事実のほうがフィクションよりストレンジ」というより、「事実のほうがフィクションよりフィクシャス＝フィクションっぽい」という意味ではないかと、思いたくなってしまうことがある。とりわけ、超一級のドキュメンタリー写真を眼にしたときには。

『張り込み日記』という作品集は中年と若手、ふたりの男たちが街を歩きまわる写真で、すべてのページが構成されている。このふたりは刑事なのだ。

埃っぽそうな道路を歩き、草むらをかきわけ、手配書を見せて商店街を回り、暗がりでタバコに火をつけ、新聞に目を通し、書類の山を前に頭を抱えるふたりの男……。

鈴木清順の『殺しの烙印』や、市川崑の『黒い十人の女』のように、それは素晴らしくよくできた日本製フィルム・ノワールのスチル写真にしか見えないのだが、実はこの刑事は本物の刑事で、彼らが追っているのも本物の事件だ。つまりこれは純粋なドキュメンタリーだ。映画のスチルのようなフィクション性に満ちた、作者のいないドラマなのだ……いや、この写真を撮った渡部雄吉を作者というべきか。それとも事件の見えざる主役だった連続殺人犯・大西克己のほうが作者であるのか……。

「フィクションよりフィクシャスな」この写真集と、登場人物と、見えざる逃亡者。まずは背景となった事件から説明しておこう。小説にも映画にもなっていないのが信じられないほど猟奇的なその事件は、「大西克己連続身代わり殺人事件」と呼ばれている――。

大西克己は一九二八（昭和三）年、山口県下関市生まれ。大西福松、クマ夫妻の養子として育った。若くして犯罪歴を重ねるが、前科を隠して一九五三年に結婚したのち、出産のため妻が入院している時期を見計らって、養父母を青酸カリで殺害してしまう。ニセの無理心中の遺書を残して大西は九州に逃亡。別府で食料品店を営むようになるが、ケンカで警察に連行されたことから、素性の露見を恐れて今度は東京に逃亡する。

指名手配から逃れるために、大西は戸籍を売ってもいいという男・三浦某を見つけ、彼を岡山県倉敷山中で、やはり青酸カリで殺害。身元を隠すために、遺体にガソリンをかけて焼いてしまう。

東京に舞い戻った大西は、三浦の名を騙って就職。新しい妻と結婚し、子供までもうけるが、あるとき酔っ払って住居侵入で現行犯逮捕。またも身代わりを見つける必要にかられて、山谷で佐藤という男と出会うと、茨城県水戸市に連れて行って殺害。遺体をバラバラにして千波湖に遺棄するが、遺体の指紋から身元が割れ、最終的に一九五八（昭和三十三）年、三浦でも佐藤でもあった大西克己は逮捕された。

警察庁の総合特別手配第一号でもあったこの事件。翌五十九年には水戸地裁で死刑判決が下されるが、二審担当の弁護士が「被告は死刑になってもやむを得ない」として、弁護を放棄したことでも司法界では歴史に残る事件になった。

一九六一年に死刑が確定した大西克己は、六五年に刑が執行されて三十七歳の短い一生を終えている。本書に収録されたのは、そのうち三度目の殺人となる千波湖バラバラ殺人の捜査に従事した、警視庁捜査一課の刑事と、事件が発生した茨城県警から派遣された若い刑事の聞き込み、張り込みの日々である。

いまではとうてい考えられない、実際の殺人事件捜査に密着したカメラ。いったいどんな人間が、どうやってこんな、奇跡のような写真を撮れたのだろう——。

渡部雄吉は一九二四（大正十三）年、山形県生まれ。太平洋戦争が勃発する四一年に上京し、東京光画社という写真工房に勤めるようになった。もともとは暗室マンとして入社したそうだが、戦時中のカメラマン不足から撮影も担当するようになり、終戦後は報道写真家・田村茂の助手となって技術を磨く（田村茂は太宰治の晩年の、頬杖をついたポートレートなどで有名）。

その後フリーになった渡部雄吉は、数々の雑誌のグラビア・ページを担当したり、日本各地の大自然の記録から海外取材の草分け的な仕事まで、幅広くドキュメンタリー写真の分野で活躍。九二年には紫綬褒章を受け、一九九三年に六十九歳で亡くなった。

生前に多数の写真集を発表してきた渡部雄吉だが、『張り込み日記』はこれまで写真集になることもないまま、ほとんど忘れ去られていた存在だった。

もともと『張り込み日記』が発表されたのは、講談社が発行していたグラフ月刊誌「日本」誌上。刑事ふたりの捜査に、のべ二十日間にわたって密着した撮影の結果は、巻頭グラビアで十一ページというから、かなり力の入った特集だったろう。

しかしいまから五十年以上前の、それも雑誌でいちど発表されただけの写真が現代に蘇るのには、もうひとつの奇跡が必要だった——。

『張り込み日記』の百二十枚にわたるプリントが「発見」されたのは二〇〇六年のこと。イギリスの古書ディーラーが、神保町の古書店で見つけたのだという。

百二十枚のプリントはそれからまもなく、ロンドンの重要な写真コレクション「ウィルソン・センター・フォア・フォトグラフィー」に入ることになった。ちなみにオーナーのマイケル・ウィルソンはアメリカ人。異父兄妹のバーバラ・ブロッコリと共に、七九年の『ムーンレイカー』からずっとジェームズ・ボンド映画を手がけるプロデューサーとして有名だ。

そして二〇一一年、パリの新しいカルチャースポットとして話題の「Le Bal」(館長のディアンヌ・デュフールはマグナムの元ディレクター)で、春から夏にかけて開かれた「TOKYO-E」という、高梨豊、北島敬三、渡部雄吉の三人展がきっかけで、出版部門から発売された写真集が『Criminal Investigation』。調書のようなデザインと、和綴じ風の美しい造本も目を引くこの写真集は、ヨーロッパで大きな反響を得て、二〇一一年の写真集ベストセラーに名を連ねることになった。

そこで渡部雄吉の名を知ったロンドンの若い写真家と、東京の若い写真家であり写真集コレクターでもある青年が出会うのが、同じ二〇一一年のこと。それが奇跡の第三幕となる——。

日本版『張り込み日記』はROSHIN BOOKSという、去年まではだれも名前を聞いたことのなかったマイクロ・パブリッシャーから発売されている。

「この本を出したくて、ROSHIN BOOKSをつくったんです」という斉藤篤さんは、一九七六年大阪富田林生まれ。三十六歳という若さの出版社オーナーだ。

大学で写真部だったことから、卒業後は東京の写真専門学校に進んだ斉藤さん。卒業後は当然なが

らプロカメラマンを目指すのだが、「ふつうだとスタジオとかで下積みですよね、あれがイヤで」、なんと二十四歳にして自衛隊に入隊。陸自の朝霞駐屯地に勤務しながら、在籍四年のあいだに写真展もいくどか開いてきた。

除隊後は別の仕事につきながら、作品制作と写真展を開く生活が続くが、「僕は写真を撮るのも好きですけど、写真集を集めるのも好きなんです。自分の好きな写真集で、本棚が埋まっていく感じが好きで（笑）」という性格から、写真集を入手して気に入ったロンドンの若い写真家、マックスウェル・アンダーソンの展覧会をオーガナイズ。二〇〇八年に新宿の写真ギャラリー「PLACE M」で、初の写真展を企画する。

渡部雄吉のことを教えてくれたのは、そのマックスウェル・アンダーソンだった。すぐにフランス版の写真集を取り寄せ、「あまりにもかっこよかったので、これはなんとかしたい！」と思いを募らせた斉藤さん。ちょうどその時期にＪＣＩＩ（日本カメラ財団）で、渡部雄吉の作品展『海への道』が開催されることを知った（二〇一一年十一月）。

展示会場には「張り込み日記」も、「北海道の開拓移民」、「沖縄・与論島」、「水上生活者」などのシリーズとともに数点だけ、展示されていた。「初日に行けば関係者と会えるかも」と思って出かけた斉藤さんは、会場で渡部雄吉のご子息と出会うことができて、その場で協力をお願いする。その思いが実ったのが、二〇一二年六月末から七月にかけて、清澄白河の「TAP GALLERY」で開催された写真展「Criminal Investigation」だった。展示には、渡部家に保管されていたネガから、新たに制作されたプリントが使用された。

「だから展覧会がまずあって、それから写真集にしたいと思い始めたんです」という経緯だが、もちろん本づくりの経験ゼロ。さまざまなリサーチと準備を重ねて、一年ほどかけてようやく『張り込み日記』の出版にこぎつけた。ROSHIN BOOKSを立ち上げたのもそれがきっかけ。ちなみに社名の由来を伺ったら、「大学のときにDJをしてまして、『炉心』の意味でDJ ROSHINと名乗っていたので、それをそのまま……」蘇らせたそう。

この九月末に刷り上がったばかりの『張り込み日記』には七十点の作品が収められ、三種類の表紙が選べる普及版が九百部、そして普及版写真集に8×10サイズのバライタプリントがセットされた特装版が、百部限定で用意されている。プリントはもともと写真集制作のためにつくられたものなので、各イメージ一点のみ。ウェブサイトのサムネールから選べるようになっているが、すでに多くのイメージが売約済みという人気ぶりだ。

元のフランス版のようなギミック(悪い意味ではないけれど)を廃し、シンプルに徹したデザイン。普及版と特装版を用意して、経費をカバーする計画性……とても出版のシロウト(失礼)による一冊めとは思えない完成度の『張り込み日記』は、これまで長々と記してきたような、いくつも重なった奇跡によって世に出た産物だ。でも、仮にこの企画が写真や美術の専門出版社に持ち込まれたとして、こんなふうにすんなり日本版が出たかというと、それもまたきわめて疑わしい。斉藤さんのような外側の人間だからこそ、飛び込めた冒険の成果であって、呼び込めた奇跡だったという気がしてならない。

『張り込み日記』のページを何度もめくりながら、僕はふと、自分のメルマガの今年四月配信号で二週にわたって取り上げた、日活のスチルカメラマン・井本俊康さんとの会話を思い出していた。

それが井本さんによるものとは知らないまま、長いあいだそのスチルを眺め、愛で、集めてもきた僕にとって、井本さんは憧れの写真家でもあるのだが、インタビューの中で彼は「映画は一秒間に二十四コマでしょ、僕はその二十五コマ目がスチルだという感覚で撮ってきたんです」と教えてくれた。

『張り込み日記』を撮った渡部雄吉は、ふたりの刑事による、のべ二十日間の捜査のあいだ三人めの「張り込み者」であったし、二十四コマの時間をひとコマの画面に凝縮させる、映画ではなく事実のスチルカメラマンでもあった。

「決定的な一瞬」を切り取るのがドキュメンタリー写真の真髄とよく言われるが、それは半分しか正しくない。決定的な一瞬があって、そのうしろに長い時間の重みが詰まっている——そういうひとコマこそが、ドキュメンタリーの真髄だと僕は思うし、優れたドキュメンタリー写真家はだれでもそれがわかっているはずだ。

2013

ふぐりのうた　妄想詩集『エロ写植』

(arcobooks)

「おりゃあ」「おおおおお」「つあああああ」「べむっ」「ひぐっ」「いやああああああ」……喘ぎなのか絶叫なのか、絶頂なのか。言葉にならない言葉がページをびっしり埋めている。

別のページを開いてみると、そこには「餞別ってこの刀のことだったのね！」「20本も咥えてきたんだ――」「なんであたしと同じなのよ」「これはまさしく俺好みのシチュエーション!!」「あなた本当はやさしい人だって」……わけのわからない自動筆記現代詩のような文章が、ずらりと並んでいる。このページだけを見せられて、これがいったいなんなのか、瞬時に理解できるひとがどれくらいいるだろう。

ハードカバー、オールカラー、Ａ４判という大判の『エロ写植』は、久しぶりの「やられた！」感に打ちのめされた、僕にとって衝撃的な一冊だった。

かつて（といってもほんの数年前まで）、漫画雑誌は原稿に写植文字を貼りこむという、ごくアナログなプロセスで版下原稿が製作されていた。

デジタルとちがって、写植による文字の切り貼りは、たとえば誤植があったり、写植の発注漏れがあったりすると、往々にして締め切りギリギリのタイミングで進行しているだけに、再発注している時間的余裕がない。そういう非常時のために、発注して余った写植や、使わなかった写植をスクラップしておいて、必要なときにはそこから文字を探して切り取り、使用する。そのために漫画雑誌編集部に置かれていた「写植スクラップブック」の再現が、この『エロ写植』なのだ。

まずは楠目さんによる前書きを読んでいただきたい――。

アナログ漫画版下製作時に使用したセリフ写植、広告版下製作時に使用したアオリ写植、その他アナログ版下時代に使用していた写植、その使用済み写植や、未使用写植、予備用写植などを、不測の事態に備えて、ワニマガジン社の漫画編集部員の方々が、長い年月をかけて少しずつ収集していたものが、本書に収録されている写植たちです。

アナログ版下時代に、必要だったその業務プロセスは、デジタル版下が主流の今、全く必要なくなりました。

決して誰の目に触れることもなく、そしてもう完全に失われてしまう、このアナログ漫画版下時代の遺物を、その物自体の面白さも含めて、漫画を愛する読者や、漫画制作に携わった方々に届けたいというのが、本書の制作意図です。

時代の変化によってこぼれ落ちてしまう、この可笑しくも奇妙なエロい言葉の集積物を漫画文化が生み出した一つの時代の資料として、記憶にとどめていただければ幸いです。

楠目智宏さんは一九八〇年、大阪府吹田市生まれ。いま三十二歳という若手デザイナーだ。

「僕はもともと滋賀の成安造形大学で、写真を専攻してましして。でも写真で食うのが難しいので、ワニマガジン社にエディトリアル・デザイナーとして入社したんですね。二〇〇四年ごろのことでした。写真専攻だったので、デザインを学んだわけではないんですが、大学時代に自主制作映画の映画祭スタッフをやってまして、そこでチラシやパンフなどつくるうちに覚えたんです。そういうのを見せて、内定をもらいまして。

ワニマガジンではCOMIC快楽天とか、成人漫画の編集部付きのデザイナーでして、そこでスクラップブックに出会ったんですね。当時はまだ、漫画は写植を貼って版下を作っていた時代で、すでにデザインの作業プロセス自体はデジタルに移行してたんですけど、アナログ時代の作業が残ってたんです。アナログの最後の時代というか。

漫画はスケジュールがタイトになることが多いので、写植を先に発注しておいて、原稿が上がったら写植を貼って入稿するほうが、デジタルより作業が速かったんです。そこで、『この一文字をどこかから拾ってこないと』というようなときに、このスクラップブックが役立ってたんです。

僕が入った当時はまだこれが現役で作業に使われてましたから、『おもしろいなあ！』と思ったんですけど、持ち出すことができなかったんです。会社の資産でもありますし。

僕自身は編集部に二年半ぐらいいて、それからほかのデザイン事務所を経て去年から独立したんですが、編集部にはよく行ってました。それで五〜六年前に編集部の作業が完全にデジタル化されて、スクラップグックがお役御免になって残ってたので、なんとかお願いして出版させてもらったんです。だから結局、許可を得るまでに九年ぐらいかかってますねえ」

いまも仕事のメインは漫画の単行本だという楠目さん。デザイナーとして働き始めてからずっと漫画と付き合ってきたわけだが、「いまのエロ漫画のほうが、実用度が高い」という。最近のエロ漫画は「セックスシーンをどれだけ載せられるかが重要」だが、昔のエロ漫画はもう少し作劇に重点が置かれていて――「だからスクラップブックを見ていると、いまのエロ漫画では使わないような、一般漫画に近い言葉とかもあったりして、そういうところもおもしろいと思うんです」。

「COMIC快楽天」ほか数誌の成人漫画、それに少数のレディコミも入っているというスクラップブックの山は、ワニマガジンの編集部が二十〜三十年かけて作ってきた、いわばエロ・ワードの一大コレクション。たしかにそれは、時代のエロ感覚を反映する『字海』でもあるのだろう。予備の写植というのは、つまり頻繁に使われる言葉の集積なのだから。

「編集者にとっては日常的に使ってたものですから、近すぎてかえって価値が見えにくかったかもしれないです。だから貴重品として残されていたというよりは、たまたま残っていたという感じ」と楠目さんは教えてくれた。「アナログ作業をしていた編集部には、こういうのが多かれ少なかれあったんじゃないでしょうか」とも言うが、世にこれだけ出版社があって、これだけ写植を使っていた編集者がいて、それを本にしようと思いついたのも、楠目さんただひとりだった。

「儲けとかじゃなくて、こういうものがあるということを知ってもらいたかった」という楠目さんは、「編集部にとっては使用済みの無価値なものにすぎなかったけれど、それがこれだけ価値のあ

るものだということを、まずは形から表現したくて」、同人誌的なつくりではなく本格的な大判ハードカバーの造本にこだわり、自費で二百部を制作。この八月のコミケに出品したところ、予想以上の反応を得て、「地方在住でコミケに来れなかったひとたちのために」、コミケ終了後に自分のウェブサイトで通販をスタートさせたばかり。僕もそこから購入したのだが、通販では意外にも購入者の半数が女性なのだという。「ぜんぜん宣伝もしてないのに、いまでも毎日のように注文が入るんですよ。みんなどこで知るんでしょう?」と不思議がっていた。

デジタルで、たとえばインデザインやイラストレーターを使っていたら、こんなページはぜったい思いつかない。プロの詩人が、意図的にこんな言葉を連ねることもぜったいできない。単なる実用目的でスクラップブックのページに溜め込まれた、これは偶然の産物としての言葉のカオスであり、偶然にできてしまった妄想詩集でもある。

「いまは僕が預かってる状態ですが、ほんとは印刷博物館とかで保管してくれたらと思います」という楠目さん。たしかにこのスクラップブックは、失われたアナログ漫画製作時代の貴重な資料だし、同時にとてつもなく読み応えのあるアウトサイダー・ポエトリーでもあるのだろう。

2008

『謄写技法 別輯1 ガリ版刷春本編』

坂本秀童子(坂本謄写堂)

二〇〇二年九月三日、ホリイという小さな事務機器会社が倒産した。ホリイは社名変更前の名が堀井謄写堂。トーマス・エジソン発明のミメオグラフを堀井新治郎が改良して、一八九四年に謄写版印刷機を完成、同年に創業した由緒ある印刷機メーカーであった。

日本初の印刷技術であったガリ版は、原紙とインクさえあれば電気がなくても大量の印刷物を制作できる、画期的なポータブル・プリンティング・システムだった。一九二八年に日本共産党が創刊した「赤旗」（当時は「せっき」と読ませた）もガリ版だったし、労働運動のビラから学校の文集、プリント類、台本、同人誌など、戦後日本の数十年は「ガリ版文化」と呼んでもおかしくないほど、それは知の普及に決定的な役割を果たしたメディアだった。

そしてコンピュータによるＤＴＰ（デスクトップ・パブリッシング）があたりまえになった現代。とうにその役目を終えたガリ版に、いまだ熱い視線を送る人たちがいる。山形謄写印刷資料館や滋賀県東近江市のガリ版伝承館（堀井家の本家を改修したもの）など日本各地にガリ版資料館があるし、ガリ版版画家・板祐生《いたゆうせい》のミュージアムもできれば、わざわざワープロでなくガリ版で学級通信を三十年間、六千号も出しつづけた高校教師の物語『ハッピー遠藤のガリ版学級通信』（無名舎出版）なんて本も出版されている。そして四国は徳島県海部郡牟岐町から、ガリ版の技法を研究する自費出版個人誌を発行しつづけているのが、坂本秀童子《さかもとしゅうどうじ》さんという謄写版アーティスト。『謄写技法　別輯１　ガリ版刷春本編』は、今や日本有数のガリ版スペシャリストである彼が二〇〇七年二月、満を持して発表した奇跡的なブック・プロジェクトだ。

『謄写技法』は創刊準備号が一九九七年、創刊号が九八年で、今回は二〇〇二年発行の第五号以来の刊行になる。実に五年間の歳月をかけた手作り本ということになるが、『ガリ版刷春本編』は『春の海』、『春の別荘』、『夜ざくら変化』三冊の春本に加えて、今回の制作過程に関する解説書（『愛情生活』と粋な題名がついている）、B6判地下本風ノートブック、多色刷りカード（韓国釜山で収集した情報誌のページから作られた袋入り）、B4判カラー、A3判モノクロの挿絵や割付参考図版といった充実付録がワンセットとなって、かわいらしいボックス入り。限定百五十部で、定価がわずか四千円！

　ガリ版について書かれた書籍は少なくないが、『謄写技法』がすごいのは、創刊準備号から今回の『春本編』にいたるまで、そのすべてがガリ版で製版・印刷されていること。つまりは書籍そのものが一冊のガリ版作品になっているわけだ。『春本編』で復刻されている三冊の春本は、いずれも戦後まもなくの作だと思われるが、それを坂本秀童子がすべて一文字一文字、原紙を一枚一枚なぞって、文字どおり〝復刻〟したものだ。文章だけでなく、本書にはイラストレーションも数多く収められているが、それも坂本さんが丹念にトレースしたという、溜息の出るような作業の果てに完成した書籍なのだ。限定百五十部というのも、原紙の耐久性から割り出されたぎりぎりの数字なのだろう。これで四千円とは……。

　坂本さんは解説の冒頭で、その思いをこう記している――

> ガリ版刷の地下春本を今更復刻した処でどんな意味があるのだろうかと自問しつつ、それでも、世間からの不遇な扱いに甘んじてきた謄写印刷物を、実際に製版し印刷する立場に身を置いてみた時、往時の彼等の心情に少しでも理会《ママ》できはすまいかと、そう考え至り、別輯第一輯として、

自身の所蔵から三冊計り択んで再現する事とした。

学級通信、アジビラ、文芸同人誌、春本……世間の受け取られかたはさまざまでも、坂本さんにとってそれはすべて等価に貴く、いとおしき〝てわざ〟である。そして現存するあらゆる印刷メディアのうちで、おそらく最下級の扱いを受けるガリ版＝謄写印刷を愛するものにとって、印刷物のうちでももっとも最下級の扱いを受けてきた地下春本に、いちばん深い愛着を覚えるのは、ごく自然なことだったろう。

「謄写印刷の短い歴史の中で、これ程虚しさの漂う印刷物があっただろうか」と坂本さんは書いているが、どんなに言葉を尽くして誉め称えるよりも、冒頭の一文字から最後の句点まで、図版の一本一本の線のすべてを、正確にトレースし、再現すること——それ以上に完璧なリスペクトの表現方法があるだろうか。

いまでもガリ版を始めようと思えば、機材を揃えることは難しくない。デジカメの解像度だの、Ｍａｃのフォント

だのに文句つけつつ飲んだくれるのは楽しいが、そのあいだにもひとり、机に向かって原紙をガリガリ削っているひとが、日本のどこかにいる。

いい本には君を「感心させる本」と「いてもたってもいられなくさせる本」の二種類があると思う。『謄写技法 別輯1 ガリ版刷春本編』は、とてつもなく完成度の高い戦後地下文化へのトリビュート・プロジェクトであると同時に、読了した瞬間に立ち上がってどこかに走り出したくなる、そういう種類のアクセラレーターなのだ。

2009

「Between C & D」

edited by J. Rose & C. Texier

からだのスリム化も課題だが、それ以上に部屋のスリム化が緊急課題というわけで、ただいま蔵書の大整理中である。真夏なのに……。

長らく放りっぱなしにしていた本棚を片付けていたら、懐かしい本が出てきた。「Between C & D」、一九八〇年代前半のニューヨークで出版されていた、文学系のミニコミだ。

一九八〇年代、特に前半期のニューヨークはほんとうにエネルギッシュでおもしろくて、雑誌の編集者になったばかりの僕は、なんとか予算をもらっては、夢中になって毎年何度も通いつめていた。パンクが終わったあとのニューウェーヴが音楽シーンを盛り上げ、退屈なコンセプチュアル・アートをぶち壊すニューペインティングが現代美術シーンを席巻し、建築ではポストモダニズムが奇妙な造形美をそこいら中にまき散らし、そして文学の世界でも、それまでの知的な作家性とはまったく無縁というか、あえて反抗する一群の若い作家たちが生まれていた。

カネはないが元気だけはありあまってる、そういうアーティストがおもに住んでいたのが、ニューヨークではダウンタウン・マンハッタンの東側、ロウアー・イーストサイドと呼ばれる地域だった。ご承知のようにマンハッタンは東から縦に1、2、3と順番にアヴェニューが走っているが、ロウアー・イーストサイドにはファースト・アヴェニューのさらに東側にアヴェニューA、B、C、Dという短いアヴェニューがある。

いまでこそ、オシャレでファッショナブルなエリアとされているが、「アルファベット・アヴェニュー」と言われていたその一帯は当時、ものすごく治安が悪いことで知られていた。治安が悪いということは、つまり家賃が安いわけで、いちばんおもしろいヤツらは、やっぱりいちばん環境の悪いところに生息していたのであった。

そんなイーストヴィレッジの若々しくて、荒っぽくて、クールで反抗的な空気を文章にする場を提供していたのが、「Between C & D」だった。ジョエル・ローズとキャスリン・テクシェというふたりの編集者によって一九八三年に創刊され、一九九〇年まで続いた「Between C & D」には、当時の文学界きってのパンクスと言われたキャシー・アッカーをはじめ、パトリック・マグラア、デニス・クーパー、ゲイリー・インディアナ、リン・ティルマン、そして日本でもその後知られるようになったタマ・ジャノヴィッツなど、とびきりイキのいい面子が登場していた。「Between C & D」というタイトルは、「アヴェニューCとDのあいだ」という、ロウアー・イーストを直接指し示す言葉であると同時に、C＝コカイン、D＝ドープ（マリファナ）をも暗示している。

「セックス、ドラッグ、デインジャー、ヴァイオレンス、コンピュータ」をキーワードとしていた「Between C & D」。東京の洋書屋ではそんな過激で小さな雑誌は扱っていなかったので、ニューヨークに行くたびにロウアー・イーストサイドの、夜中までやっている本屋で最新号を買うのが楽しみだったが、「Between C & D」のほんとうのおもしろさ、というか僕にとって真に衝撃的だったのは、掲載されている作品よりも、そのフォーマットだった。

写真でおわかりになるかと思うが、「Between C & D」は通常の書籍とはかけ離れたスタイルである。文章はふつうに印刷されているのではなく、両側に穴が開いて、ページごとにミシン目が入っているコンピュータ用紙に（いまでも企業の伝票などに使われている、あの用紙だ）、ドットインパクト・プリンタでプリントされている。

ドットインパクト・プリンタ特有の、ギザギザした文字がダーッと並んでいるプリントアウトが、経典のような折り本になって、それがジップロック（ビニール袋）に入って、「雑誌」として売られているのを初めて見つけたとき、僕は「そうか、こういうのもアリだったか！」と驚くとともに、すごく悔しかったのを覚えている。

既成の出版社に相手にされない人間が自費出版を志すとき、まずぶち当たる最初の壁が、印刷費だ。でもこのスタイルなら、印刷費なんていらない。必要なだけ自分でプリントして、袋に入れるだけだ。売れて、足りなくなったら、またプリントアウトして、本屋に持っていけばいい。そしてコンピュータ用紙なら、どんなに長い作品でも、パタパタと折りたたまれているのを開きながら読めるから、

Ａ４のプリントアウトをコピーしてホチキスで留めたりするよりも、はるかに読みやすい。取っておきたい部分だけを、ミシン目で切り取って保存しておくのも簡単だ。どうしてこんなことに、気がつかなかったんだろう。ほんとうに優れたアイデアは、いつもこんなふうに、見せられれば「なんだ、こんなことか」と思ってしまう単純明快なものだが。

それまで僕は、人並みに（？）なるべく大判で、分厚くて、表紙も固くて、特色とかつかいほうだいの美麗な印刷で、箱に入った限定版で……というような贅沢な書籍に憧れていたのだけれど、「Between C & D」を知ったとき、月並みな言い方だが目からウロコが落ちた。「重くて高く」ではなく、「軽く安く」あること。「じっくり手間暇かけて」ではなく、「思い立った、その瞬間にかたちにできる」こと。そのほうが、文化の最前線にあっては、はるかにポジティブであり、エレガントでさえあることを、あのとき思い知ったのだ。

いま、音楽がダウンロード主体になった現実をずっと後ろから追いかけるかたちで、出版の世界もドラマチックに変わろうとしている。どんな巨大書店も並べきれないほどの新刊

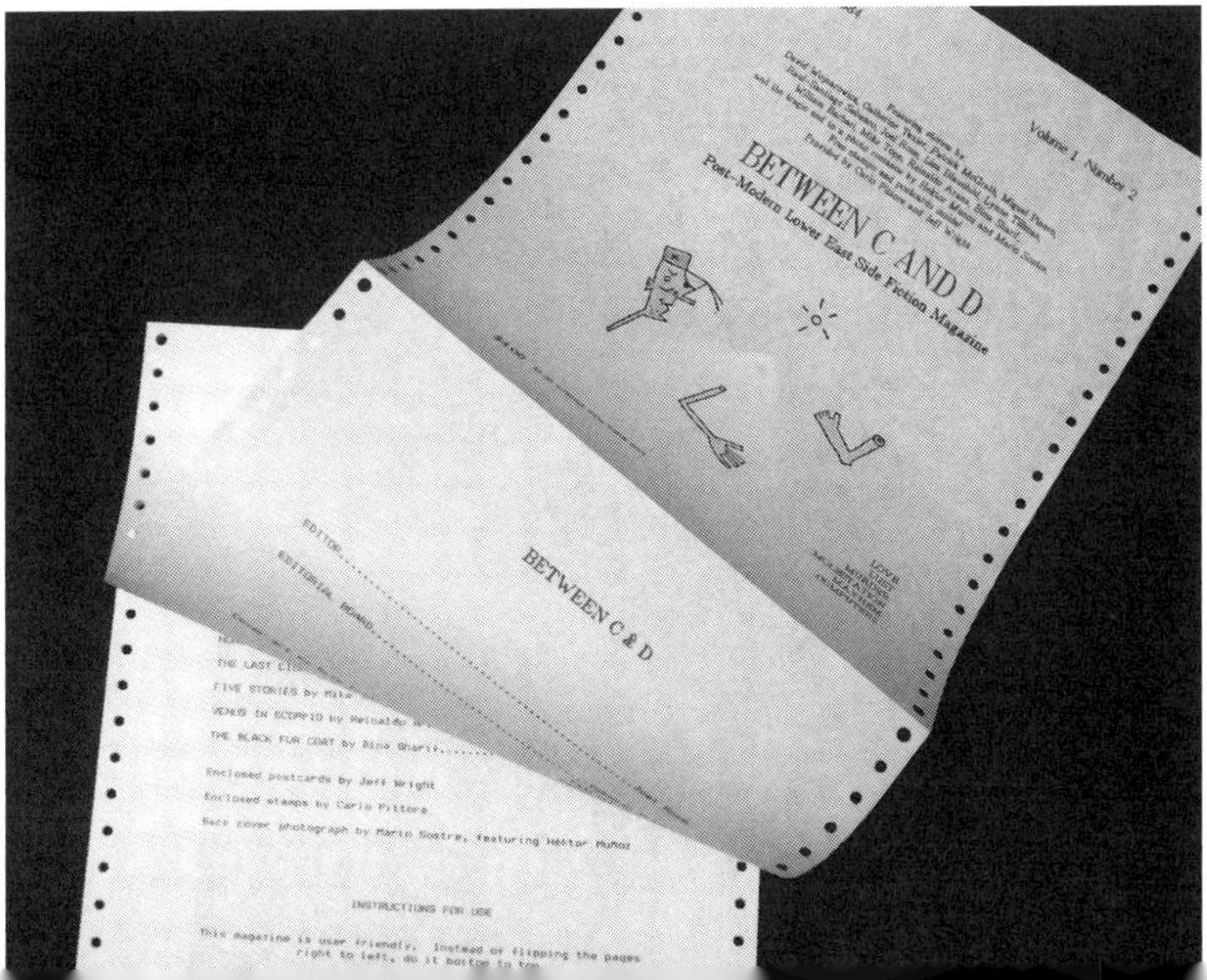

書が毎日出荷され、どんどん返品され、断裁されていく、そういう異常なシステムが制度疲労の極に達しようとしているいま、新しいかたちの出版を模索している人は、僕も含めて数多いはずだ。いまから二十五年も前に、ニューヨークの片隅に現れ消えた、ささやかな文学的実験が、こんなふうに未来を予見していたとは。

オリジナルの「Between C & D」を手に入れるのは難しいが、一九八八年にペンギン社からダイジェスト版の文庫が発売されている。欧米の古書サイトでものすごく安く買えるので、興味のある方は検索してみてほしい。もちろん、ふつうの本の体裁ですが。

2007

『HENRY DARGER'S ROOM』

小出由紀子、都築響一編（インペリアルプレス）

村上春樹さんと話していたとき、かつてマイケル・ギルモアの『心臓を貫かれて』を翻訳したものの、「なかなか出版してくれるところが見つからなくて、一時は自費出版しようかと思った」と言われ、絶句したことがある。あれだけ密度の濃いノンフィクションで、しかも訳者が村上春樹で、それでも出版社が飛びつかない……日本の出版業界ってどうなってるんだろうと思ったが、それから十年あまり、出版業界の病状は悪化するばかりだ。

いま、日本で出版される本や雑誌を作っているのは、編集者ではなく営業だ。もちろん実際の編集作業をするのは編集者だが（ただし大出版社になるほど社員編集者は外注の仕切り役にすぎなくなる）、本の企画、雑誌の内容を決定するのに、営業部と広告代理店の意向が決定的な役割を果たすようになってから、すでに久しい。

「いっしょにおもしろい本、作りましょうよ！」とか初対面の編集者におだてられ、楽しく飲んだりしながらいろんな企画を出す。「おもしろいですねー」と言われて数ヶ月、忘れたころに返ってくる返事が「会議で営業が乗ってこなくて……」。ふつう会社と会社のあいだでは、担当者が相手企業に仕事を持ちかけておいて、そのあとで「実は社内会議が通らなくて……」なんてのは御法度だろうが、その非常識が常識としてまかり通ってしまうのが、出版という不思議な社会である。

企画を提案してはやんわり断られる繰り返しにほとほと嫌気がさして、久しぶりに自費出版で本を出そうと決めたのが去年のこと。それから一年近くたって。この四月に友人とふたりだけの超弱小出版社を設立、記念すべき一冊目として『HENRY DARGER'S ROOM』という写真集を出すことができた。

十年以上前、やはり相手にしてくれる出版社がなくて、画家の大竹伸朗くんと自費出版で何冊か本を出したことがある、そのころは自動車も買えなくて、カブの荷台に重い本をたくさん載せ、六本木の青山ブックセンターに向かって坂を上がる途中、信号で停まったら後ろが重すぎて前輪が浮き上がり、転倒しそうになったのを通行人に見られて恥涙……なんて思い出もいまは懐かしいが、中古とはいえ自分のクルマで配送に回れるようになったのを、十年間のささやかな進歩と言っていいのかどうか。去年五十歳の大台に乗って、同世代の会社員友達は年金だの余生だの楽しそうな話で盛り上がっているのに……。

希代のアウトサイダー・アーティスト、ヘンリー・ダーガーについては、読者にも熱烈なファンが少なくないだろう。一八九二年イリノイ州シカゴにドイツ移民の子として生まれ、六歳のころから児童養護施設、精神薄弱児収容施設をたらい回しされたあと、十七歳で施設を脱走。市内の病院の清掃夫として以後五十四年にわたって働き続けながら、狭いアパートの一室で絵物語の創作に耽る。八十歳になって身体の衰えから自活不可能となり、養老院に収容されて、まもなく死亡。そのあいだに部屋を片づけようとした大家が、ゴミの山の下から膨大な原稿と絵を発見する。それが一万五千ページに及ぶ、無垢な少女たちが邪悪な大人と戦う大長編小説『非現実の王国で』だった。

　だれにも知られぬまま、おそらく世界最長の絵物語を描きあげ、極貧の孤独な老人として死んでいったダーガー。それがいまや、絵一枚の断片で一千万円台の値がつく人気作家となっている皮肉な現実はともかく、彼が暮らしていた二十平米そこそこの小部屋は、その作品世界そのままの混沌とした小宇宙として、わずかに残された写真の中でいまも鈍く輝いている。

　ダーガーの部屋は、高名な工業デザイナーでもあった家主のネイサン・ラーナーと、片づけを手伝った若者などによって、ダーガーが去

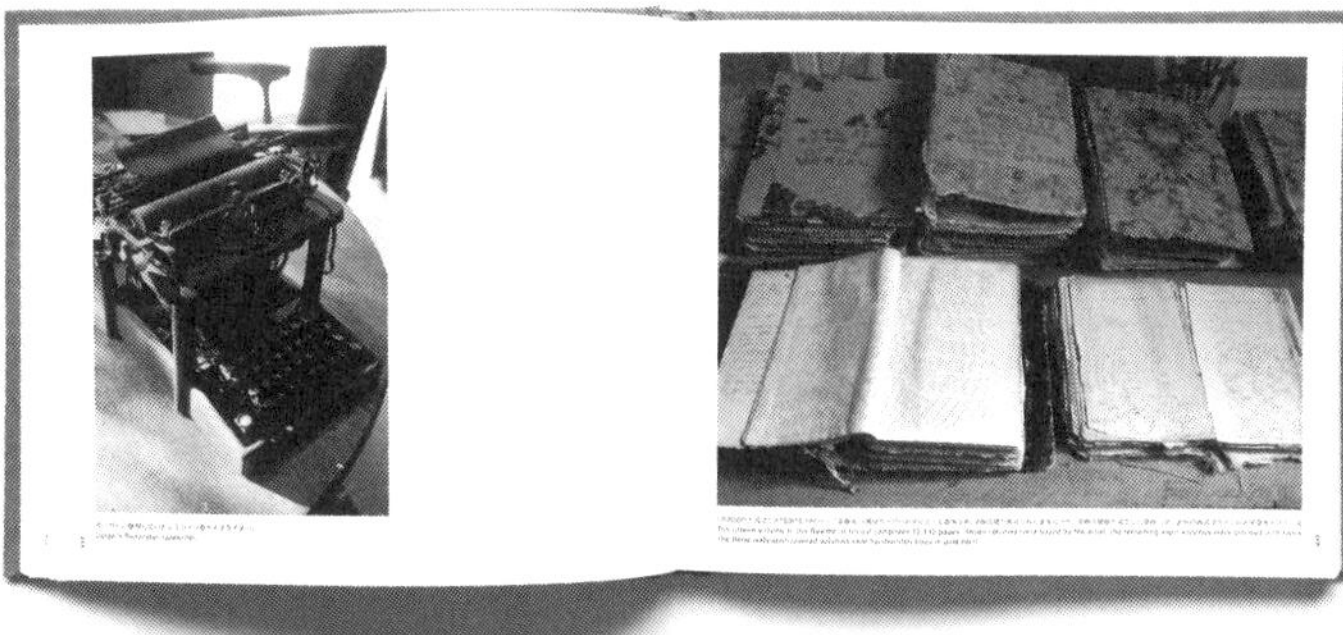

った直後にいちど白黒フィルムで撮影され、それから研究者たちによって記録調査が進められたあと、二〇〇〇年四月になって最終的に撤去される直前、「アサヒグラフ」誌上で四方田犬彦さんの文章と北島敬三さんの写真によるカラーの小特集が組まれた。今回の『ヘンリー・ダーガーズ・ルーム』は二十数年の時を隔てた、白黒とカラー二種類の写真に家具、所有物リストから間取り図まで採録した、世界初の写真集である。ま、ひとことで言えばマニアック、でもダーガーの作品世界を理解するにはかなり役に立つ、ファンにとっては「なんでいままでなかったんだろう」的な本であるはず。

そういえば今回の自費出版もそうだし、これまでの自分の仕事を振り返ってみると、全部が全部、「なんでなかったんだろう」的な本ばかりだ。

シロウトがなかなか到達することのできない場所やモノや、その他もろもろ、つまり「こんなの知らなかった」を教えたり、営業や市場調査からニーズを読みとって、「こういうのが欲しかったんでしょ」を形にするのがプロフェッショナルの仕事なのだとすれば、「あるべきなのに、なぜかいままでなかった」ものを形にするのが、アマチュアの仕事なのかもしれない。

あるべきものがない――作るのに時間がかかりすぎたり、大した売り上げが見込めなかったりして、商品として成り立たないという計算なのか、あるいは単純に興味も使命感もないのか、そこにはいつもそれなりの、オトナの論理が介在する。その壁を崩せるのは、計算を超えたアマチュアの情熱でしかない。

自分の仕事をトレンドに位置づける気は毛頭ないけれど、文芸社や新風舎の躍進に見られるように、出版業界はいま自費出版ばやりだ。それを「シロウトが発信したがる時代」としか見られないプロには、すでに現実が見えていないのだろう。冷笑ではなく、危機感を持ってアマチュアの鼻息を受け止められない、その自尊心が出版業界の病状を悪化させている根本原因なのかもしれない。

きわめつきのアマチュアだったヘンリー・ダーガーが、どんなにプロフェッショナルな現代美術作家よりも強烈で、ひとのこころを打つ作品を残している。そして本人はその評価を知らないまま世を去り、しかもこのように全世界に自分の作品と生涯をあらわにすることを、ダーガー自身が果たして望んでいたかどうかも知りようがないまま、僕らはダーガーのエネルギーのカケラを飲み込んで、生き延びる糧とすることしかできない。

アウトサイダー・アーティストの最大の教えとは、アウトサイドにいることの大切さだ。そろそろ余生のことを考えてもいい歳になって、アウトサイドに落ちて（？）いこうとしている自分の背中を押してくれるひとたちが、本や記事を作るたびに増えていく。この先には、いったいどんな結末が、僕を待っていてくれるのだろうか。

2014

BOOKS AND PRINTS

静岡県最大の都市は県庁所在地の静岡市ではなく、浜松市だ。人口八十万人超、ヤマハもスズキも浜松が本社。音楽好きにはヤマハの他に河合楽器もローランドも、イフェクターのＢＯＳＳも浜松の会社だから、バイクとロックが好きなひとには聖地かも。

浜松はまた、そうした工場で働くためにやってきたブラジル人が日本一多い都市でもある。約一万人ともいわれる在浜松ブラジル人のために、駅の南側にはささやかなブラジリアン・タウン（と風俗街）が広がっていて、ここはまた機会を改めてじっくり紹介してみたいエリアでもある。

浜松市の繁華街はもともと駅の北側にのびる鍛冶町、肴町エリア。かつてはいくつもデパートがあり、にぎわいの中心だったそうだが、いまは正直言ってかなり寂しげ。空き店舗やコインパーキングが目立ち、昼夜問わず歩行者の少なさが、道路が立派なだけによけい痛々しい。実は浜松は区画整理や規制緩和による再開発に積極的に取り組んできて、それがかえって中心部の空洞化を促進したとも言われている。

そうしたかつての繁華街の一角に、築五十年以上という古ぼけたビルが建っている。KAGIYA＝かぎやビルと呼ばれるその建物は、二〇一二年に地元の不動産会社がオーナーとなって、ギャラリーやセレクトショップの入るトレンディな場所として再生。その二階に入っているのが『BOOKS AND PRINTS』。浜松出身の写真家・若木信吾さんが経営する、ハイエンドなセレクトブック・ショップだ。

いかにも昭和らしいビルの階段を上った二階にある店は、建物の躯体を露わにしたクールな内装に、かなりセレクトされた写真集や画集が並べられて、地元には失礼ながら代官山か表参道にありそうな雰囲気。そこで何冊か気になる本を買って、袋に入れてもらったら、白地の紙袋にチャーミングな手描きのイラストが描かれていた。

聞いてみるとそれは信吾さんの父親・若木欣也さんが、ひとつずつ描いたショッピングバッグなのだという。画家でもなんでもないお父さんが、少しでもお客さんに喜んでもらえたらと、生まれて初めて手がけたグラフィック・デザインだという。

この二月いっぱいまでブックス&プリンツでは、欣也さんによる手描きの「紙袋展」を開催。一時体調を崩していた欣也さんも会っていただけるということで、急いで浜松を再訪してきた。

若木欣也さんは昭和十四（一九三九）年生まれ。浜松に生まれ育って今年七十五歳になる。お父さんが日本楽器（現ヤマハ）で働いていた関係で、自分も中学卒業後十五歳で日本楽器に入社、ピアノの木工関係に配属された――。

むかしの浜松は荒っぽい土地柄でね、私もオトコっぽい世界に憧れまして。自分は入る度胸もなにもなかったんですが、そういう方面の仲間がたくさんできて、いい気になって街を闊歩していた時期があったんですね、まあガキのころですが。

当時は鴨江寺に有名な遊郭がありまして、そこに行く道にも屋台がずらーっと並んで。小さなサーカスとか見世物小屋もたくさんあったんです。いまじゃ信じられないですけど。

それで日本楽器に入ったものの、ちまちま流れ作業してるのに我慢できなくなって（笑）、土木関係の仕事に転職したんです。ダム工事とか。それで九州、山口、神戸などいろいろ行きまして……鳶の親方に可愛がられたり、楽しかったですね。

それで三十代になるころに結婚して、浜松に落ち着きました。やっぱり土木とか建築関係の仕事をいろいろやって。でも四十代になったころから血圧が高くなって、あまり仕事ができなくなったんですね。

それでアクセサリー販売をしていた女房の仕事を手伝うぐらいで、まあぶらぶらしてたんですが、ようやくまた働けるようになって、倉庫の管理とか電気工事とか、いろいろやってきたんです。そしたらこんどは六十歳ぐらいでリューマチになっちゃって。それからは働いたりできないので、まあほそぼそと暮らしてます。

ブックス&プリンツはここの前に、最初の店がこの近くに二〇一〇年にできたんです。それでちょこちょこ行ってるうちに、若いお客さんたちと話すのが楽しくなってね。接客なんていままでやったこともなかったんですが、土木のときもいろんなひとと会ってきましたから、女給さんとか……（笑）。なので得意でもないけど、意外とべらべらとしゃべれまして。

そのうちに店で出す紙袋が真っ白でしょ、店名もなにも入ってなくて。それはちょっとなんだなと思って、なんか描いてやろうかと。あまりお客さんも来なくてヒマでしたし（笑）。それがこんなふうになるなんて、自分でも思ってもみなかったですね。

だって絵なんて、描いたことなかったですから。もちろん絵ごころもないし。だからこれは「絵」だなんて思ってないんです。ようするに店の宣伝ですよ。

なのでつねに「店」と「本」という主題を入れて描くようにはしてるんですが……最初は意外にどんどんできたけど、始めて少したってから苦労しました、ネタ切れで（笑）。

けっきょくね、描きたいものは浮かんでくるけど、筆力がないから、うまく描けない、頭に浮かぶことが高尚すぎて（笑）。自分の力よりも上のことばかり想像してしまうんです。

とくに人物ね。すごい美人の顔とか描きたいけど、ぜんぜんイメージと違ってしまって。おかめを描こうとして般若になるというんでしょうか。

でも、字を書くのはけっこう好きで、意外に苦労しないんです（その独特の書体はスタッフのあいだで「欣也フォント」と呼ばれているそう）。描くのはほとんどマジック、それしかうちにないもんで（笑）。

なので字はフリーハンドで直接、袋に書くんですが、絵のほうは難しいし、失敗できないでしょ。下書きにずいぶん時間がかかってしまって。それでようやっとできた下書きを袋の中に入れまして、窓につけて透かして描くんです。でも曇りの日は困るから、スタンドをカゴの中に入れて、上からガラスを置いて描いたりね。そうやってなぞって描かないと、失敗したら怖いですから。

そうしてたった二年か三年のうちに、欣也デザインの紙袋は三百点を超える枚数になった。

自分としては「伝票書くあいだにでも見ててください」という感じで、遊びで始めたんです。だから会計に時間のかかる店でした（笑）。買い物するたびに「どれがいいですか」って袋を選んでもらってたので。あるもの全部広げて選んでもらうでしょ、それで「あそこは袋を選ばせてくれる」なんて評判になりまして（笑）。

商品を買わなくて、袋だけ持っていくひともいたり、袋が大事だから、本を買っても袋に入れないでって。別に持っていくからっていうひともいました。自分としては作品じゃないけど、信念としてまったく同じものは描きたくない、たとえ一字でもちがうものを描きたい、という気持ちでやってるんです。だからよけい行き詰まっちゃうんだけどね（笑）。

まっさらな白い紙袋に、マジックの筆先をいかして描かれたレタリング。店に置かれた椅子、開いた本の形、知恵を象徴するというフクロウの図案……日常の一片が丹念に描かれたイラストレーション。素朴でいて、考えぬかれてもいて。そしてなによりブックス&プリンツという店と、来てくれるお客さんへの愛情が紙袋からこぼれんばかりにあって。

「自分のいいなと思うものが、意外に人気がなかったり、これはちょっとどうかな……と思うものが意外に受けたりするんです。たとえば自分の手を描いたものとか、こんなのがと思うようなのが、けっこう欲しがられたりね」と恥ずかしそうに笑う欣也さんが、あちこちに本が積まれた部屋の隅にちょこんと座っている。その暖かさが、おしゃれな洋書の作品集を、なんだかぐっと身近に引き寄せてくれる気もする。

展覧会場の一角には、こんなふうに手書きされたパネルもあって、それがまたいかにも欣也さんの人柄をあらわしているようだった——。

「ご来店の皆様へ」

花嫁の白無垢は、清浄潔白、婚家の家風に染まるという意味が有るそうですが、確に白は何色にせよ、そのまま素直に受入れて染まってしまいます。その所為か、白い所には何か書いてみたくなります。白い紙袋を見た時にブックス・アンド・プリンツ色に染めてみたいと思いました。

もちろん、絵心皆無の私には落書程の思いもなかったのですが、何となく描き始めました。最初は妻におだてられ、店に持っていったのですが、お客様には意外に面白がられて、それをきっかけに店内での会話がはずむこともあり、続けて描くようになりました。しかし、もともと素人が、イラストなのか絵なのか分からないものを描いていましたので、すぐに描く種が尽きてしまい、悩むことになりました。息子に云わせますと、生みの苦しみは誰にも有ること、と冷く突き放なされてしまいました。それ以後、その悩みはずっと続くことになりました……。

欣也さんのことを最初に教えてくれたのは、ショップのスタッフである神尾知里さんだった。もう三年以上も欣也さんと、ブックス&プリンツで長い時間を過ごしてきた彼女に、今回は「店と欣也さん」について書いてもらった。

「店と欣也さん」

欣也さんの紙袋の前に、まず、BOOKS AND PRINTSというお店について少し話しておきたい。

二〇一〇年、静岡県浜松市にオープンした『BOOKS AND PRINTS』は、浜松出身の写真家・若木信吾が地元に出店した写真集専門の本屋である。

写真が好きな私は、すぐ行ってみたが店はお休みだった。営業は金土日の十四時～十九時。ところがその時間に行ってみても、シャッターが下りたままだった。結局、何度かチャレンジするものの、それからさらに半年はかかってやっとお店に入ることができた。

私がやっとのことで入った店内には、三人のひとがいた。隅の小さなテーブルには若い女の子が座っていて、この子が多分店の子だろう。そして他の二人はお客さんだろうと思っていたら、なんと写真家・若木信吾のご両親だという。そのお父様こそが、紙袋アートの欣也さんなのだ。

三人入ればいっぱいの小さな本屋に店番が三人。しかもほとんどシャッターが下りている。全てが謎めいていたけれど、私はその日のうちに、店番スタッフにしてほしいとご両親にお願いした。

スタッフとして働くようになっても、そのお店は少し変わっていたように思う。

まず、スタッフは開店、閉店作業というものをほとんどしない。それは全て欣也さんがしてくださるのだ。

それでも何かお手伝いをと開店の三十分前に出勤すると、準備の気が散るからゆっくり出勤してほしいと言われてしまった。

営業時間の仕事といってもお客さんは少なく、ほとんどただ座っているだけでバイトは終了してしまう。

そして閉店の時間になると、お母様のゆり子さんも来て、閉店作業をしてくださる。

子持ちの私には「早くお子さんに晩御飯を」と、急かされるように帰宅させられるのだった。

欣也さんはお客さんにも「写真集の事はよくわからない」と言う。

若い男性には、さりげなくヌード系の写真集を差し出し、息子さんが中国土産で仕入れた毛沢東のバッジは、裏のピンがすぐ取れそうだから買うのをやめろと客に言う。

そして終いには、あなたは写真がすごく好きなようで一生懸命やってくれるが、ここはすぐ閉店するだろうからあまり熱心に働かなくていい、息子には早く店をたたんで写真家活動に専念してほしいと言う。

このそっけない言動の数々に、欣也さんは本屋に興味がないけれど、息子に頼まれて仕方なく店の手伝いをしているのだと私は思った。

けれどそれは大きな間違いだった。

ある日出勤すると短冊が一枚壁に貼ってあった。

「本に学び
本に従わず
本を越える」

広告写真やファッション写真でご活躍の息子さんが運営する、浜松で一番イケてるはずの本屋である。かっこいい洋書と、雑貨の中に混じった欣也さんの短冊は、個人的には好きだけれども、息子さんの意思とは違うように私は感じてしまった。

店のレイアウトを好きにしていいと言われていた私は、できるだけさりげなく、その短冊を目立たない場所へ移動してしまった。

　欣也さんは当然そんな私を良く思われなかっただろう。新しくスタッフが入る度に「この人はこわいぞ」と紹介されることになった。

　短冊事件のすぐ後だったと思う。

　ある日欣也さんが紙袋に直筆のイラストを描いたものを持ってきてくださった。

　そこにはサインペンを使った味わい深い椅子のイラストと、かっこいい文字が並んでいた。「真っ白な紙袋は味気ないから」という理由だそうだが、一枚にかける手間はどれくらいのものなんだろうか。

　確かにうちのショッパーは真っ白の紙袋で味気ない。せめてスタンプでも作って押した方がいいのではと思っていた私は、気付いてしまった。

　私より欣也さんの方がよっぽどお店のことに熱心でいらっしゃったことを。

　すでに見慣れて気にも留めなかったペーパーウェイト代わりの石の数々も、良く見ると相当凝っている。天竜川から丁度いい大きさでなめらかなものを拾ってきて、それぞれに文字をペイントし、並べると『BOOKS AND PRINTS』になっている……。

　開店準備では、本や額が傷まないように細心の注意を払って作業されているし、壁に貼ったテープなどをはがす時は、ドライヤーであたためてゆっくりはがし、けっして壁に痕を残さない。聞くとご自宅のお庭の草抜きには、ピンセットを使用するらしい。とってもマメで、真面目な方なのだ。

　しかも欣也さん、ご自分のツイッターでお客さんと交流までしているではないですか！

　紙袋アートをはじめて、お客さんの反応は上々だった。

　若い女の子は「かわいい！」と言ってくださるし、東京からわざわざ来てくださるデザインの勉強をしている学生さんなどは、「……すごい」と黙ってしまった。

　欣也さんのいまさら隠しきれないお店への愛は、紙袋となって私たちを打ちのめしてしまった。

　紙袋目当てで買い物をしてくれる人、欣也さんとしゃべる為にくる人、欣也さんと写真を撮る人……。

　その後近所に二号店がオープンし、この小さなお店は半年間ほぼ欣也さんがおひとりで店番をしてくださったが、二〇一三年五月に惜しまれつつ閉店した。

　シャッターの日だらけの幻の一号店ではあったけれど、欣也さんが店番を務められた半年間は、私が短冊を貼りかえることもなく、浜松で一番イケてる本屋だったにちがいない。

（文・神尾知里）

BOOKS AND PRINTS●静岡県浜松市中区田町229-13　KAGIYAビル2F
☎053-488-4160　㈼月、金、土、日 13〜19時

BOOKS AND PRINTS

ZING

2014

ZINGという挑戦

立体迷路のようなかぎやビル内には、『BOOKS AND PRINTS』のほかにもいろいろなショップやギャラリーが入居しているが、「ここはおもしろいですよ！」と教えられたのが、かぎやビルの並びにあった『ZING』。空き店舗を利用したZINE（ジン）の制作工房だ。

自主制作雑誌、小冊子を日本でも「ジン」と呼ぶようになったのは、いつごろからだろう。たぶんここ数年かと思うが、『ZING』はさまざまな用紙やコピー機、プリンター、シルクスクリーン機材に小型活版印刷機まで備え、わずかな料金でだれでもジンを作ることができる、いわばレンタル印刷製本所だ。

京都出身のアーティスト吉田朝麻《あさお》さんと、静岡出身のイラストレーター友野可奈子さんがジン・イベントで出会って意気投合、「ZING」というユニットで活動を開始したのが二〇一二年のこと。短期間の制作イベントを繰り返したのち、去年の九月七日から今年二月二十三日までの半年間、浜松市の助成も受けて開催した期間限定プロジェクトが、この『ZING』というわけ。

広々としたショップ内には各種機材や用紙が壁際にずらりと並び、中央には大きな作業台が据えられて、いかにも作業しやすそう。ここで作られたジンの見本もたくさんディスプレーされているので、それらを立ち読みしてるだけでも楽しい。

コピー機、シルクスクリーン、活版印刷機などすべて一枚単位でレンタルできて、料金も格安。できあがったジンは持って帰るもよし、店内のショップコーナーでの販売も可能だ。

たとえばこんなふうに自分のジンを作りたいとして、東急ハンズとかで機材を全部揃えることは可能だけれど、それだけでかなりの費用がかかる。『ZING』をうろうろしながら、古めかしい活版印刷機とか、いろんな紙の切り屑が溜まった段ボール箱を見ているだけで、激しく制作意欲が湧いてくる。

こんな店が東京に、中野ブロードウェイとかにあったらどんなにいいだろう、どんなにひとが詰めかけるだろうと思うが、吉田さんも友野さんも東京進出はまったく考えていない。今回のプロジェクトは二月末で終了だけど、また別の場所と、金銭的に助けてくれるひとたちを探して、浜松のどこかで再開したいのだといら。

今回カッティングマシンを提供してくれたローランドや製紙会社など、

静岡にはジンづくりに役立ちそうな企業がたくさんあるし、「やっぱり地方でやることにこだわりたいんですよね」とふたりは声を揃える。

東京だったら格安の軽印刷会社も、キンコーズみたいなセルフのプリントショップも、東急ハンズも伊東屋も世界堂もなんでもある。でもそれはほとんどすべてビジネス目線で、こんなふうに「自分たちも作りたいし、よかったらみんなもどう？」という作り手目線の場所じゃない。そういう作り手目線の場所が、東京の地価では不可能なのだ。

ちゃんと利益を出して、家賃やさまざまな経費を払っていけないプロジェクトは、東京では成立しない。そもそも浜松みたいに、この『ZING』みたいに、街の中心部で手軽に使える空き店舗なんて東京にはありえないし。

なんでもあって、ひともたくさんいて、カネを生まないことができない東京。ほどほどのものしかなくて、ひともあんまりいなくて、あんまりカネを生まなくても好きなことがすぐできる地方。いったいどっちが住みやすいんだろうと、取材で地方を歩くたびによく考えるようになった。

無個性な郊外のランドスケープと、空洞化する街の中心部。地方を取り巻く状況はなにひとつ良くなってはいない。というか悪化するいっぽうだ。それでも東京から地方に流れはじめているなにかが、確実にある。カネでもない、人口でもない、目に見えないクリエイティブななにかが。「町おこし」のひとたちはいつも特産品ショップとか、伝統工芸とか、その地方にしかないものを売ることを考える。でも、もしかしたら、そういう考え方そのものがすでに、来るべき時代を反映していない。『BOOKS AND PRINTS』も『ZING』も、浜松だからこそできた店じゃない。日本全国どこだっていいけれど、やりたかったひとが浜松にいた、それだけのこと。二十年前にこうした店が可能だったかを、町おこし業者の方たちがもう少し考えてくれたら、税金の無駄遣いも減るだろうに。

ガイド!!
本を読む
不思議な《異空間

2007

『Hello My Big Big Honey! Love Letters to Bangkok Bar Girls and Their Interviews』

collected by Dave Walker & Richard S.Ehrlich (Dragon Dance Publications)

お洒落な女性誌の「きれいになれる癒しのタイ紀行」なんて特集を見てると、いまや日本女性をターゲットにした東南アジアのエステ&高級リゾート・ビジネスは、バリからバンコクに移りつつあるようだ。

おいしいタイ料理、マッサージ、名所旧跡……タイの魅力はいろいろあるが、いっぽうで昔ながらのオヤジ・エロ路線も立派に健在。一時のような勢いはないとはいえ、バンコク中心部のタニヤと呼ばれる通りには、日本語の看板を出して、日本語のできるホステスを揃えた、日本システムのバーが乱立。書店に行けば「どこそこのマッサージはウブな美人揃いでハズレなし」なんて、日本語の懇切丁寧なリポートつき風俗情報誌が何誌も並んでいる。

まったく日本のオヤジ・メンタリティはいつになったら治るのか……とお嘆きの諸氏（諸嬢？）も多いことでしょう。だけどね、反論するわけじゃないけど、本国じゃまともなふりして、タイに来たとたんエロオヤジに豹変するのは、なにも日本人だけじゃない。タニヤの隣には有名というか、悪名高いパッポンという通りがあるのをご存じの読者もいらっしゃるはず。市内中心部のパッポン、それにソイ・カウボーイ、さらにビーチタウンのパタヤといった売春で名高いエリアの主役は、実は日本人じゃなくてファランと呼ばれる、おもに白人の外国人なのだ。

もともとパッポンのゴーゴーバー・シーンが始まったのは、ベトナム戦争時にタイがアメリカ軍の後方支援基地となり、歓楽を求める大量のアメリカ兵が街にあふれたことからだという。タイのゴーゴーバーというのは、入ってみると一段高いステージで水着か半裸の女の子が踊っていて、それをビールでも飲みながら眺めてるだけでもよし、気に入ったら席に呼んで、交渉がまとまれば外に連れ出し可。そのままバンコク滞在中、いわば臨時の現地妻としていろいろ面倒見てくれたりもするという(もちろん予算次第で)、モテない男にはとっても便利なシステムだ。

実は今年の初めから僕もバンコクにアパートを借りていて、毎月のように東京とバンコクを往復しているのだが、アパートのあるエリアはそうしたファランとタイ人の売春婦がたくさん生息している地帯なのだ。イギリス、ドイツ、フランス、ノルウェー、オーストラリア、アメリカ……世界各国から集まった、デブでカネなさそうで、本国じゃモテない人生四十五年を送ってきたとおぼしきオッサンたちが、細身のタイ娘の肩を抱いて、朝から露店でビール飲んだりしている。

そういう醜い光景を外に出るたびに見せられて、最初はもちろんウンザリしていたのだが、しかし「いままでいいこと、ひとつもありませんでした」と顔に書いてあるようなオヤジたちが、道端でタイ娘といっしょにいるときだけは、ほんとに幸せそうなのだ。こっちのオヤジは満面の笑みを垂れ流しっぱなし、あっちのオヤジは眼がちょっぴり心配そうで、それはしかし「こんなに楽しくていいのか」という不安と、「故郷じゃ女に縁なんてなかったのに、彼女がこんなに喜んでいってしょにいてくれるのは、自分のカネだけが目当てとは思えない。もしかしたら自分も知らない自分の魅力を、彼女が見つけてくれたんだろうか」という、懐疑と希望のあいだで揺れ動く心の現れだったりして……。

バカでしょ、男って。バカだけど、あんまりうれしそうだから、見ているこっちまで楽しくなってくる。

そういうインターナショナル・バカオヤジたちは、いままで恋の駆け引きなんてものとは無縁の世界に生きてきたわけだから、カネで買った売春婦と理性ではわかっていても、何日間もいっしょにいるうちに情が移り、ようするに恋しちゃうわけです。で、女の子のほうも、もちろんカネ目当てで付き合うのだけれど、これまた相手のオヤジを憎からず思ってしまったりすることが、意外によくあるらしい。しかし別れはやってくる……ということで、本国の暗い環境に引きずり戻されたオヤジたちは、バンコクに残した女の子にラブレターを書き始める。前置きが長くなったけれど、今回取り上げた『ハロー・マイ・ビッグ・ビッグ・ハニー！』は、そういうオヤジたちからバンコクの売春婦へのラブレターを集めて一冊にまとめた、最初は抱腹絶倒、でも読んでるうちにホロリと来る、ある意味ロマンチックなドキュメンタリーであります。

タイには現在、三十万人から百万人前後の売春婦がいると言われている。そのほとんどが貧しい北部、東北部からやってくる娘たちで、麻薬やヒモに利益を吸い上げられる西欧社会の売春婦とちがって、故郷に残した家族の生活を背負って、大都市に出てくるケースが圧倒的に多い。

まともな高等教育など受けていないから、流暢な英語を使える娘は少数派、あるいはベテランということになり、必然的にオヤジたちはつとめて平易な英語でラブレターを書こうとする。本書の題名も、あるラブレターの冒頭部分から取られたということだが、「いま飛行機の中だけど、もう君のことが恋しい」から始まって、「またすぐタイに戻るために必死に働いてるけど、旅費が貯まるまであと半年かかりそう」なんてのから、「とりあえず手持ちの二百ドルを送るから、これであまりほかの客を取らないようにしてくれ」とか、「金持ちになったら君にヘリコプターかBMWを買ってあげたい」なんて、まるで現実をわかってないオトナ子供、「ほかの店の娘も買っちゃってごめん、浮気性は治らないいんだけど、君のことがいちばん気に入ってる」なんて調子いいオヤジ……。だれもが頭悪くて、不器用で、卑屈で、純情だ。

ところどころにラブレターをもらった娘たちへのインタビューと、最後にバンコクの代筆屋のおばさんの話が挟まれていて、オヤジたちとはうってかわってクールなのがまたおもしろい。英語の手紙なんて書けない娘たちに代わって、文面まで考えてやりながら「オヤジたちはね、財布だけじゃなくて、脳ミソもちょっとは持ってるわけ。だから、ウソをつくならもっともらしいウソをつきなさい」と親身のアドバイスを与える代筆屋さんを、「バンコクの母」と呼びたくなるのは僕だけだろうか。

どんなに上手に書かれた恋愛小説もかなわない、恥ずかしくていとおしい恋の真実。ダメオヤジのラブレターから滲み出すヤニ色の冷や汗は、意外に甘い香りがするのかもしれない。

2007

『らせん階段一代記』

丹道夫（講談社サービスセンター）

関西には天下一品があって、名古屋にはスガキヤがあって、東京には富士そばがある。二十四時間営業、いつでも熱いそばが食べられて、シンプルなかけそばからコロッケ、春菊天までトッピングもバラエティ豊かなメニュー。忙しいさなかの昼飯から、酔っぱらったあとの夜食まで、あらゆるニーズに対応してくれる富士そばは、山手線内の東京都心部を中心に現在六十六店舗を展開中。実はかなり「東京の味」を代表する存在なのだ。

自販機でチケットを買い、富士そばののれんをくぐる。あっというまに目の前に置かれた丼を前にして箸を割り、さて……と口を開けたところで、君は店内に演歌が流れているのに気がつくだろう。朝の出勤時間だろうが、昼飯時だろうが深夜だろうが、富士そばには森進一だの八代亜紀だの、ド演歌がノンストップでかかっている。アツアツの天ぷらそばを、メガネ曇らせ啜り込みつつ、耳傾けるは『新宿の女』by藤圭子……「私の人生は演歌そのものです」と言い切る、富士そば六十六店舗を率いるダイタンフード創業社長であり、作詞家としての顔も持つ丹道夫氏（作詞家名は丹まさと）がつくりあげた、これもまた富士そばの味である。

先ごろビクターから『演歌魂～富士そば編～』なる演歌コンピレーションCDが発売されて（名曲揃い！）、マニアを喜ばせたが、富士そばでは店内で丹社長の自叙伝『らせん階段一代記』を現在販売中。昨年九月に発表されたこの本、発行元が講談社サービスセンターなので実質的に自費出版なのだろうが、三百二十一ページのボリュームに「うまいぞ！富士そば　偉いぞ！丹さん」なる東海林さだおの推薦文が載ったオビまでついて、堂々たる押し出しだ。

愛媛県は四国山脈石鎚山の麓、人口三百人の大保木村（現在は西条市）に一九三五年、丹道夫さんは生まれた。養父は山林の立木を査定する材木師だったが、高校を一学期で中退、八百屋の丁稚奉公に入ったのを振り出しに、炭鉱の工事現場で砂利運搬、印刷屋と職を転々としながら西条高校夜間部を卒業、東京栄養食糧専門学校に進み、食堂ボーイからポスター貼り、血液を売ることまでして学資を稼ぎながら苦学の末に卒業、給食センター勤務を経て埼玉県で弁当業を始める。昭和三十六年、丹青年二十六歳の春だった。

必死の働きで弁当業が順調に伸びていた昭和三十九年、弱冠二十八歳の丹さんのもとに、不動産業をやらないかと友人から勧誘の電話がかかってくる。時は田中角栄の列島改造論に乗った一大不動産ブームの真っ只中。儲かっていた弁当業を捨てて、まったくシロウトの丹さんたちは那須の別荘地分譲に乗り出した。はじめこそ一区画も売れずに倒産寸前まで追いつめられたが、売れ出してからは、あれよというまに社員千二百人、月商七億という急成長を成し遂げる。丹さんも月給五百万、運転手付きの外車で銀座・赤坂の高級クラブをハシゴする青年実業家へと変身するが、意見の相違から共同経営者たちと袂を分かち、三十七歳にしてすべてを手放して「立ち食いそば」業に人生を賭けようと決意するのだった。

新宿伊勢丹裏の角にある店を皮切りに、当時類例のなかった二十四時間営業に挑んだ富士そばは、タクシー運転手や夜間労働に携わる人々など、口づてに評判が広まっていくかたちで人気を呼び、三年後には七店舗、現在では全六十六店舗で一日五万食を売る、一大ファストフード・ビジネスに成長している。

「そば屋が八分どおりでも成功したら、詞の勉強をしたい」と願っていた丹さんは、平成元年、五十五歳で六本木の作詞学校の門を叩き、入学五年目で作詞家デビュー。現在までに三十一曲がCDになり、島津悦子の『港のかもめ』はオリコン演歌チャートで十七位まで上がった。「演歌には、人の心を勇気付けてくれる力があります。ひとりぼっちの寂しさ、人生に吹き付ける北風、くじけそうになってしまう時、そんな時、演歌は寂しさを癒してくれます」と語る丹さんは、富士そばを二十四時間営業にしているのも、若いころ夜になっても帰るところがなく、公園で寝たことがあって、「どこかに24時間やっているお店があればいいなあ」と寂しい思いをしたことが根底にあるのだという。

波乱に満ちた半生が、しかし巷の自費出版自叙伝にありがちな「オレサマ自慢」口調ではなく、あくまでソフトに優しく、人柄をしのばせるタッチで描かれたこの本、自費出版にしておくには惜しすぎる一冊だ。こういうネタを、日本最大の刊行点数を誇る出版社が、自費出版部門に放置しておく感覚を、むしろ疑ってしまう。随所に添えられた、社員によるほのぼののタッチのイラストもいい感じだし、CDをBGMに読書すればいっそう盛り上がるのは確実なので、ぜひあわせて購入していただきたい。なお、オビに登場している東海林さだおさんは、去年発売された『偉いぞ！立ち食いそば』（文藝春秋）の中で、富士そばの全メニュー制覇という偉業に挑戦していらっしゃるので（丹社長との対談も収録）、そば気分が高揚した人は、こちらも押さえておくべし。

2008

『知られざる日本人　南北アメリカ大陸編――世界を舞台に活躍した日本人列伝』　太田宏人（オークラ出版）

オークラといえば普通はホテルだが、東京にはオークラという出版社もある。

このオークラ出版は、〈撃論ムックシリーズ〉として、『誰も報じない中国の真実』、『中学生にも分かる慰安婦・南京問題』、『ぼくらの核武装論』といった勇ましいムックを連発するかたわら、〝韓流エンタメ情報誌〟「It's KOREAL」（ちなみに三月号の特集は「やっぱりこの男しかいない——夢中ペ・ヨンジュン」）や、フレンチブルの専門誌「BUHI」、さらには〝セレブになりたい貴女のために〟、「セレビッチ」なる雑誌も創刊してみたりして、なかなか目の離せない出版社だ。

ちなみにセレビッチとは「セレブ」と「ビッチ」を合わせた造語で、命名は辛酸なめ子先生。二十一世紀が始まったばかりなのに、すでに世紀末的様相を呈する日本の現実を「ほれ、見てみぃ！」と突きつけられるような、イタさ満点のラインナップだが、そういうオークラ出版から去年ひっそりと刊行されたのが『知られざる日本人　南北アメリカ大陸編——世界を舞台に活躍した日本人列伝』という、地味な装丁の一冊である。

著者の太田宏人は一九七〇年生まれのフリーライター。國學院大學文学部神道学科卒という経歴で、ペルーの日系紙「ペルー新報」の元日本語編集長だったという。

南米各地に眠る日本人移民の墓地や日系布教史の調査を専門分野とする彼が、リサーチの過程で知ることになった、知られざる、しかしとてつもなくダイナミックな人生を送った在外日本人たち。その壮絶にして痛快な生きざまを一冊にまとめた、これは貴重な資料集であるし、僕のような旅行人生を送るものにとっては、「立ちどまってんじゃねえ！」と背中を押してくれる、怖くて頼もしい先輩の言葉集でもある。

いったいどんな先輩かといえば——

加藤明、桃中軒浪右ヱ門、奥定吉、浅野七之助、伊藤一男、安田恭輔（フランク）、川部惣太郎

（ハリィ）、野口英世、牧野金蔵、福岡庄太郎、高倉道男、水本光任、馬場直、鬼木市次郎、ハイメ・ルイス＝ラ＝ロサ、吉田道彦、藤川真弘、リカルド＝ミツヤ・ヒガ、上野泰庵、樹下潜龍、石川多喜、塩田哲夫。

二十二人のうち、僕が知っていたのは野口英世ただひとりだった。ほかの二十一人といえば、たとえば最初に登場する加藤明は日本からペルーに渡り、弱体チームだったペルーの女子バレーを世界一に育て上げた名コーチ。一九八二年に四十九歳という若さで逝ったときには国中が悲しみに暮れたという――「ペルーで知られている日本人といえば、野口英世と加藤明と藤森謙也（元大統領）。このうち、尊敬されているのは野口博士と加藤であるが、「国家の英雄」とまでいわれ、語り継がれてきたのはＡＫＩＲＡだけだ」（本文より）。

ふたりめの桃中軒浪右ヱ門《とうちゅうけんなみえもん》は明治二十年生まれ、小学校中退で天秤棒担いでの醤油売りから浪花節語り（浪曲師）をめざし、大正十一年に一座を率いてハワイに渡る。そこで活動写真と浪曲を織り交ぜた「連鎖劇」なる出し物を考案して大ヒット。翌年にはサンフランシスコの日本人社会を仕切っていた大親分・奥定吉に呼ばれて大陸入り。愛車のパッカードで全米を巡業して回ったという、なんとも雄大なスケールの芸人だ。

明治十九年にイギリス船に密航してブエノスアイレスに上陸、材木運搬人や鉄道馬車の御者を経て蒸気機関車の機関手になった、アルゼンチン最初の日本人・牧野金蔵。

著者が勤務していた新聞社にいた、〝ゴマ塩頭、黒い肌の、ただの総務部のおじさん〟。それが実は一九六〇年のローマ・オリンピックに出場した日系サッカー選手で、つまりはオリンピックに出た最初の日系人だったという、ハイメ・ルイス＝ラ＝ロサ。

そして日本海外移住家族会連合会の初代事務局長を長年つとめるかたわら、日本政府の安易で杜撰な移住計画によって、志半ばでアマゾンに倒れた日本人移民たちを供養するために、みずから得度。私財を投じて、遠く富士山を望む伊豆大島に観音堂を建立し、さらには無縁仏供養のため一九八六年にアマゾン入りするが、アマゾナス州パリンチンス付近で突然の失踪。推定によれば覚悟の上の入水で、おそらくピラニアに食われたのでは、という藤川真弘……。

ひとりずつが、それぞれ分厚い伝記になりそうな壮絶すぎる生涯。それを二十二人分も一冊のペーパーバックに押し込めてあるのだから、もう座って読んでいるだけで、登場人物たちの桁外れのエネルギーに、それに食らいついていく著者の好奇心のパワーに、疲労困憊してくる。

二〇〇八年の今年はブラジル移民百周年にあたる。本書に収められている先人たちの生涯を知ると、日本人にとってアメリカ大陸とは、いまでは単なる旅行先のひとつなのだろうが、そもそもは、どうにもならない島国から脱出せざるを得なかった人間たちが夢見た、大いなるフロンティアだったのだと実感する。

海外に渡る、ということがそのまま死罪だった明治以前の時代から、英語もできず、財産もなく、もちろん『地球の歩き方』もインターネットもなく、単身異国に新天地を求め、思う存分暴れ回った日本人がこれだけいたというおどろき。もはや〝異国〟という言葉にすらリアリティを感じなくなってしまった、便利な時代に生きる僕らにとって、それはこころのどこか深い部分を引っ掻いてくれる、尖った爪のようでもある。

サブタイトルに「南北アメリカ大陸編」とあるからには、ヨーロッパ編やアジア編も一刻も早く読みたいものだが、著者は『知られざる日本人』のウェブ版も運営していて、本書に収録されなかった冒険者たちのストーリーが何人分か掲載されている。

東京オリンピックのボクシング日本代表でありながら、プロを断念したのちハワイに渡って極道人生に堕ち、FBIの罠にはまって逮捕、アメリカで刑務所にぶち込まれ、メキシコに脱獄！　そしてまたも収監……という米倉宝二《たかつぐ》。幼いころに病気で両手両足を切断、〝だるま娘〟として見世物興行の世界に生きながら、独学で学問と宗教の道を極め、来日したヘレン・ケラーに「私より不幸な人、そして偉大な人」と称えられた中村久子……。もう「数奇な人生」としか形容しようのない、すべての小説家の意欲をくじく、驚くべき実話が満載なので、こちらも本書とあわせてぜひ、ブックマークされることをおすすめしておく。

知られざる日本人　http://priemma.fruitblog.net/

2008

『izakaya　THE JAPANESE PUB COOKBOOK』

マーク・ロビンソン
（講談社インターナショナル）

異国の片隅で食べる日本料理には、なかなか不思議なものがある。「ジャパニーズ」と強引にラベルを貼られた、わけのわからないオカズとご飯と、インスタントな味噌汁。知ってるつもりの文化が、妙なディストーションをかけられて目の前に現れる、そのスリル。まずいけど。日本に来たイタリア人が、喫茶店で食べるスパゲッティ・ナポリタンは、いったいどんな味がするのだろう。外国人にとって日本料理とは、まず寿司、天ぷら、すき焼き、それに鉄板ステーキだ（ベニハナみたいな）。それでは日本人が海外に発信する日本料理とは、やっぱり寿司、それに懐石料理だ。しかし回らない寿司や、懐石料理や、まして天ぷらやすき焼きやステーキを毎日食べている日本人を、僕はひとりも知らない。外国人の知る日本料理とは、日本人が常食する日本料理とは、別物なのだ。

仕事柄、外国からのお客さんをよく接待するが、彼らを食事に連れていっていちばん喜ばれるのは、回らない寿司屋でもなければ、カウンターの高級天ぷら屋でもない。街の、ふつうの居酒屋だ。有名温泉旅館よりも巨大健康ランドを、お洒落なデザイナーズ・バーよりもスナックをはるかに喜ぶのと同じように。

『izakaya THE JAPANESE PUB COOKBOOK』という本が、この春発売された。A4判オールカラーの立派なハードカバー。著者のマーク・ロビンソンはオーストラリア育ち、八〇年代末から東京に移り住んで、いまも東京とシドニーを行ったり来たりしている。

昔からの知り合いなのでマークと呼ばせてもらうが、オーストラリア人らしくビールも好きで、おいしいものも大好きで、自分が料理するのも得意なマークがこの本を作ったきっかけ、それは「日本人がいちばんふつうに食べている外メシが、なぜ外国人向けに紹介されていないのだろう」という素朴な疑問だった。

カウンターを挟んだ真剣勝負のような高級寿司屋や、気が遠くなるほど手のかかった懐石料理については、いくらでも美しい写真集が本屋に並んでいる。なのに日本人が飲んで、食べて、集う場所といえばまず居酒屋であるのに、それをちゃんと紹介した本が、ひとつもない。日本語ではあるの？とマークに聞かれて、そういえばガイド的な本はいくつかあるけれど、居酒屋を日本独自の公共空間として捉え、その食事をレシピとして紹介する、つまり文化として居酒屋をきちんと見直してみた本は、一冊も思い出せなかった。

副題に〝ジャパニーズ・パブ・クックブック〟とあるように、マークは便宜的に居酒屋を「日本式のパブ」と訳している。けれどイギリスのパブは基本的に夕食が終わってからビールを飲みに行く場所であり、食べるものは乾き物ぐらいしかない（ランチタイムには昼定食を出す店が多いが）。フランスのカフェは、これまたコーヒーやグラスワインを飲みながら時を過ごすための場所であって、カフェで夕食も飲みもおしゃべりもいっぺんにすます、というフランス人は少ないだろう。そしてアメリカにはそもそも、居酒屋のようにバラエティ豊かな食事と酒を気軽に楽しめる食の文化が存在しない。食べ物の感じから言えば、スペインのタパス・バーが近いのだろうが、スペイン人は立ったままタパスをつまんだり、ワインやビールを飲んだあとでレストランに行くので、タパス・バーは下地づくりの場でしかない。そう考えていくと、「居酒屋」という日本語を訳すのは、すごく難しい。そんな場所が、外国にないからだ。

『izakaya』には昔ながらの店から、若い子たちがやっているニューウェイブまで八軒の、東京の居酒屋が紹介されている。手書きの黒板メニュー、薄っぺらい座布団、輪ゴムで無造作に束ねられた焼き鳥の串、割り箸の袋を折りたたんだ簡易箸置き。そういうディテールにこだわった写真が「あー、飲みに行きたい！」感を激しくそそるのだが、本書の眼目は特定の店の紹介ではなく、六十種類にのぼる代表的居酒屋メニューのレシピにある。Simmered Daikon Radish＝ふろふき大根、Deep-fried Tohu in Tempura Sauce＝揚げ出し豆腐、Fried Shrimp Quenelles＝海老しんじょ、Overnight-dried Fish＝一夜干し、Tuna with Miso-Mustard Dressing＝まぐろぬた……どれもきれいな写真に材料と調理法が詳しく記され、「自分が作りたいから取材しました」という著者の愛情が伝わってくる。

僕も自炊が好きなので、これ作りたい、あれもいい、とか思いながらページを繰っていくうちに、居酒屋の献立とはもしかしたら日本料理（というか日本常食料理）の本質を突いているのではないかと思い始めた。カウンターでもテーブルでもいいけれど、席に座ってまずビール、それから日本酒や焼酎を飲みながら、君はなにを食べるだろうか。刺身盛り合わせ、里芋の煮っ転がし、まぐろとアボカド、豚の角煮、ポテトサラダ、おでん、焼き魚……。そこには西洋料理、あるいは中華料理にあるような、前菜に始まり主菜があり、スープがあり、サラダがあり、デザートで締める、というような、確固たる流れというものが、なにもない。冷たい皿から温かい皿へ、という順序もなければ、軽いものから重いものへ、という流れもない。アルコールをアクセントに挟みながら、同時に出てくる野菜や魚介や肉に、てきとうに箸をつけていくだけ。それが満腹になるまで、だらだらと続く。最後に焼きおにぎりや茶そばを頼む人もいるが、別にそれで終わらないとダメ、というものでもない。

世界のいろいろな食文化の中で、これくらい緩い構造を持つ料理体系というのは、珍しいのではないだろうか。少なくとも僕はこういう食を、日常的に楽しんでいる民族を、日本人のほかに見たことがない。ジャーナリストで、サーファーで、熟練の旅行人でもあるマーク・ロビンソンが居酒屋という存在に惹かれていったのも、この国を理解するひとつの核になるなにかを、店の喧噪の中から、本能的に嗅ぎとったからなのかもしれない。

自分のそばにあるものだから、いちばん気がつかない。居酒屋文化を英語で紹介してくれたマークには感謝とリスペクトを捧げたいが、あとは僕自身がいま取材に駆けまわっている、もうひとつの偉大で普遍的な現代日本文化の表象、すなわち「スナック」に、マークが手を伸ばさないでいてくれるよう願うばかりである。

2007

『ニッポンの廃墟』

栗原亨、酒井竜次、鹿取茂雄、三五繭夢ほか（インディヴィジョン）

『1コイン廃墟ブックレット特別版 消えゆくニッポンの秘宝館 秘宝館を世界遺産に！』

舟橋蔵人監修（八画出版部）

「いちばん難しいのはねー、野山を探して歩くことじゃなくて、嫁さんを説得することですよ」と、ある廃墟マニアはしみじみ言った。

廃墟探索とは、まことに労多くして理解されることの少ないオトコの趣味……のはずだったが、ここ数年の廃墟ブームは、古参廃墟探検家もおどろく盛り上がりようだ。

ウェブサイトには各地方の廃墟マニアたちが、競って探索記をアップしているし、書店の写真集コーナーにもつねに数冊の廃墟本が平積みされている。世界遺産でもなく、歴史に名を刻む遺跡でもない、ただの閉山した鉱山や、潰れた遊園地やホテルや、住人が去ったあとの廃屋が、どうしてここまで人を惹きつけるのだろう。アメリカではゴーストタウン観光が年々盛んになっていて、各州のゴーストタウン・ガイドブックも出版されているが、西部開拓の歴史と寄り添うアメリカのゴーストタウン観光とは、あきらかに異なる体温の、湿ったエネルギーが日本の廃墟探索からは伝わってくる。

名古屋をベースに発信している『東海秘密倶楽部』というウェブサイトがあって、中部地方を中心とした廃墟群、さらには秘宝館や路傍のおもしろ物件まで、幅広くマニアックに採集活動を続けている。僕もよくチェックさせてもらっているのだが、なにしろそうとう気合いの入った人たちらしい。日本初の秘宝館であり、今年三月に惜しまれつつ閉館した三重県伊勢の元祖国際秘宝館の〝公式ガイドブック〟(二千部限定ナンバー入り、オールカラー十六ページ、八百円、残部僅少!)を二〇〇六年に突然発売、一部の好事家を震撼させた。その秘密倶楽部がこのほど、長年の研究成果をまとめた決定版の廃墟ガイド、『ニッポンの廃墟』を発表、これがまたチカラのこもった一冊なのだ。

「珍日本紀行」というプロジェクトで日本全国の珍観光名所を巡ったとき、僕は廃墟物件をほとんど取り上げなかった。廃墟になる一歩手前の、腐りかけのクリエイティビティのほうが気になっていたこともあるし、いまなら間に合う、いま記録しないとなくなってしまうという切実な思いが強かったこともあるが、もうひとつ、廃墟を写真に撮ると、たいてい〝美しく見えすぎる〟ことに躊躇する気持ちもあった。

廃墟の美とは、物質が与えられた役割から解放されて、本来の姿に戻っていく、そのプロセスを目撃する悦びである。コンクリート造の病院が、年月とともに風化し、病院というレッテルを剥がされて、そこにいた人間たちの痕跡を徐々に薄めながら、コンクリートの巨大なカタマリに転化していく。自然にある素材から、なにかまったく別物を造り出すのがアーティストならば、人間が作った別物を、有無を言わさず元に戻すクリエイティブ・フォース、それが自然という強力なカウンター・アーティストなのかもしれない。

だから廃墟の写真は、いつもきれいだ。世にある廃墟本も、ほとんどが写真集の体裁を取っているし、写真家としてその誘惑は、すごくよくわかる。『ニッポンの廃墟』も全二百五十六ページのうち九十三ページを〝美麗カラーフォト〟が埋めつくしているが、しかしこの本は写真集ではないし、カメラマンの作品集でもない。日本の四十七都道府県すべてを網羅した、いま手に入るもっとも詳細にして実用的なガイドブックだ。

秘密倶楽部のスタッフはもちろん、日本各地の廃墟マニア諸氏の協力を得て制作されたというこのガイドは、足尾銅山のような巨大廃墟から、廃屋という言葉のほうがふさわしい民宿跡に至るまで、まるでミシュランのように客観的な説明と地図、それに順位までつけられて、規則正しく北海道から沖縄まで、二百ヶ所以上の廃墟を網羅している。

「スペースシャトルが八機並ぶ北海道のラブホ」、「宮城県の離島に取り残された断崖絶壁の旅館」、「神奈川県の競馬場」、「岐阜県の山中に残る戦時中の診療所」、「香川県の警察署」、「長崎県の明治時代の刑務所」……ほんの少し見出しを並べてみるだけで、賢明な読者は、これが〝廃墟ガイド〟という体裁を借りた、実はだれもが目をそむけつづけてきた、もうひとつの現代日本のビジュアル・ヒストリーであることに気づくだろう。歴史の教科書やテレビ番組には、決して取り上げられない、しかし同時代の日本人にとっては、はるかにリアルな。

『ニッポンの廃墟』にはネット購入者の特典として、廃墟で見つけた言葉たちを採集した『廃墟とブルース』という小冊子が付録に付いている。たとえば愛知県知多半島の独身寮の廃墟の壁にあった詩……

もし、むかえにきても
ぜったい、このまるひこにわ
なにがなんでも、死んでも
二度ともどりません。
ちからづくでもやめます
九州でしづかに
くらすからよ、
どんなことがあっても
このまるひこにわ
死んでも、もどらない
（後略）

小島さんへ
二週間も
まちきれません
もお、クビでも
なんとでも
してください
ひょうどう
死ね
クソが
クビでも
なんとでも
しやがれ
小浜より
（中略）

これだけでも一冊の詩集ができてしまいそうだ。

手持ちのネタを小出しにするのではなく、入れられるだけぶちこんでしまう、昨今の大出版社にはもっとも不得手な本作りの原点がここにあるようで、同業者としてはうれしさと焦りの両方を味わいながら読ませてもらったのだが、東海秘密倶楽部は、なんと本書と同時に、〝1コイン・ブックレット〟なる廃墟がテーマの小写真集を、一挙に七冊も刊行してしまった。

1コイン、つまり五百円でレコードEPサイズ(シングル盤)、オールカラー十六ページの写真集は、日本最大規模の産業廃墟である神岡鉱山、離島の戦争遺跡、日本各地に現存する秘宝館と廃墟(特別版、三十二ページで一千円)など、テーマを絞ったブックレットで、これまた貴重な画像記録である。十六ページとはいえ、オールカラーで一冊五百円(しかも税込み!)。それもおそらく数百部を印刷して、全国に流通させること。それがいったいどれほど大変で、どれほど金銭的に報われない仕事であるか、想像するだけで冷や汗が出てくる。いったいどこから、こういうパワーが生まれてくるのだろう。

まあ、こんな紹介文を読むまでもなく、廃墟マニアはすでに全冊注文済みだろうが、これほどの出版プロジェクトが、日本のメディアのほとんどが集中する東京からではなく、地方から発信されているという事実。それを廃墟マニアだけでなく、すべての読書家に、そしてなにより東京以外どころか、山手線の外側すら見ようともしない東京のおしゃれ編集者のみなさまに、ぜひ知っていただきたい。

2009

『銀座社交料飲協会八十年史　銀座 酒と酒場のものがたり』

（銀座社交料飲協会）

出版社勤めからフリーになったばかりの、若い女子編集者がいた。思ったほど仕事がなくて苦しい、と相談されて、アルバイトでもなんでもやりながら好きな本作ればいいじゃないと答えたら、「そんな簡単じゃないんだから……」と口を尖らせていたが、しばらくたっておもしろいバイト先を探してきた。銀座のホステスになる、というのである。

えー、いきなり銀座でホステスなんてなれるの？　と驚いたが、銀座のどこかのクラブに雇われるのではなくて、いわゆる「派遣ホステス業」なのだという。毎晩（でなくてもいいのだが）、夕方事務所に顔を出し、ドレスを借りて、「今晩はどこのクラブへ行け」と言われる。行った先では店所属のホステスさんたちのヘルプに徹して、お客さんには名刺も渡さなければ、もちろん店が終わったあと一緒にご飯、なんて誘いにも乗ってはいけない。ようするに店についてるお客さんを取らないように、あくまでもひと晩かぎりのお手伝いという立場で、九時から十二時までお勤めして、帰りに事務所に寄ってドレスを返すと、その晩三時間のお給料として一万円を手渡しされる。月に二十日働けば、月収二十万円だ。

日払いのバイト料も魅力的だけど、それ以上に楽しいのが「毎晩ちがうお店を見られること」。老舗の大型クラブ、若いママさんが開いたばかりの小さな店、上品な店、これが銀座かという下品な店。その気になれば、一年間のお勤めで百軒、二百軒の〝銀座のクラブ〟を体験できる。それも客ではなくて、内側から。オトコがいくら金持ちであろうと、こんな遊び方はできない（しちゃいけない？）し、ひと晩かぎりの派遣バーテンダーなんてのもないだろう。ものすごく羨ましくて、「一年ぐらいがんばって、本にしなよ！」と強くすすめたのだが、そのうち本来の編集者稼業が忙しくなったらしく、彼女は数ヶ月で派遣ホステス業から足を洗ってしまった。もったいない……。

いちども会社勤めをしたことがなくて、文壇などともまったく縁のない自分にとって、銀座はいまでも敷居の高い場所だ。編集者となって三十年以上たつが、典型的な〝銀座のクラブ〟というような店では、いまだにいちども遊んだことがない。そういう敷居の高い銀座のクラブ・シーンの、総元締めみたいな存在がGSK＝銀座社交料飲協会である。

大正十四（一九二五）年、まだクラブというよりカフェーの時代だった銀座に、GSKの前身となる銀座衛生組合が設立された（同じ年に歌舞伎座が新築、新橋演舞場が開場、松屋呉服店が開店している）。発足したときの加盟店は三十七店だったそうだが、八十三年後の現在では加盟店数が約千八百店。「銀座 酒と酒場のものがたり」と洒落た副題のついた本書は、三年前に創立八十周年を迎えたGSKの協会史なのだが、これが明治時代から二十一世紀にいたるまでの銀座の「夜の歴史」をひもとく一級の資料になっていて、抜群におもしろい。

銀座で最初にできたカフェーは明治三十九（一九〇六）年に二丁目に開店した〈台湾喫茶店〉で、ここは台湾産ウーロン茶や洋酒、洋食を出していたそうだ。明治四十四年には八丁目に〈カフェー・プランタン〉ができて、これが〝カフェー〟を名乗る銀座で初めての店だった。

NHKが『君の名は』で全国を泣かせ、美空ひばりの「リンゴ追分」が街に流れた昭和二十七

（一九五二）年にはキャバレーが全盛時代を迎える。いま僕らがイメージする〝妖艶なママが着物で接待してくれる銀座のクラブ〟みたいなものが一般的になるのは、昭和三十二（一九五七）年に川口松太郎が銀座のクラブを舞台にした『夜の蝶』を発表したころからのようだ（小説のモデルとなったのは『エスポヮール』と『おそめ』のママ、映画では京マチ子と山本富士子が演技対決した）。昭和三十七年には東京観光社交業連合会が、カフェーやバーで働く女性を「女給」でなく「社交員」または「ホステス」と呼ぶよう、マスコミに申し入れしている。

名物連載だった週刊新潮の二ページ・コラム「ＣＬＵＢ」が九七年に終了したころに、もしかしたら銀座のクラブ・カルチャーも独自の存在感を失いはじめたのだろうか。Ｂ５判で二百ページを超すハードカバーの本書には、銀座をめぐる歴史のエピソードはもちろん、時代を彩った貴重な写真資料、作家や文化人による銀座の夜のエッセイ、かわいらしいマッチのラベル・コレクション、今和次郎による銀座のカフェー・ウェイトレス制服図鑑、銀座をテーマにした流行歌の歌詞、バーのママやバーテンたちの座談会、銀座にいま唯一のキャバレーとなった〈白いばら〉社長の思い出話まで（もちろん週刊新潮の「ＣＬＵＢ」ページも）、よくこれだけと驚くほどの内容が詰め込まれて、読んでるだけでホロ酔い気分になってくる。思いきって、銀座にも飲みに行ってみたくなる。

「非売品」というだけで無性に手に入れたくなるのがコレクターの悪いクセだ。本書も書店では手に入らない非売品だが、ＧＳＫに申し込めば実費で購入できるので、銀座のクラブをよく知ってるつもりのシャチョーさんも、まるで縁遠かった庶民派も、こぞって問い合わせていただきたい。

2009

『田中コレクションⅡ　サキオリから裂織へ』

田中忠三郎（民俗民具研究所）

真夏の夜の青森市。「こっちはいま盛り上がってるよー」とフジ・ロック・フェスティバルに行ってる友達から電話がかかってくる。まだ夜八時ごろだというのに真っ暗な大通りを、負けないくらい暗い気持ちになりつつトボトボ、ホテルに向かって歩いていると、青森港のあたりからなにやらバンド演奏の音が、風に乗って微かに聞こえてきた。

まさかここでもロックフェス？と訝りつつ、いちおう音の方向に向かってみる。一週間後に迫ったねぶた祭の準備に張られたテント群の脇、ちょっとした広場に二百人かそこらの人が出て、中央のステージでは貫禄充分の黒人女性シンガーが渋いブルースを唸っていた。周囲にも十かそこらの屋台が出て、小さなお祭りの雰囲気だ。そして入口には「ジャパン・ブルース・フェスティバル２００８in青森」の垂れ幕が。なして青森でブルース？　紙コップのビールをすすりながら、事務局のテントに行って聞いてみた。「青森はね、ブルースに縁が深いんですよ！」そうなんですか？「青森はブルースの聖地であるシカゴと同じ北緯四十～四十一度線にあって、シカゴも青森も過疎化した町の中心部の再開発にがんばってるという共通点があるんです！」はあ……。「しかも青森は日本のブルースの女王、淡谷のり子さんが生まれ育った地ですし！」そのブルースと違うんでは……。「そして青森といえば〝ブルー〟でしょ、海と空と八甲田山脈のブルー、〝ブルース〟はその複数形ですから！」えーっ、それですか。青森には津軽三味線をはじめとして、すばらしい郷土の音楽があるのに、ブルースで町おこしですか？？？　しかしあくまで真摯な主催者を前になにも言い返せないまま、僕はテントを離れ、溜息をつきながらつかのまのブルース・ナイトを楽しんだのだった。

青森に来ていたのは、田中忠三郎さんという老コレクターと会うためだった。市井の民俗学者である田中さんは、一生涯をかけて青森に残る民具、郷土資料を収集してきたのだが、中でも「ぼろ」と呼ばれる、かつての貧農たちの野良着や布団、生活衣料のコレクションには質、量とも他の追随を許さないものがある。

貧しい農村といえばまず東北が思い浮かんだのは、そんなに昔のことではないのだが、津軽や南部の農民たちが極貧の中で生み出し、厳しい日常の中で育まれた驚異的なテキスタイル・アートというべき「ぼろ」の世界は、いままでほとんどまともに紹介されてこなかった。こぎんや菱刺《ひしざ》しといった、民芸運動に取り上げられた〝用の美〟はいまや文化財扱いされるようになり、美術館にうやうやしく展示されているのだが、農民たちの日常生活に密着した「ぼろ」は、貧しい時代を象徴する負の遺産としてしまい込まれ、あるいは捨て去られてきた。「いつか、こういうものが必要になるときが来る」とひとり信じた田中さんは、四十年あまりにわたって山から村へ、浜からまた山へと歩き回り、古老の話に耳を傾けながら、ひたすらに「ぼろ」を集めてきたのである。

おととしの夏、東京で開かれた裂織の展覧会にそのぼろコレクションが展示されることになり、田中さんは自分でカメラを操り写真を撮って、文章を書き、青森県内の印刷所に頼んでカタログを自費出版する。『サキオリから裂織へ』と題されたその一冊をある日、僕は人に見せられ、その美しさに打ちのめされた。

かつて綿が贅沢品として農民には使用が許されていなかった時代、津軽や南部では麻を自家栽培し、それを生地にして着物にも、布団にも使っていた。極寒の地で生き抜くために、薄い麻地を何重にも重ね、ほとんどコラージュ・アートと化したその〝作品〟は、作り手に美意識などまったくない、単純にサバイバルだけを目指したものであるだけに、いっそう僕らの胸を打つ。優れたアウトサイダー・アートが職業現代美術家に与えるショックのように、雪国の貧農が生んだ思いがけない美の世界は、ファッション・デザインに飼い慣らされた僕らの美意識を激しく覚醒させるのだ。

カタログに載っていた住所を頼りに田中さんに連絡を取り、青森市の郊外にある田中さんの倉庫でコレクションを撮影させてもらった僕は、もともと田中さんの存在を教えてくれた小出由紀子さんとふたりで、それを『BORO　つぎ、はぎ、いかす。青森のぼろ布文化』という本にまとめ、この一月に出版することができた（アスペクト）。刊行記念として一週間だけ書店の壁を借り、田中さんのコレクションの一部を青森から送ってもらって展示したのだが、見てくれた人からは印刷物では伝わらない、本物の重みを目の当たりにした驚きの声をたくさん聞くことができた。

青森には二〇〇六年に開館した県立美術館や、去年開館したばかりの十和田市現代美術館など、立派な展示施設がたくさんある。でも、「ぼろ」を収集展示しようという施設はひとつもない。こぎんや菱刺しと違って、文化財に指定する動きもない。青森県になんの縁もゆかりもないシャガールの舞台背景画とかは、誇らしげに常設展示されているのに。

〝用の美〟を唱えて旧来の美意識を覆した民芸運動は、たしかに当時としては画期的なムーヴメントだったが、そのいっぽうで民芸の範疇からはみ出るものは、単なるジャンクとして打ち捨てられる弊

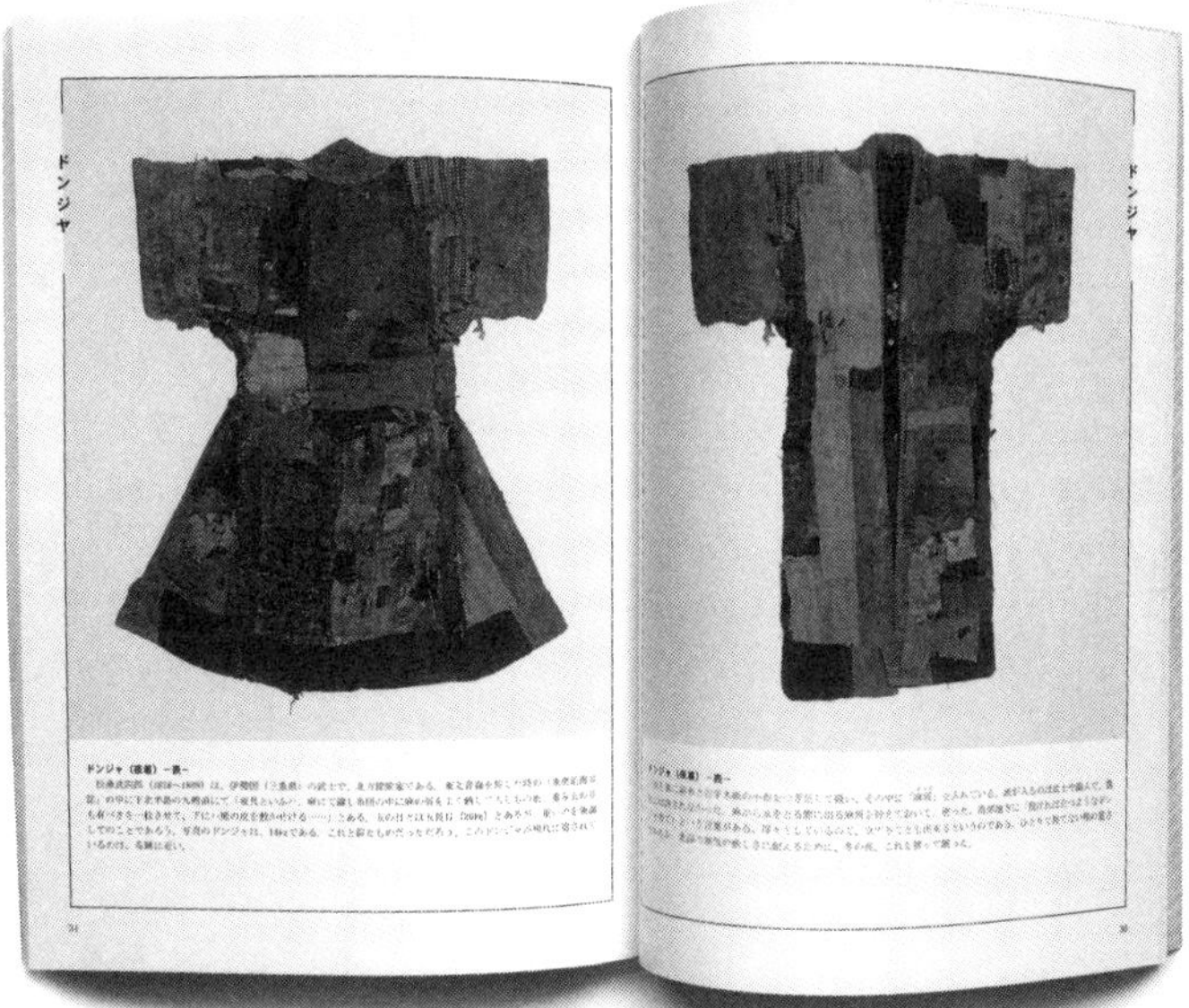
ドンジャ
ドンジャ

シャツ
シャツ

害をもたらした。それは同じ時代の、同じくらい古ぼけた茶碗でありながら、茶の湯の儀式に使えるサイズだと何千万という値がつくのに、ちょっとでも大きいと単に何千、何万円の古道具になってしまう現実とよく似ている。

自分が作った『BORO』が売れてくれれば、それはうれしいが、ほんとうは現物を見てもらえるほうが、もっともっとうれしい。まず動くべき地元の人間が、足元に眠る美にだれひとりとして目を向けない、その情けない状況が悔しくて僕はこの本を作ったのだが、いまのところ展覧会の提案はひとつも来ていない。

「ずいぶん長いあいだ、痛烈な批判と冷笑を浴びた」と田中さんは記しているが、それでも四十年間、足を止めることなく収集に努めてきた。そういうエネルギーを、本を作ることで少しでもお裾分けしてもらおうと思うのだが、それでも正直言って、ときどき立ち止まって溜息をつきたくなるときがある。

2009

『中国低層訪談録　インタビュー どん底の世界』

廖亦武（劉燕子訳、集広舎）

人のやらないことをやる、それは賛同者が少ないことを意味し、本づくりにおいてはそのまま売り上げの少ないことを意味する。でも人のやらないことをやるのは、競争とも嫉妬とも無縁でいられることでもある。

昔は現代美術だの最先端のデザインだのについて書いてきたつもりなのに、気がつけばラブホテルだの秘宝館だのスナックだの、類書ゼロの世界ばかりを追いかけていて、うしろを振り返ってもだれもついてきてない……そういう情けなくも気楽な立場に身を置くようになってずいぶんたつが、それでもごくたまに、身もだえするほど悔しい、他人の作品に出会ってしまうことがある。

すごい！と感嘆すると同時に、あー、こんなの読まなきゃよかったとも思い、自分ものんびりしてられない！と走り出したくなる、ひさしぶりにそういう気持ちに駆られた一冊、それが『中国低層訪談録』だ。日本語版が出版されたのが去年五月で、書評もいくつか出ているので、すでにお読みになった方もいらっしゃるのではないか。僕は不勉強にも最近になってこの本の存在を知り、一読驚愕、悔しさとうれしさで息が詰まりそうな思いを味わった。

「インタビュー どん底の世界」と副題のつけられた本書は、その名のとおり中国の最底辺に生きる人々を訪ね歩いた、貴重な記録である。インタビュアー＝著者は廖亦武（りょう・えきぶ／リャオ・イウ）。現代中国のスタッズ・ターケルと評すこともできそうだが、リャオの生きざまは、ラジオやテレビのホストとして活躍したターケルとちがい、はるかに〝低層〟な世界に縛りつけられてきた。

一九五八年に中国四川省に生まれたリャオは、二十代の若さで当代を代表する詩人のひとりとして知られるようになった。一九八三年から地下刊行物『中国当代実験詩歌』を主編し、四川重慶におけるアヴァンギャルド文芸のリーダー的存在になる。八九年には天安門事件について長編詩『大虐殺』を朗読、録音。またテレビ映画作品『安魂』を制作、主演から撮影までをこなすが、翌九〇年捕らわれた。反革命煽動罪に問われ、重慶市中級人民法院により四年間の懲役刑を受け、九四年まで投獄される。その獄中生活は、のちに発表された『証言』の序文によれば「生きたまま入れられたこの棺おけの中」で、もちろん紙とペンなどは所持することさえ禁令違反で厳罰に処せられるにもかかわらず、「竹ベラや脱脂綿にヨードチンキをつけて創作し」、それを『三国演義』の背に封じ入れ、出獄の日まで守り抜いたという。「九〇年代の初め、ぼくの自殺への衝動はだんだんと猛烈なものとなり、ほとんど自分の手足さえコントロールできないほどだった」と言い、実際に獄中で二度も自殺を図ったリャオを救ったのは、やはり投獄されていた八十歳を過ぎた和尚から習い覚えた簫《しょう》(尺八式の伝統的管楽器)だった。

出獄後、現在に至るまで「暫住証」しか与えられず、「法律的には戸籍のない日陰者」となって、出国のためのパスポートさえ申請を拒否され続けてきたリャオは、簫を吹き、歌をうたって小銭を得る大道芸人になって各地を放浪しながら、どん底の世界に暮らす人々の話を聞き書きしてきた。彼自身が〝低層〟に身を落としながら、録音機もビデオカメラもパソコンもノートも使わず、一対一の対話を、記憶力だけに頼って再現するスタイルで、人々のこころを開かせ、それが二〇〇一年になって『中国低層訪談録』としてまとめられたものの、中国国内ではすぐに発禁。以後、台湾、フランス、アメリカ、そして日本で出版されたが、いまだに国内では海賊版でしか読むことができない。

「暫住証」しかないために安定した職業に就けないリャオは、訳者の後書きによれば「二回目の結婚式では式場から公安警察に連れ去られ、結婚式は新郎のいないまま進められました。その後、新婚の妻は夜中にいつも警察につきまとわれる、びくびくした生活を余儀なくされ、ついに神経衰弱になり、離婚に至りました。また、その優れた文学が評価されて外国の文化交流基金などから招かれても、出国が許されません。パスポートを重慶市当局に九回も申請しましたが、いちども許可されません」という状態である。

本書に登場する三十一人の〝低層の人々〟は、日本流の負け組や、格差社会の下部に位置する人間とは、まったく次元の異なる世界に生きる人間たちだ。浮浪児、乞食の大将、同性愛者、出稼ぎ労働者、麻薬中毒者、女遊び人、人買い、トイレ番、死化粧師、老地主、老紅衛兵、法輪功修行者、地下カトリック教徒、チベット巡礼者、破産した企業家、冤罪の農民、天安門事件の反革命分子……。そのいくつかは、日本であればただ単に趣味嗜好の問題に過ぎないものが、中国においては、いまだに生死に関わる重大事であるという事実。ひとつひとつの物語、ひとりひとりの人生が、ぬるま湯のような毎日を、ぬるま湯のように平和なこの国で送っている僕らに、鋭利な刃物のように突き刺さってくる。

考えてみれば『春秋』以来、中国の歴史＝「正史」とは為政者たちの歴史だった。四千年にわたって中国という国家を下支えしてきた圧倒的な数の〝庶民〟は、まったく顧みられることもないまま、つねに「正史」の外に置かれてきた。オーラル・ヒストリーの偉大な成果とも言える本書は、もしかしたら僕らが想像する以上に中国の、中国人による、歴史研究の転換点となる記念碑的な一冊であるのかもしれない。

2010

『トラック野郎風雲録』

鈴木則文（国書刊行会）

『別冊映画秘宝　映画『トラック野郎』大全集』

鈴木則文、宮崎靖男、小川晋編著（洋泉社）

昭和五十（一九七五）年の夏、東映の首脳陣は焦っていた。九月に上映する予定の作品が、都合で流れてしまい、急遽新しい映画を作らねばならなくなったのだ。そこで脚本執筆期間二週間、撮影日数二十日という、あまりに慌ただしいスケジュールで撮られたのが『トラック野郎　御意見無用』だった。

よく言ってもピンチヒッター、悪く言えば穴埋め企画として公開された『御意見無用』は、しかし予想外の大ヒットとなって、以来五年間にわたって計十本の『トラック野郎』シリーズが生まれることになる。年に二本ずつ、お盆と正月の時期に公開された『トラック野郎』は、松竹の『男はつらいよ』に対抗する、東映のドル箱シリーズとして、日本全国の映画館を満員の観客で賑わせたのだった。

一九七九年に最終作の『故郷特急便』が上映されてから、今年で三十年。これまで『男はつらいよ』のほうは、いまだにテレビでも放映されるし、飛行機の機内でも観られたり、資料も豊富に揃っているが、『トラック野郎』はといえば、いままでかろうじてビデオやＤＶＤがリリースされた程度。いくら本数がちがい、知名度がちがい、そして万人向けとオトナ向けというちがいがあるとはいえ、（『トラック野郎』にはトルコ風呂でのハダカ宴会シーンやウンコネタなど、下ネタが随所にちりばめられていた）、あまりに無視されすぎでは……と憤っていた筋金入りのファンも多いはず。僕も含めて、そんな日陰モノ扱いを堪え忍んできた『トラック野郎』ファンにとって、最近立て続けに二冊の書籍が発売されたのは、うれしい驚きだった。

　五月に刊行された『トラック野郎風雲録』、七月に出たばかりの『別冊映画秘宝　映画『トラック野郎』大全集』。どちらも『トラック野郎』に寄せる愛情がぎっしり詰まった、ファンにとってはもちろん、昭和末期の大衆文化を見直す上でも欠かせない二冊である。

『トラック野郎』シリーズ全編を監督したのは、僕が敬愛してやまない東映の職人監督・鈴木則文《のりぶみ》さん。『兄弟仁義』、『緋牡丹博徒』など初期のヤクザものに始まって、『温泉みみず芸者』とか『女番長《すけばん》ブルース』とか『徳川セックス禁止令　色情大名』とか一九七〇年代初期、日本の映画産業が崩壊しはじめた時期に、すでに末期的症状を迎えていた東映を舞台に、やけくそみたいなエログロ路線を突っ走った快男児である。

　国書刊行会の『トラック野郎風雲録』は映画撮影時の回顧談を中心に、みずからの映画世界から業界の裏話までを語り尽くしたもの。もともとは僕も愛読者であるデコトラ雑誌「カミオン」で、二〇〇三年から二〇一〇年までの長期にわたって連載されたエッセイを一冊にまとめた、今年七十七歳の「全身娯楽映画監督・鈴木則文、初のエッセイ集」（オビより）である。

　洋泉社の『別冊映画秘宝』はＡ４サイズのムック版。スタッフ・インタビューや各作品の解説も充実しているが、なんといっても大判で再現されたポスター・ギャラリーがうれしい。また「写真切り抜き、人工着色、描き文字」の伝統が生きていた時代の、最高にポップなグラフィックだ。いま映画館に貼ってある最近の日本映画のポスターと較べてみれば、ポスター一枚にもこの当時と現在の、日本映画のエネルギー値の差が歴然とあらわれている。

『トラック野郎』の主役が菅原文太の星桃次郎と、愛川欽也の松下金造（やもめのジョナサン）であるのはご承知のとおりだが、もうひとりの主役は、なんといってもギンギンギラギラに装飾されたデコトラ軍団だ。桃次郎の一番星号、やもめのジョナサン号、そして各作品で桃次郎のライバルとして登場した名車たち。日本的なウルトラバロックの美学と呼びたい、その魅力に取りつかれてしまった男たち、女たちはいまだに少なくないが、鈴木監督はエッセイの中で、「なぜトラック野郎たちがトラックをギンギラに飾るか」について、あるデコトラに乗せてもらった機会に、対向車線を走ってきたデコトラとホーンを鳴らしあって合図した経験を語りながら、こう分析している――

トラックを人間にするのである。走る機械としての無機質なメカから人間の貌《かお》へと変えるのである。無機質のメカはアンドン（灯入り看板）が付けられたところから、個性が明らかになり、孤独なキャビンでハンドルを握る自分も仲間も、〈人間＝人格〉としてすれ違っていくのである。

画一的な大量生産品であったはずのトラックが、トラック野郎たちの情熱によって独自の貌を持った「相棒」へと変貌する、その高揚感こそがデコトラ美学の真実であることを、鈴木監督は第一作からすでに見切っていたのだった。

いま、どこかの映画館で「男はつらいよフェア」をやったとして、どんなひとが見に来るのか見当もつかないが、さきごろ都内の映画館で開催された『トラック野郎』を含む鈴木則文特集の席を埋めたのは、公開時にはまだ子供だったか、生まれてもいなかったはずの若者がほとんどだった。松竹と東映の社風のちがいと言ってしまえばそれまでだが、ギラギラで、下品で、ムチャクチャで、エネルギッシュで、疾走感にあふれる『トラック野郎』シリーズの、どこにいまどきの若者が引き寄せられるのか。それを考えれば、いまの映画やテレビ番組に決定的に欠けているものが、そのまま見えてくる。

2010

「任侠手帳2010」

「月刊 実話ドキュメント」2010年2月号別冊付録（竹書房）

ひと昔前にビジネス雑誌を賑わせた「電子手帳」すらすでに死語となり、いまやiPhoneだのブラックベリーだの、ＰＤＡ（携帯情報端末）を自在に使いこなすのが、エリート・ビジネスマンの条件といわれるきょうこのごろ。そういうなかで「手帳」というのは、情報管理の分野で旧世代の象徴のような存在と言えるが、いまだに年末になると「ナントカ手帳」というのが書店や文具店の店頭にずらりと並ぶのは、ご存じのとおり。ファイロファックスに代表されるシステム手帳から、業界内だけで流通する「文藝手帖」みたいなピンポイントの需要に応えるものまで大小、高級安物、さまざまな手帳があいかわらず世の中にあふれている。

そんななかで、この新年にちょっと話題になった手帳がある。その名も「任侠手帳」！　そうです、そのスジの方々用に作られた（たぶん）、ピンポイントすぎる業界手帳なんですね。

任侠系実話誌の雄、「月刊 実話ドキュメント」の新年号（二〇一〇年二月号）のスペシャル付録として発売された任侠手帳。ブログやツイッターで話題となったおかげで、一時はアマゾンの古書マーケットで一万円近い値段がついたりもした。定価八百八十円なのに（現在は古書価格千円前後）。「日本初！ ヤクザ情報&スケジュール」と本誌の表紙にもでかでかと銘打たれた、この手帳。黒地（ビニール装）のカバーに金色の箔押しで「任侠 ２０１０」の文字がぎらりと光る外ヅラからして迫力満点。縦に長めの体裁で、中を開いてみると……いちおう一週間が一見開きで、ちゃんと手帳の用を果たすデザインになってはいるが、日付と大安や仏滅など六曜のほかにほとんど毎日、歴史的に重要な親分衆の命日とか、ヤクザ界での大事なイベントが書き込まれている。たとえばいま原稿を書いている二月二十二日は、

柴田敏治（親和会二代目　昭和48年）
★全国有力組織のトップ約40名による「極道サミット」開催（平成４年）

といったぐあい。そして一週間の各見開きの下部には、左側にひとくちエピソード、右側に重要抗争解説が、一年分全見開きに添えられている。二月二十二日の週だと、

金まみれの盃直し——ある組織での盃直しで、盃の横にロレックスが置いてあったという。支度

金を出すケースもあるという。金ですべて解決する一面が出ている……（以下略）。

広島抗争①　映画『仁義なき戦い』で知られるこの抗争は、昭和21年11月の広島駅前の闇市支配をめぐる地元岡組 vs 村上組の約8年間に及ぶ〝第一次広島戦争〟だが、これは局地戦で終結した。その頃……（以下略）。

こんなのが一年間まるまる五十二回分あるんだから、勉強になります。さらに！

指定22団体リスト（現在と歴代の組長名、事務所所在地、指定年月日、構成員数つき）

２０１０年度版　六代目山口組本家、最高幹部、舎弟、幹部、直系若中衆系列図

仁義集

この三種類のデータが巻末に収められていて、これまた読み応え充分。ちなみに「仁義集」とはそのタイトルのとおり、映画などでよく見る仁義の模範例文！　博打打ちの仁義、テキ屋の仁義、愚連隊の仁義の三種類が紹介されているが、例として愚連隊の仁義を紹介してみると、

手前、生まれも育ちも関東です。関東関東と申しましてもいささか広うござんす。関東は月の武蔵、金波銀波の流れも清き隅田川、永代寺の鐘が突き出す朝な夕なの八幡鐘を聞いて育った深川は門前仲町の産にござんす……（以下略）。

以下略ばっかりで申し訳ないけど、これはもう、実際に手に取ってもらって、じっくり読み込んでもらうしかないです。

そしてさらに！　手帳にはだいたい、落としたときに持主がわかるように個人情報を書き入れるページがどこかについているもの。任侠手帳も最終ページは奥付とともに「パーソナルデータ」が書き込めるようになっているが、名前や住所、電話番号のほかに、「所属組織」「役職名」の欄を発見。本気です。

いまどき本物のヤクザで「手前、生まれも育ちも……」なんて仁義を切るひとがどれくらいいるのかわからないように、この仁義手帳を毎日使おうというヤクザさんがどれくらいいるのかは、まったく不明。定価八百八十円の雑誌の付録じゃ、少なくとも幹部クラスは使わなそうだけど、読んでいるぶんにはすごくおもしろい。

そういえばずいぶん前に古本屋で「ボイン手帳」「セクシー手帳」といった、お色気手帳シリーズを発見したことがある。これは温泉街のお土産として売られていたものらしいが、やっぱり手帳として使えながらも、ほとんどセクシー・イラスト&写真集&小咄集&豆知識事典のような内容だった（『デザイン豚よ木に登れ』［洋泉社］という本で紹介しているので、興味のある方はご覧ください）。

手帳は本来的にスケジュール管理のオーガナイザーであるはずなのだが、こんなふうにピンポイントの業界（？）向けに作られると、作り手が意図しているかいないかにかかわらず、外部の読者にとっては興味津々の読み物として成立しうる。文庫本より小さな情報源。しかも実用になり。

会社の関係などで年末にもらっても、捨ててしまうだけだった業界手帳。そんな哀愁漂う時代遅れの産物であっても、視点を変えて〝読み物〟として眺めてみれば、意外なおもしろさを発見できるかもしれない。

しかしそうなると警察手帳とか、いちど熟読してみたいですねえ。

2011

「昭和の「性生活報告」アーカイブ」

（サン出版）

本屋のエロ本コーナーに並ぶ彩度全開、ピカピカの大判エロ雑誌の陰に隠れるように、平積みされることもないまま、棚差しされている一冊の雑誌をご存じだろうか。「性生活報告」――サン出版から昭和五十六（一九八一）年に創刊され、今年三十周年を迎えたイブシ銀の輝きを放つアンダーグラウンド文化財である。

「性生活報告」には人気のグラビア・アイドルも登場しないし、そもそも写真ページがほんのわずかしかない。三百ページ近いボリュームの、そのほとんどはモノクロページを埋める文字、文字、文字……しかも値段は二千円もする。

「性生活報告」は「中高年生活誌」である。ようするに中高年の方が、みずからの性体験を書きつづり、編集部に送ってきた文章で構成される投稿誌なのだ。その多くは六十～八十代なので、戦前の話から、モンペを無理やり脱がし……なんて戦争中のエピソード、焼け跡のバラックで初体験……などという、半世紀以上前のエロ思い出話が平気で、恐るべき密度で詰まっている。

「性生活報告」は、隠れたベストセラーでもある。すでに「性生活白書」をはじめとする模倣誌をいくつも生み出し、最初は季刊だったのが、いまは隔月刊になり、DVDまでつくようになって、ますます順調。しかもその編集のほとんどが、新田啓造さんという名編集者ひとりの手によって三十年のあいだ、なされてきた。

エロ・メディアがますますデジタル化していくなかで、めくるめくほどにアナクロな「性生活報告」の魅力とは、なによりもまず投稿の文章力にある。戦前、戦中、戦後すぐの時代に教育を受けた人間ならではの、詳細を究めながらも格調を失わない、そしてあまりにも劇的な物語。その一編一編が、よくできた短編小説のように僕には読める。携帯どころか、ワープロすらなかった時代に原稿用紙、あるいは便箋をひと文字ずつ埋めていっただろう、滋味に満ちた言葉の数々。シロウトによるシロウトのための、リアルにして奇跡的な冒険譚。

この二月から刊行が始まった「昭和の「性生活報告」アーカイブ」は、三十年間の歴史のなかで傑作投稿を選び出し、文庫版で甦らせるシリーズだ。第一弾の二冊――『出征前夜、私は母を抱きました』と『三十路未亡人の淫らな手記』――に続いて、三月には『防空壕で隣のおばさんと…』『今なお新鮮な兄嫁との情交』の二冊が発売された。このあとも毎月、二冊ずつのペースでしばらくは続いていく予定という（四月には『寝たふりをする可愛い妹、加津子』『町内婦人を飽食した空襲下の夜』が発売）。

古風な文章とともに、「性生活報告」を魅力的な書籍にしているのは、物語に描かれた背景や、生活のディテールだ。

「防空壕で隣のおばさんと…　学徒動員前夜の悦楽体験」東京都・戸部良一（85歳）
「掘立小屋の恋　昭和二十年秋・浅草」東京都・青山澄夫（87歳）
「ナスだけが知っている　万力のように締め付ける名器の過去」東京都・本間清（59歳）
「夫が作ってくれた張形　帯の芯に綿を固めサックをかぶせて」大分県・小野千代（60歳）
「出征前夜、私は母を抱きました　「俺、死んでも悔いはないよ」」栃木県・岡本立男（85歳）

目につくままに収録された投稿のタイトルを拾っていくだけで、セピア色を帯びた映像が見えてくる。五十年、六十年前の日本に、一気に引き戻されるようだ。

考えてみればエロ話には、日常の細部描写が不可欠である。焼け跡のバラックの堅い土間、煎餅《せんべい》布団、店屋物のラーメン、物干し竿にはためく洗濯物……それはエロでありながら、戦後日本の日常生活を期せずして浮かび上がらせる、すぐれたオーラル・ヒストリーでもありうる。

ずいぶん前に、初めて「性生活報告」を手に取ったころ、もちろん文章のおもしろさには感動したが、編集者として感嘆したのは、投稿をまとめる柱となる「特集」の立て方だった。たとえば「戦争」というテーマを考えるとする。ふつうだったら「戦時の性生活」みたいなことになるのだろうが、僕がひっくり返ったのは「印象に残るセックスの時に鳴っていた音楽」という特集で、「焼け跡に建てたバラックで初体験を済ませたとき、遠くで鳴っていた『リンゴの唄』」なんて投書が紹介されていたことだった。こういうシャープな編集のスタイル、そして内容は露骨な下ネタでありながら、いまのエロ本のように過度な下品さや汚さに落ちない、その抑制されたテイスト。それが編集者である新田啓造さんの持ち味なのだろう。

戦後にガリ版刷りで地下出版された秘本を復刻した『秘本大系』『秘本大系2』を、新田さんが監修して限定出版したことがあった。そのときにお会いした新田さんは、「性を語ることは、人生を語ることですからねえ」とおっしゃっていた。

かつて高橋鐵《てつ》という〝セクソロジスト〟が日本にいた。高橋は日本生活心理学会という団体を結成、いわゆる「セイシン・リポート」を昭和二十八（一九五三）年から三十九（一九六四）年まで出しつづけた。それは小倉清三郎の「相対会」による「相対」とともに近代日本人の、下半身から見たライフ・ヒストリーの先駆けとなったのだが、新田さんの「性生活報告」は彼ら先駆者の偉業を継ぐ、もっともっと評価されるべきフィールドワークである。

この、文庫サイズのアーカイブもまた、本誌「性生活報告」とともに書店の、奥のほうの書棚の片隅に追いやられてしまうのだろう。けれど、どんなに立派な大学の先生たちによる〝調査〟よりも、はるかにリアルな生活のディテールが、ここには詰まっている。ハダカで持ち歩くのが恥ずかしければ、カバーを掛けてもらって、まず一冊でいいから手に取ってみてほしい。

2011

『ホットロード～十代の光と影～』

紡木たく（集英社）

ランチタイムの混雑がひと息ついた昼下がり、お気に入りの漫画を読みながら、ゆっくり味わうビールとボリューム満点の揚げ物系昼飯。至福の時間である。

こういう「メシのおとも」にぴったりなのが、「コンビニコミック」と呼ばれる単行本漫画だ。いったい何年、ひとつのラウンド回ってるんだ！ゴルファーや、いつになったらドンと秋野さんはくっつくの？みたいな、まったく進展のない、しかも細切れの週刊漫画連載では味わうべくもない一冊読み切り完結の満足感。コンビニコミックは、ニッポンのオトナたちにとって、雑誌にかわる漫画鑑賞のデファクト・スタンダードになりつつあるのかもしれない。

一九九九年、セブン－イレブンから小学館への「なにか新しい商品を」という要請によって、コンビニコミックは誕生したと言われている。たった十年かそこらの歴史しかない、新しい形態の漫画メディアであるコンビニコミックの主役は、週刊誌とちがって圧倒的にオトナ向けの作品群だ。『ゴルゴ13』に学ぶ世界情勢、『ミナミの帝王』が教える金融工学、『白竜』が描き出す日本社会のダークサイド、『仁義』に流れるサバービア・ロマンティシズム、『鬼平』に教わる人情の機微……。本屋が閉まっている時間にしか、本を買う時間のない人々が集うコンビニの書棚に、実は本屋に負けない知と感動の集積があるのかもしれない。

内容は過去に発表された作品の再録。紙質を極力安くした、いかにも読み捨て用の造本。二週間から、長くても一ヶ月ほどしか棚に並ばない、コンビニ特有の商品サイクル。そんな「だれにもたいして期待されてなかった」コンビニコミックが、いまや僕を含む多くの人間にとって、だれよりもたいせつな食事の相手であり、世の中を教えてくれる先生でもある。

ほとんど毎日、コンビニに寄るたびにコミックの棚はチェックしているだけに、新刊情報にはそうとう詳しいつもりだが、先日『ホットロード』の分厚い「一冊で丸ごと読める」版が出ていたのには驚いた。全八百三十三ページ、厚さ六・六センチ！　たいていの辞書より分厚いボリュームだが、若かったころにこの大傑作漫画から、どんな辞書よりも大切なことを教わったというひとが、読者の中にもたくさんいるだろう。

僕自身はいまから二十年以上前、年若い友人に勧められて一読、ぜんぜん世代はちがえども当然ながら涙したわけだが、いま、ほんとうに久しぶりに読み返して、こころはあのころよりずっとスレてるはずなのに、またも不覚の涙……恥ずかしい。

紡木《つむぎ》たくという漫画家は、けっしてこれ一作の〝一発屋〟ではないのだけれど、『ホットロード』の凄さというのは、ほかの作品とちょっと別次元にある。時代と、彼女のペンが完璧にシンクロしたというのか、カットのひとコマ、セリフの一行にこめられたリアリティが、尋常ではない。「ハルヤマ」と「和希」という、ふたりの寂しい主人公が織りなす、不器用な愛の行方。自分が不良でも暴走族でもなく、それでもこころのうちに、だれにも言えない固いしこりを抱えた少年少女が、当時この一作でどれほど救われたことだろうか。一九八〇年代の日本のストリート・カルチャーが生んだ代表作と呼んでも過言でない本作は、もともと一九八六年から八七年にかけて「別冊マーガレット」（集英社）に連載されたそうだが、それから何度も単行本化されている。ただ一冊版というのは、これが初めてらしい。

残業や、お付き合いだけの飲み会に疲れ果てて深夜のコンビニに寄った、かつての『ホットロード』世代が、雑誌でも立ち読みしようとして偶然この分厚い本を見つけて、思わず立ちすくんでしまう様子が、狭いユニットバスやベッドの中で一気に読み切って、二十年前と同じように泣いてしまうすがたが、僕には目に浮かぶ。

ひとりメシの友として買うコンビニコミックは、読み終わればその場で捨ててしまうのだが、この一冊だけは捨てられない。たった八百六十円の、貴重なソウル・メイト。二〇〇九年に初版が出て、すでに三刷。日本中のいろんな場所で、いろんなひとたちが僕と同じように、この本を大事に本棚にしまっているのを想像すると、なんだかうれしくなる。

2011

『歌謡・演歌・ナツメロ　ナレーション大全集』

仲村ゆうじ著、歌の手帖編（マガジンランド）

それがブルースだろうがロックだろうがシャンソンだろうが、欧米のポピュラー・ミュージックにはありえない、演歌だけが有する独特の魅力――それが「前振りのナレーション」である。

旅に出たのは　何故だと尋《き》かれ

ひとりぼっちは　何故だと尋かれ
涙がひとつ　答えてる
遠く煌《きら》めく　灯台だけが
私の恋を　知っている
旅に疲れた　女がひとり
「津軽海峡冬景色」
石川さゆりさんです……

そう、ナレーターが静かに語り終えると同時に、スポットライトが舞台に立つ歌い手を照らす。それは単なる歌手紹介でもなければ、歌のイントロを埋めるトークでもない。ひとつの歌の持つ世界を聴衆にあらかじめ開示してみせる、きわめて独創的な導入楽章なのだろう。

演歌のナレーションが持つ詩情に魅せられて、僕はかつてナレーションの大御所・玉置宏さんにインタビューさせてもらったことがあるが（『夜露死苦現代詩』ちくま文庫）、彼の珠玉のナレーションを採録した『玉置宏のナレーション大全集』（シンコーミュージック、一九九〇）は、「ナレーションは活字となって残されるものではない。一回しゃべると、もう消えてしまう……そういうものであるべきだ」という信念から、あるていど売れた時点で、本人の希望により絶版となっている。

「昭和の万葉集」とも呼びたくなる、そんな情念の短詩型に浸る喜びを久しぶりに堪能させてくれることになったのが、『歌謡・演歌・ナツメロ　ナレーション大全集』。判型は文庫判サイズだが、千三十ページ、厚さ五センチという堂々たるヴォリュームの新刊である。発行元の「マガジンランド」は聞き慣れないひとも多いかと思うが、月刊「歌の手帖」を発行している出版社。いわゆる「カラオケ譜面誌」のひとつである「歌の手帖」（ほかに現在は「明日のヒットメロディー」「カラオケファン」「ミュージックスター」と四誌の演歌専門誌がある、けっこうなマーケットなのだ）には毎号、カラオケ譜面にナレーションがついているが、本書はそれをもとに編まれたものだと思われる。

千ページを超す本書のメインになっているのは昭和三十五年から平成二十三年までの「歌謡・演歌ナレーション」全千八百七十二曲。さらに明治・大正から昭和三十四年までの「不滅のナツメロ・ナレーション」全三百五十八曲もあって、合計二千二百三十曲というものすごい充実ぶり。藤山一郎に美空ひばり、石原裕次郎に五木ひろし、坂本冬美に氷川きよしと、懐メロから最近の曲まで網羅されていて、これだけあればだいたいのみなさんの持ち歌はカバーされているはずだ。

心の荷物にならないように
私はこの街出ていくわ
身を引くことはつらいけど
それが償い　せめてもの
あなた
あなたわかってくれますね
（「つぐない」テレサ・テン）

気づいてくださいこの花に
夢という名の希望の水を
分けてくださいこの花に
恋の痛みに泣きながら
あなたの愛だけ待っている
私は哀しい水中花
（「愛の水中花」松坂慶子）

なんて分厚い本をてきとうに開いて、イントロのメロディを口ずさみながらナレーションを読んでいると、気分はもうスナック。急に水割りかウーロンハイが飲みたくなってくるのだが、実は本書にはもうひとつ、とっておきのオマケがついている。それが「巻末付録・ナレーション作りに役立つ演歌ことば辞典」。ナレーションに頻出する単語を集め、解説を付した単語集だ。それはたとえば——

・逢瀬（おうせ） 愛し合う男女が逢うこと。また逢う機会のこと。演歌では、人目を忍んでひそかに逢う意味が込められる。

・風花（かざはな） 晴れているのに風がちらちらと雪を降らせること。……雪がちらちら降り始める風景に、歌中では別れの予感や、孤立した主人公の心の在り様が重ね合わせられる。

などなど、領かざるを得ない解説が並んでいて、これまた読んでるだけでおもしろい。辞典セレクションの冒頭には、「演歌ごころを深めるためにも、また心地いい語感のナレーションを作るためにも、ぜひ日頃から美しい響きの大和ことば（演歌ことば）に慣れ親しんでおくようにしましょう」と書かれているが、メインパートのナレーション・コレクションが昭和万葉集だとすれば、こちらは昭和の歌の歳時記と言おうか、夜の季語辞典と言うべきか。

プロの詩人からも、文芸評論家や文学史の研究者からも完全に無視されたまま、場末のカラオケスナックや、年金老人の溜まり場と化した田舎のカラオケ喫茶から、きょうも生み出されているであろう、ナレーションという名の不思議な短詩。その全貌を知るのに、これはいま容易に入手できる、もっとも重要なコレクションなのだ。

2013

『リアルタイム「北海道の50年」すすきの風俗編』

上「1960年代〜1970年代」・下「1980年代〜2010年代」

財界さっぽろ編集局編（財界さっぽろ）

毎週のように地方出張があるが、どこへ行っても寄るのが本屋。地元出版コーナーを覗くのが楽しみなのだが、雑誌のほとんどは食い物と買い物ばかりで興味なし。でも、つい手に取ってしまうのが「財界なんとか」みたいな地方財界誌だ。

「ビジネス誌」という範疇なのだろうが、地方財界誌にはなんとも独特な、つまり東京のメジャー財界誌が失ってしまった、どろどろのトップ屋的テイストが残っていて、よそ者にもかなり興味深かったりする。たまたま入ったスナックのカウンターで、となりの客が話し込んでるローカル・スキャンダルみたいな。地方空港の売店にかならず置いてあるのも、なるほどというか。

北海道には「財界さっぽろ」という財界誌がある。一九六三年創刊、今年で五十年だそうで、その記念に出版されたのが『リアルタイム「北海道の50年」すすきの風俗編』（上下巻）。「創刊の1年後には東京オリンピックが開催され、日本経済の高度成長が加速する、ちょうど、その時期に『財界さっぽろ』は産声を上げました……このころが一番面白い時期でもあったのです……雑誌記事の〝華〟は、スキャンダルとケンカです。また、読者が雑誌に求める興味関心は、カネ、権力、オンナ（女性の皆さん、ごめんなさい）、人事、そして成功のノウハウと他人の不幸です」（上巻前書きより）……

わかってらっしゃいますねえ。

五十年間にわたる誌面から、ススキノの夜の話題のみをピックアップしてまとめたのだから、もうおもしろくないわけがない。

「客層の固さでノシた（げんじ）、明るいムードで月商1千万も（円山）　長者番付けに躍り出た〝ススキノ・マダム〟」

「クラブの保証で自宅に赤紙　金田正一（元巨人軍投手）ススキノで大失投」

「芸者の世界にも人手不足　〝応募者ゼロ〟ススキノの花街」

「オリンピック・ススキノの決算書　ブランデージ会長も喜んだトルコの夜」

「マダム族狂乱、ホストクラブ繁盛記」

「ホモ、レズもあるススキノ猟奇地帯」

「負債二億円、新保光子（クラブローズ）〝虚飾の結末〟」

「七十歳オジィちゃんも病み付き　合法『宅配ヘルス』の高笑い」

「オジサン族と北大生の〝性地〟『団地妻』摘発で北24条から風俗が消滅」

「札幌国際観光が民再法　ついに落城〝キャバレー王〟の老舗ホテル」

……挙げていけばキリがない。各記事のタイトルを読んでるだけで、もう欲しくなってくるでしょ。

一九六三年から二〇一三年ということは、日本が高度成長からバブル景気と崩壊、そして長い不況に沈む経済の転変が、そのまま記事に反映されているということでもある。

たとえば上巻の最初に掲載されているのは、「不振ビル立直しの第一人者・久末鉄男　ススキノの夜を創る男」という記事だが、下巻の中ほどにはその久末氏率いる北海道振興の「保証金・敷金23億円全額保護　破綻・北海道振興が放った起死回生策」という記事が載っている。やはり上巻にあった「十億かけてホステス六百人　赤坂のミカド（日本一のキャバレー）が進出」も、下巻では「ついに閉鎖、キャバレー『ミカド』に引き合い殺到」というぐあい。

また、上巻では高級バーのマダムや料亭、グランドキャバレーの記事が多かったのに、一九八〇年代以降を扱う下巻になると、

「ついに名門〝浮世〟（割烹）〝叶家〟（うなぎ）閉店！」
「割烹・いく代閉店余話　灯が消えても続く嫁・小姑の〝ノレン騒動〟」
「会費集まらず組合も解散　割ぽう、最盛期60軒が残り4軒」
「名門『草笛』のママが逝去　次々と消えた老舗高級クラブ」

なんて寂しい記事のオンパレードになる。遊びの嗜好の変化が、こんなふうに「東京以北最大の飲食・風俗街」の移り変わりに、正確に反映されているわけだ。しかもそれは『ことりっぷ』みたいな、毒にも薬にもならない女子系ガイドブックではぜったい得ることのできない、リアルな街のプロフィール・スケッチでもある。

「栄枯盛衰」とか「盛者必衰」などという四文字熟語が脳裏を横切りつつ、「黒い報告書」の殺人事件じゃない版を読んでるような、ヨコシマな読書欲もたっぷり満たしてくれて。読後はなんとなく「諸行無常」な気分にまでしてもらえて。

そうして、いますぐ格安航空券買って札幌に飛びたくなって。あ〜、すすきのの灯恋し。

2012

『音楽が降りてくる』『音楽を迎えにゆく』

湯浅学（河出書房新社）

本書の読者のような活字好きのみなさまなら、ここ数年、雑誌が加速度的につまらなくなっているのを実感しておられることと思う。書きたいことを書ける場所がどんどん減っていって、それで僕もやむをえず自分で有料メールマガジンを今年のはじめから配信しているのだが、雑誌編集者たちと飲んでいても、聞くのはグチばかり。はなはだ非生産的なので、なるべく同業者とは飲まないことにしているが、「飲んでるときは批判や悪口で盛り上がるのに、つくる誌面のほうは批判ゼロのヨイショ・ページばかり」の三大雑誌ジャンルが建築・ファッション・音楽だ。

なかでも音楽雑誌ときたら……レコード会社やプロダクションが用意するリリース情報をそのまま垂れ流すか、セッティングしてもらったインタビューを新譜発売にあわせて特集するとか、そんなのばっかり。ネットがなかった昔は、一枚のレコードを買うのに、雑誌を隅々まで読み込んで、短いレコード・レビューの行間に漂う気配を嗅ぎとってから、なけなしのお小遣いを握りしめてレコード屋に通ったものなのに。

音楽雑誌の衰退にはいくつかの原因が考えられるが、出版社の広告依存体質と並んで、僕が実感するのが「書き手のレベルダウン」だ。評論ではなく、ブログのような感想文であるか、マニアの知識自慢にすぎない文章が、どれほど多いことか。「詳しいこと」はもちろん必要だが、詳しいだけじゃダメだということが、多くの音楽ライターにはまったくわかっていない。詳しいなんてことは、あたりまえの前提条件であって、その先にどういう世界観を提示してくれるかが、アマとプロの書き手の差でもある。そういうなかで、僕がこころから信頼している数少ない音楽評論家のひとりが湯浅学だ。

一九五七年生まれの湯浅くんは、僕と一歳しかちがわない同世代で、同じ音楽をずっと聴いて育ってきた「同志」でもある。昨年十月の『音楽が降りてくる』と今年二月の『音楽を迎えにゆく』は、湯浅くんがおもに二〇〇〇年代に入ってから書いてきた、音楽に関する文章を集めた分厚い二部作。上下編、前後編のようなつくりにはなっていないが、いわばレコードのA面B面のように両方まとめて読まれるべき、二冊で七百ページを超す大著だ。

Phew、相対性理論、YMO、ブライアン・イーノ、タージ・マハル旅行団、四人囃子《よにんばやし》、フランク・ザッパ、ジェームズ・ブラウン、マイルス・デイヴィス、レジデンツ、グレイトフル・デッド、勝新太郎、大滝詠一、忌野清志郎、ジョン・レノン、ボブ・ディラン……。湯浅学の本を手に取るものは、まずそのジャンルの幅広さと、恐るべき博覧強記に打ちのめされるだろう。同世代としては、音楽というものに半世紀を越えて向かいつづける姿勢の真剣さにも。

でも、僕にとって湯浅学の魅力とは、そういう「知らなかったことを教えてくれる」のが半分で、もう半分はあの独特の文体にある。まるで関係ないように思える書き出しとか、ワンセンテンスがものすごく長い文章とか、湯浅調に慣れていない読者にとっては、ちょっと取っつきにくい。それはつまり……ふつうの書き手は音楽（のこと）を書く。でも湯浅学は「音楽を書く」ことを目指しているからだと、僕は勝手に思っている。

風変わりなイントロのジャズとか、長いギターソロのあるロックとか、あたかも楽曲を演奏するように、彼は文章を「弾いて」いる。ただそれが、ギター弦のかわりに原稿用紙のマス目だったり、ピアノのかわりにパソコンのキーボードだったりするだけのことだ。それが、ときには叙情的なフォークになったり、ひたすら激しいノイズ・ミュージックになったりする。読者はそれを、耳で読む。
音楽について語ったり書いて生活しているひとは、たぶん日本だけでも数千人はいるだろうが、音楽を書けるひとはほとんどいない。たとえば、いまはあんなに醜怪になってしまった石原慎太郎の、若き日の傑作『ファンキー・ジャンプ』がそのままジャズだったように。『時計じかけのオレンジ』が完璧なハードロックで、『オン・ザ・ロード』がグレイトフル・デッドのサイケデリック世界に先行する同一線上の長距離走者だったように。
そういうふうに湯浅学は、評論を音楽で書こうという試みをずーっと、ひとりぼっちで続けてきた。そしてこの二冊に収められた文章のほとんどが、雑誌ではなくCDのライナーノーツのために書かれているという事実が、彼の試みの無謀さと勇気と、音楽雑誌業界の完全な堕落を明示しているのは言うまでもない。

2012

『せんだいノート ミュージアムって何だろう?』

仙台市教育委員会監修、仙台・宮城ミュージアムアライアンス（SMMA）編
（財団法人 仙台市市民文化事業団発行／三樹書房発売）

去年三月十一日の東日本大震災からこのかた、東北地方を訪れる回数が増えた。福島、宮城、岩手……。あれから一年半が過ぎたいまでは、原発問題以外にマスメディアで震災のことが語られる機会

は激減してしまったけれど、いまでも被災エリアの書店に行けば、それが町の小さな本屋であろうと、駅ビルに入っているような書店であろうと、かならず震災関連書のコーナーが設けられて、たくさんの出版物が並んでいる。

いま手元に『せんだいノート』という大判の本がある。仙台を中心とした宮城県全域の美術館、博物館十二館による共同事業体「SMMA＝仙台・宮城ミュージアムアライアンス」という団体が編集した、ムックのような仙台・宮城エリアのカルチャー・ガイドである。

ガイドといっても、よくあるような単なるスポット紹介や、おしゃれショップにおいしいカフェとかを組み合わせた「なんとかウォーク」提案ではない。南三陸の伝統的な正月飾りの「きりこ」に始まって、夜ごと星を見つめる天文台の職員の話とか、街頭紙芝居の歴史、草笛の物語、「雨の日の動物園」や、仙台きってのアウトサイダー・アーティストとも言える「ダダカン＝糸井貫二」さんの美しいグラビアまで、素晴らしく丁寧に作られたカルチャー・マガジンという印象だ。巻末には三十ページに及ぶ、東北全域のミュージアム・リストと、大きなマップまで折込で付けられている。これでたったの千四百七十円、一地方の書店の棚だけに並べておくには、惜しすぎる内容だ。

『せんだいノート』の発行日は二〇一一年十月二十五日、つまり震災の半年余りあとである。その経緯があとがきで触れられているが、もともとはこの書籍、SMMAの活動の一環として、二〇一一年三月末に無料で発行・配布される冊子として編集が進められていた。それが印刷直前という段階になってての大震災。地域全体が未曾有の危機に襲われる中で、ミュージアム自体も休館を余儀なくされるし、冊子の発行どころではない事態に追い込まれたという。

その震災から半年という期間を経て、編集スタッフたちが選択したのは、巻末のミュージアム・リスト以外はすべて、震災前につくられた内容のまま発表するという方法だった。だからこの本には、ミュージアム・リストにところどころ付されている「休館」マークをよく見ないかぎり、震災の爪痕はまったくあらわれていない。そこがすごいと、僕は思う。

書店の震災コーナーに並ぶほとんどは、地震や津波の被害を記録した写真集や、悲劇の物語、それに原発の検証本だ。それらはもちろん、どれもすごく大切なものだけれど、そこでたとえば「東北のミュージアムが震災によって受けた被害状況報告」みたいなものにならずに、あえて、「ふだんづかいの好奇心」とでも呼ぶべき知的好奇心の成果をまとめたこと。それはかなり勇気のいる決断だったろう。そしてそれは、自分が生まれ、暮らしてきた場所を復興させるために、お金や仕事と同じくらい大事な「文化の再建」、そのためにミュージアムという存在ができることを考えぬいた結果の選択だったはずだ。

東北がもとの東北に戻るためには援助金も必要だし、住宅も、雇用も必要だ。でも、もしかしたらいちばん必要なのは、東北文化というプライドであり、東北という地に寄せる愛着である。そして東北のひとたちにとって、それはもう言わずもがな、当然だとしても、日本全国のほかの地域に住むひとたちに、それがちゃんと理解されているとはかぎらない。

メディアがこの一年半に語ってきたこと、それは復興の難しさとか、政治の機能不全とか、原発の問題とか、ネガティブな話題ばかりだった。でも本書のように、東北の素晴らしさを伝えていくことも、同じくらい大切な作業のはずだ。

実は東日本大震災のあと、僕はいくつもの雑誌に「いまこそ東北に行こう」みたいな旅行記事の提案を持ち込んだが、ことごとく断られた。なので自分のメールマガジンや連載で、ほそぼそと東北のおもしろさ、楽しさを伝えようとしているわけだが、こんなふうに東北のひとたちが、その文化の豊かさをみずから淡々と、着実に発信しているのを見ると、逆にこっちがすごく勇気づけられる。

地震のこと、津波のこと、原発のこと。それらはすべて、いつまでも語りつづけられなくてはならないことだが、三月十一日以前の東北だって、同じように語りつづけられなくてはならないと、僕は信じている。

2013

『死刑囚90人　とどきますか、獄中からの声』

死刑廃止国際条約の批准を求めるフォーラム90編
（インパクト出版会）

去年いちばんこころに残った展覧会は、広島市の郊外の小さなカフェ&劇場「アビエルト」で見た「死刑囚の絵展」だった。

小さな町の、小さな会場の、小さな舞台に仕切り板を立てて展示されていた四十点ほどの作品は、いずれもいま死刑囚となって処刑の時を待っていたり、最近死刑を執行された受刑者たちによる絵画だった。基本的に封筒に入るぐらいまでの大きさしか描くことを許されていないらしく――それより大きなものは、貼りあわせて画面を作らなければならない――、作品自体はそれほど大きくないのだが、そこに込められている感情の重さ……あるいは死刑という究極の刑罰を受けているのに、まるで切迫感が漂っていない感情の軽さをも含めて、圧倒的な迫力で僕をその場に釘付けにした。

その場で取材を申し込み、持っていた小さなカメラで撮影した作品写真を使って、興奮冷めやらぬまま自分のメールマガジンに長い記事を作ったのだが、東京に帰ってから手に入れたのがこの本、『死刑囚90人　とどきますか、獄中からの声』である。

この原稿を書いているのは二月下旬だが、ほんのすこし前の二月二十一日には自民党が政権に復帰して初めて、三人の死刑囚に死刑が執行された。民主党政権時代は三年あまりで九人に死刑が執行されたが、現在百三十名前後いるという未執行死刑囚への執行ペースも、これから加速していくのだろう。

読者にも死刑賛成派、反対派がいらっしゃるかと思うが、現行の死刑制度が完璧だと思っているひとはいないはずだ。

昔は刑務所内で「お別れ会」なるものが開かれていたこともあったらしいが、よく知られているようにいま、死刑の執行日は当日まで本人に知らされることはない。もちろん肉親にも、被害者にも。

事前に明かされることなく、その日の朝に声をかけられて（朝食後だという）、初めて「きょう死ぬんだ」とわかる仕組みは、毎日、毎日、ときには何十年も、そうやって自分が死ぬときを待つ（待たせる）日々にほかならない。これを精神的な拷問と言わずして、なんと言うのだろう。

本書は「死刑廃止国際条約の批准を求めるフォーラム90」という団体が二〇一一年に、当時の死刑確定者百二十名に対して行ったアンケートをまとめた、貴重な肉声の記録である。そして十六ページにわたるカラーページに掲載されているのが、前述した死刑囚たちの絵画作品だ。

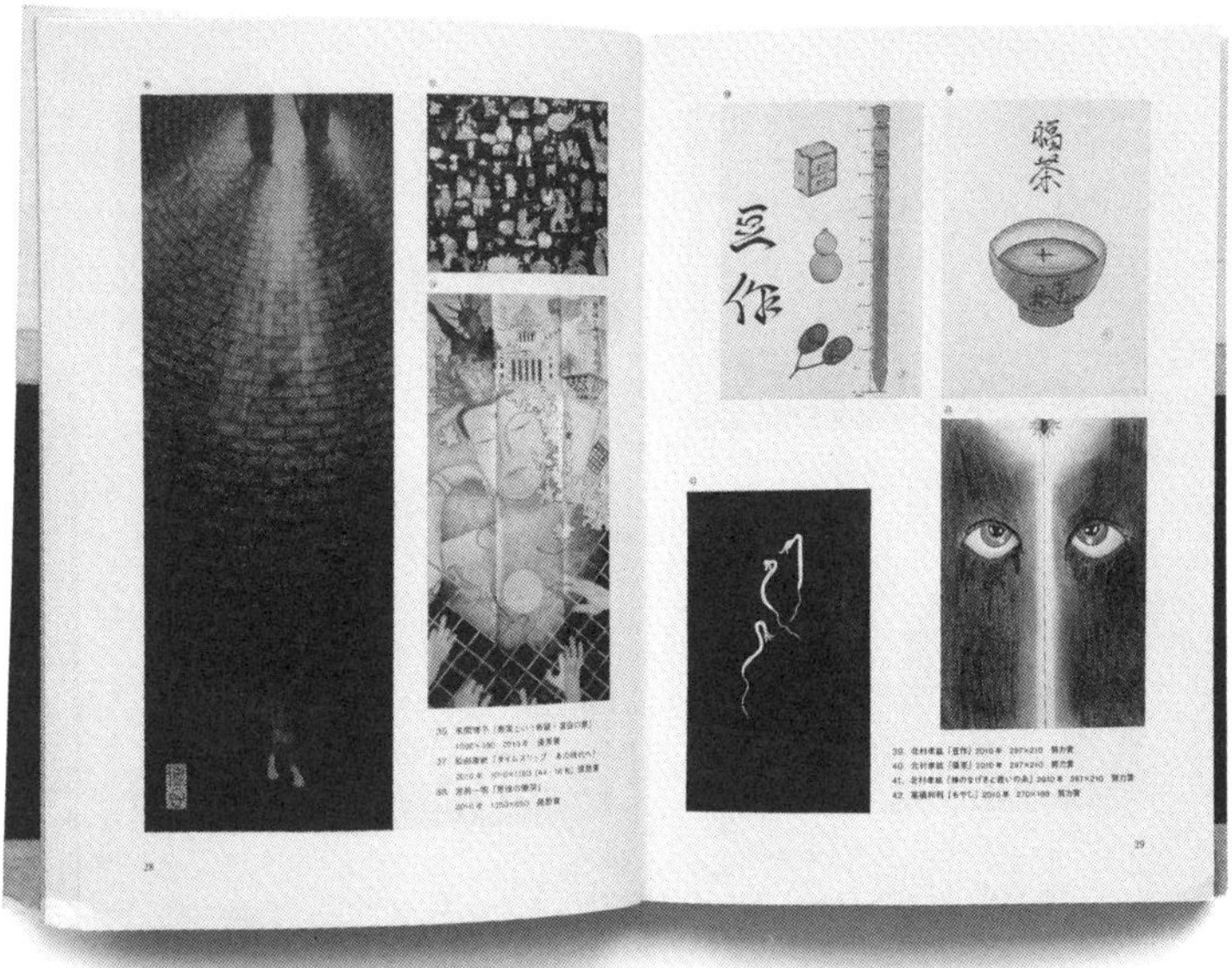

一九七四年〜七五年にかけての連続企業爆破事件で八七年に死刑が確定し、いまも獄中から俳人として作品集、書簡集を発信し続けている大道寺将司受刑者のお母さん・幸子さんの遺志と遺産によって、二〇〇五年に発足した「死刑廃止のための大道寺幸子基金」は、二〇一四年までの十年間にわたって、確定死刑囚の再審請求への補助金や、死刑囚の表現展の開催と優秀作品の表彰を続ける予定だという。

二〇〇五年の第一回から寄せられた文芸作品、絵画・イラスト作品は毎年、基金によって顕彰、展示されてきた。しかし二〇一四年といえば、残りはあと二回。そのあとはどうなってしまうのだろう。プロのアーティストも、高名な作家もここにはいない。でも、これほど重要な絵画が、フロアを持て余すほど広々とした公立美術館からはまったく無視され、ほとんど知られることのないまま消えていく……それがいまの、この国のインテリジェンスだ。

たしかにこれは「現代美術」ではないかもしれない。でも、これほどリアルな「現代の美術」って、ほかにあるだろうか。

2011

『ロング・グッドバイ　浅川マキの世界』

浅川マキ（白夜書房）

その早すぎる死からちょうど一年、ついに出ました、浅川マキのオフィシャル本『ロング・グッドバイ　浅川マキの世界』です。版元の白夜書房のサイトから紹介文を引用させてもらうと——

２０１０年1月17日に急逝した、日本におけるワン&オンリーの歌手「浅川マキ」、その独自の世界を、著者自身の原稿、対談、関係者等のインタビュー、写真、年譜、ディスコグラフィーで構成した、その軌跡の全貌を伝える、最初にして最後のオフィシャル決定版、初回完全限定で、遂に発売！

デビュー当時から写真を撮り続けている、田村仁の貴重な写真を多数収録！

〈内容一覧〉

・**灯ともし頃**（未発表写真）　写真・田村仁

・**第一章　あの娘がくれたブルース**　浅川マキ

・**第二章　今夜ほど淋しい夜はない**　浅川マキ

・**追悼・浅川マキ**

反世界の表現者を全う　加藤登紀子／ちょうど一冊の本のような完全犯罪　五所純子

・**第三章　一冊の本のような**（浅川マキが書く人物論）

ビリー・ホリディのこと／Who's Knocking on My Door（寺山修司のこと）

野坂さんの唄のなかから／南里さんのブルー・ノートは南里さんの裡に／筒井さんのこと

あの男がピアノを弾いた（阿部薫のこと）

・**第四章　新しいと言われ、古いと言われ**（対談集）

たとえ五人の聴衆のためでも　五木寛之との対談

黒いブルース・フィーリング　河野典生との対談
バンド編成をめぐるむずかしめの話　奥成達との対談
『幻の男たち』について　柄谷行人との対談
ちょっと長い関係の話　本多俊之との対談

・第五章　一九六五年のわたし　浅川マキ

・浅川マキ論

浅川マキ　１９７０　西井一夫／浅川マキとその周辺の世界　スティーヴ

・第六章　神がブギ・マンだとしたら　長谷川博一

・第七章　ロング・グッドバイ（関係者インタビュー）

山木幸三郎／九条今日子／亀渕友香／喜多条忠／つのだひろ／萩原信義／山下洋輔／渋谷毅

・ディスコグラフィー

・年譜

ということで、いままで本人のエッセイを集めた本は二冊ほどありましたが、彼女の歌手人生と関わってきたひとたちがこれほど参加した資料集は、もうこれ以外に出しようがないでしょう。

浅川マキは文章も実はすごく雰囲気があって、僕は大好きなのですが、本人が一九七〇年代初期に書いたエッセイもたっぷり収録されています。幻のデビュー曲だったド演歌「東京挽歌」についても触れられているし、五木寛之から柄谷行人まで、さまざまなひとたちとの対談も読ませます。浅川マキのオフィシャル・カメラマンというか、このひとにしか自分を撮らせなかったという田村仁さんの写真も、時代感がひしひし伝わってきて最高です。

なにもここで長ったらしく紹介しなくても、浅川マキ・ファンはすごくたくさんいると思うので、とっくにこの本のことはご存じかと思うのですが、こうして彼女の歌い手としての生涯を振り返ってみると、「昭和の芸能界の中で、これほど純粋でストイックな生き方がどうして貫けたのだろうか」と、感嘆せずにいられません。彼女自身の揺るぎのない思いを、マネージングしてきた事務所と、まったく路線変更せずにレコードを出しつづけてきた東芝ＥＭＩが、損得勘定抜きで最後まで支え続けたということなのでしょう。そういう意味で、歌手としての彼女の一生は、すばらしく幸福なものだったのかもしれません。

エッセイを読んでもらえばわかるように、一九四二年に石川県の片田舎に生まれ、いちどは町役場に勤めながら歌への思いを捨てきれず、米軍キャンプやキャバレーを転々としながらクラブ歌手として苦労を重ね、二十代後半になってから寺山修司に見いだされ、あの「浅川マキ」になった彼女。ほとんどの曲の詞を自分で書いている、優れた詩人でもありました。

ＣＤの音質に最後まで懐疑的だったということで、最後に発表された作品は一九九八年の『闇の中に置き去りにして—BlackにGood Luck』です。多くのマキ・ファンは、フリー・ジャズに近づいていった後期の作品よりも、「夜が明けたら」や「かもめ」のような、初期のしっとりとした歌を好むのでしょうが、あらためて全作品を聴きかえしてみると、ドラムスやサックスやギターが暴れまくるサウンドの奔流にサーフィンのように、ポエトリー・リーディングかラップのフリースタイルのように、語りとも歌ともつかぬ言葉を乗せていくスリリングなスタイルには、ほかのだれにも真似のできないオリジナリティがあります。もしかしたら彼女こそ、これから日本語のヒップホップが向かう未来を照らす導師なのかもしれません。

音楽のレベルも、音質も完璧でなくては許さず、気に入らなければすでに発売されたレコードも廃盤にさせる。ポートレートもただひとりの写真家に、それもモノクロームでしか撮らせない。「孤高」という言葉がこれほどふさわしいアーティストはいなかったでしょう。そういう彼女の生きざまの、本書は最高のトリビュート本とも言えます。日本の、日本語の音楽に興味を持つすべてのひとに読んでいただきたい重要な一冊です。


ただ、ひと言だけ付け加えさせてもらえるなら、僕は編集者として、もう一冊の「浅川マキ」を読みたい思いも押さえられません。完璧に作りあげられた彼女の世界にかしずく一冊ではなく、墓をあばく一冊を。ほとんど語られることのなかった彼女の私生活を探り、残された部屋の写真を撮り……。もちろんそんなことは許されないでしょうが。

それはなにも偉大なアーティストを貶めたいのではなく、その生きざま、その素顔が、いま悩み迷う若い表現者たちに、なにより勇気を与えてくれると思うからです。アンダーグラウンドの伝説として、音楽史のひとコマに落ちつかせてしまうには、浅川マキはあまりに惜しく、あまりに現代的だから。

2012

『アメリカは歌う。歌に秘められたアメリカの謎』

東理夫（作品社）

アメリカ人が車を運転するとき、四人にひとりはカントリー・ミュージックを聴いているという。数年前に『ROADSIDE USA』（アスペクト）のためにアメリカの片田舎をさまよっていたとき、ものすごくヘヴィローテーションで、何度も聴くうちに歌詞もすっかりわかってしまった曲があった。タイトルも、歌手名もわからないままだったその曲は、こんな内容の歌だった——。

ある中年女性が田舎道を運転中、車が故障してしまう。メカに詳しくないので途方に暮れていると、偶然に通りかかった青年が自分の車を降りて、さっと直してくれた。喜んだ彼女は青年に百ドル札を御礼に差し出すが、「他人にいいことをすれば、自分に返ってくると言いますから」と言って、青年は御礼を拒んだまま走り去ってしまった。

車に戻った彼女は、しばらく走った先にひなびたカフェを見つけ、そういえばお腹が空いていたと、車を停めて店に入る。テーブルに座ると、若いウェイトレスが注文を取りにやってきたが、どこか悲しげなウェイトレスの表情が気になって、食事のあと尋ねてみると、そのウェイトレスは若い夫とふたり暮らしなのだが、生活が苦しくて……と、初対面の客なのに思わず愚痴をこぼしてしまう。それを聞いたお客の女性は青年のひと言を思い出し、「大丈夫、がんばってればそのうちいいことあるわ」と言い残して席を立つが、ウェイトレスが皿を片づけにテーブルに戻ってみると、皿の下には百ドル札がチップに置いてあった。

そしてその晩、仕事に疲れ切った若い夫婦がベッドに入り、きょうあったことを話し出す。夫のほうは「仕事の途中で車が故障して困ってるレディに手を貸してね……」と。妻のほうは「ふらりと入ってきた女性のお客さんが、わたしの話を聞いて百ドルもチップをくれて！」と興奮して……。

何年間もアメリカの田舎をひとりで運転していて、つまりは朝から晩までローカル・ラジオ局から流れる音楽に浸っていて、しだいに実感したのは「カントリー・ミュージックって、アメリカの演歌なんだ」という思いだった。演歌といえばよくブルースが引き合いに出されるが、リスナー層の幅広さから言っても、歌詞の物語性から言っても、カントリー・ミュージックのほうがはるかに「演歌的」なのではないかという思いがどんどん強まっていき、東京に帰るたびにカントリー・ミュージックの、特に歌詞がわかる本や資料類を探したのだけれど、まったく見つけられないでいた。

売り上げとかの数字はわからないが、聴いているひとの数で言えば、おそらくアメリカでもっともポピュラーな、つまりは大衆的な音楽であるカントリー・ミュージック。しかし日本で、これほど無視されてきた音楽分野もまた、ないだろう。ジャズやブルースの分野に関しては、日本にいながらにして、世界でもトップクラスのマニアックな情報も、音源も手に入る。しかしカントリー・ミュージックは……。カントリー＆ウェスタン＝似合わないカウボーイ・ハットを被ったダサいオッサンの音楽、場末のステーキ屋や西部劇ショーのＢＧＭ……みたいな受け止め方が、いまだに一般的ではないだろうか。

今年で七十三歳になる東理夫《ひがしみちお》さんは作家でありつつ、ブルーグラス奏者としても名を馳せる、日本有数のカントリー・ミュージック・フリークだ（略歴によればテネシー州名誉市民の称号までお持ちだそう)。その東さんが二〇一〇年に発表したのが『アメリカは歌う。』と題された一冊。サブタイトルに「歌に秘められたアメリカの謎」とあるように、これは初心者用のカントリー・ミュージックガイドでもなければ、ファンにしか通じない礼賛エッセイでもない。カントリー・ミュージックを「ザ・アメリカン・ミュージック」たらしめている、その魅力の核となる歌詞世界を中心に据え、そこに隠された謎を解くかたちで、アメリカ人の精神世界、アメリカの人間史に踏み込んでいく、すばらしくスリリングな著作なのだ。

東さんの謎かけはこんなふうに始まる——「カントリー・ミュージックの中で九(ナイン)という数字が、『悲しみのナンバー』とされているのはなぜなんだろう」。そして「マーダー・バラッドと呼ばれる、殺人を詳しく描いた歌がたくさんあるのはなぜだろう」、「『聖者の行進』の聖者はだれのことだろう、『漕げよマイケル』の舟はどこに向かって漕いでいるのだろう、そういうニグロ・スピリチュアルと呼ばれる音楽には、ある暗号が隠されているのではないだろうか」と、探索をすすめていく。それはカントリー・ミュージックの歌詞を手がかりに、アメリカという国のいちばん奥に分け入る、知的なアドベンチャーだ。そして僕らはいままで、こんなふうにカントリー・ミュージックの深みを教えてくれる筆者を、たぶんひとりも持たなかった。

『夜露死苦現代詩』という本をつくったときに、実はカントリー・ミュージックの歌詞を取り上げる一章をつくりたかったけれど、自分の知識があまりに乏しいし、どうアプローチしていいかもよくわからず、けっきょく断念してしまったことを思い出す。アメリカでいちばん聴かれていて、日本でいちばん聴かれてないアメリカ音楽。こんなふうにカントリー・ミュージックを語ってくれる本が、もっともっと出てきてくれたらと、初級ファンとしては切に願う。

2008

『カラオケ化する世界』

ジョウ・シュン、フランチェスカ・タロッコ（松田和也訳、青土社）

ipodに入れて聴くのと、スナックのカウンターで水割り片手に歌うのでは、こころに染み入る深度がまるでちがうのは、カラオケ好きならだれでも理解していること。カラオケは歌というものの持つパワーを、別の次元に持っていくためにできた装置なのかもしれない。

二十世紀後半は音楽が革命的な転回を遂げた時代だった。エレキギターという、だれでも巨大な音を出せる機械を得たロック・ミュージックが、音楽家という専門職を土台から揺るがせた。〝楽器が演奏できなくてはならない〟という大前提をヒップホップのターンテーブルが、〝歌がうまくなくてはならない〟という大前提をラップが破壊し、〝歌は専門家が歌って聴かせるもの〟という基本常識を、カラオケが見事にひっくり返した。

日本人はオリジナリティに欠けるとよく言われるが、そうではなくて、自分たちが生み出したオリジナルをまるで尊重しないのが、最大の欠点である。本書はイギリスの大学で教鞭を執るふたりの研究者が、日本をスタートに中国、東南アジアからヨーロッパ、アメリカ合衆国に南米まで〝カラオケのある場所〟を訪ね歩いたフィールドワークだが、ここまで世界的に踏査しなくても、長期旅行や出張で海外生活を体験した人なら、カラオケが世界のすみずみでどれだけポピュラーなものになっているか、十分におわかりだろう。

『カラオケ化する世界』という表題から察せられるように、本書にはそれぞれ異なる文化圏の中で、自在に変異しながら浸透していくカラオケというマシンに対する畏敬の念と、「どんなにうまく歌っても、それはできあいのものに過ぎないのだ」という、かすかな否定的感情が入り交じっている。そして「カラオケ化する社会」がこれからどうなっていくのか、「カラオケ化する音楽」がこれからどう社会と関わっていくのか、そういう展望についてはなにも語られていない。

とりあえず、世界のいろんなカラオケ空間を回ってみましたという、いわばイントロダクションのような一冊で、そこに物足りなさを覚えるひともいるだろう。僕もそのひとりだが、その前に、これだけ世界を変えつつある文化現象について、この程度の研究すらいままでなかったということを、僕らは忘れてはならない。しかもカラオケの発明国である日本から、それが出てこなかったということを、僕らは恥じなくてはならない。

2011

『俺節』

土田世紀(太田出版)

ここ数年、演歌、それも売れないながらがんばりつづける歌手たちの人生がすごく気になって、追いかけつづけています。去年は平凡社のウェブマガジンで、インディーズ演歌歌手をインタビューした「演歌よ今夜も有難う」という連載もやらせてもらいましたが、そういう演歌好きの編集者である僕のツボにもっともハマる漫画家といえば、土田世紀さんかもしれません。なんたって代表作が『編集王』ですから。

その土田さんが一九九〇年代初頭にビッグコミック・スピリッツに連載していた『俺節』が、上中下の分厚い三巻セットとして復刻され、このほど下巻が発売、完結しました。世の中がバブル絶頂だった時代に、青森から演歌歌手を目指して上京したアガリ症の青年を主人公に据え、あくまでも場末の人生にこだわるという、トレンドに完全に背を向けた内容が熱い支持を得つつ、ながらく入手困難だった幻の名作です。ちなみに題字は北島三郎！　しかもサブちゃんは題字だけでなく、主人公のデビュー曲である『俺節』が実際にCD化された際のプロデュースまで手がけているそう。残念ながらCDは中古屋でもぜんぜん見つからないのですが。

演歌好きはもちろんですが、業界の底辺でもがき苦しみながら、自分の歌にかける主人公の生きざまは、かぎりなくロックでもあり、ヒップホップでもあります。もやもやした日常、ぬるま湯のような人生に回し蹴りを喰らわせたい、すべてのひとびとにとって必読書でありましょう。みっちり描きこまれて、全面黒々とした画面。ド演歌のコブシがそのまま顔になったような、脇役たちの表情。とにかく最高なので、三巻まとめて即ポチしてください！　上、中巻の巻末に添えられた長文メール・インタビューも、かなり興味深いです。

2009

『東京都北区赤羽』

清野とおる（Bbmfマガジン）

スナック連載を読んでくれてるみなさまにはおなじみ、赤羽の最強スナック『ナイトレストラン・マカロニ』に連れていってくれたのが、実はこの方。知る人ぞ知る、新世代漫画家です。むりやりキャラを作るんじゃなくて、等身大の世界観がすごく心地よいのです。

その清野さんが、最近まで住んでいた赤羽のアンダーワールドを案内してくれる、紀行漫画というか、コミック・オデッセイのような本が、これ。ケータイまんが王国で去年末から連載されているそうですが、僕は不勉強で知りませんでした。マカロニだけじゃなくて、赤羽の裏スポットや（エロはありません）、裏有名人がいろいろ出てきて、もう、すぐ引っ越したくなっちゃいます！　やっぱり東京は、東側のほうがぜんぜんおもしろいですね。

清野さんはブログも充実してるので、ブックマークすべし！

2010

『セレブマニア』

辛酸なめ子（ぶんか社）

最近は文字本がほとんどだった辛酸なめ子先生の、久しぶりの漫画集『セレブマニア』。アメリカが誇る？実話紙「ナショナル・エンクワイアラー」みたいなカバーも楽しいですが（しかも本人のコスプレ入り）、注目は巻末に収録された「スペシャル対談・パリス・ヒルトン×辛酸なめ子」！　笑っちゃいますが、ほんとに対談してるんです。これはセレブマニアならずとも、必読でしょう。自分の中の邪悪な部分を、スリスリさすられる快感を味わえますよ。

2010

『レッツゴー!!おスナック』

東陽片岡（青林工藝舎）

敬愛する漫画家である東陽片岡先生は、「畳の目を描かせたら日本一！」という独自の漫画世界のほかに、「熟女デリヘル」など特殊な風俗リポートでもおなじみですが、実は鍛え上げられたスナック愛好家でもあります。

先生の新作は、カラダを張って分厚いドアを開けまくった、ディープ・スナック探検記。スナック好きには、読んでるだけでウズいてくる珠玉の作品集です。

スナックのカウンターで飲んでるだけじゃなくて、東陽先生はムード歌謡のオーソリティでもあり、それも聴くだけじゃなくて、絶品の歌声！でママさんたちを夜ごとにジュン！とさせているのであります。本書には先生によるムード歌謡解説、名盤紹介といった、他の音楽雑誌ではけっして読めない「スナックで役に立つ」実践的な音楽ガイドが漫画のあいだに挟まれているので、これも必読！　先生によるコンピCD、作ってほしいです!!!

2010『絶滅危惧種見聞録』

玉袋筋太郎（廣済堂）

去年、廣済堂のウェブマガジンで「東京スナック魅酒乱」を連載していたとき、同じサイト内で連載が始まって、いつも興味津々だった〝玉さん〟の『絶滅危惧種見聞録』。ついに単行本になりました。

芸人の本ってたくさんありますが、これは玉袋さんという有名芸人が、しかし自分のことではなくて相手のことを聞くという、インタビュー集。それだけでも異例ですが、芸人にありがちな「いじってやる感」とか、偉そうな立ち位置が、このひとにはまったくなし！　ひたすら相手をおもしろがり、おもしろがらせ、そしてリスペクトしつつおしゃべりに熱中するスタンスが、ひしひしと伝わってきます。こういうことが、こういう人選で可能になるということ自体が、彼の人柄、生きざまの素晴らしさをあらわしているのでしょう。内容はといえば――

もつ焼き「カッパ」の大将に聞く、客商売のルールとマナー

「新宿東宝会館」での、数々の思い出。師匠・ビートたけしの追っかけ時代、ダンカンさんと通ったディスコ・ゼノン、江頭2：50との「クラブハイツ」での感動秘話

まめ札、千社札……。名入れ専門店「竹内漆芸」の技術とアイデア

全国のトラック野郎が集まる峠の食堂「一休食堂」の歴史
「高円寺の大統領　スナックホワイトハウス」

身長114cm、最後の小人マジシャン・マメ山田さんの人生。

玉さんの小人プロレスの思い出もたっぷり（フランス座修業時代の浅草キッドのコントも収録）。

個性ある本当のファッションとはなにか。目指せ、サカカジ！「サカゼン」へ急げ！

元ポール牧のマネージャーさんが開いたスナックで聞く、最後の関東昭和芸人の世界。

さらに、
特別収録　男子の先輩対談　東陽片岡先生×玉袋筋太郎　3万字で語り倒す、絶滅危惧種の魅力！

あとがきがわりは、桐畑トール（ほたるゲンジ）さんによる、玉さんへの熱いメッセージ！

（公式ウェブサイトより）

リストを見てるだけで、楽しそうでしょ！　マメ山田さんを抱っこした表紙も、かわいいです！

2011
『123456789101112131415161718192021222324』
上田義彦、ホンマタカシ、佐内正史、川内倫子ほか（日経BP社）

メチャクチャなタイトルの本ですが（これで「シャシンボン　ニジュウヨンエイチ」と読ませるそう）、サイズも三百六十四ミリ角……ってLPよりでかい、ハードカバーの写真集。このご時世に、珍しいムチャな企画ですねー。出版元が日経BP社というのも、驚きですが。

「一日を一時間ごとに二十四分割し、現代の日本を代表する写真家がその時間の東京を撮影。それを並べることで、二〇一〇年の東京のある架空の一日の再構成を試みた写真本」というコンセプト。上田義彦、ホンマタカシ、佐内正史、川内倫子……ビッグネームがずらりと並ぶ中で、僕も午前二時の部を受け持たせてもらってます。

　ちなみにこの本、千百二十四部限定で、三千九百九十円とお買い得！　しかもかなりでかいので、家に届いたらびっくりしますよ！

2009 『憂魂、高倉健』

横尾忠則編（国書刊行会）

歳とって根性がスレてきたのか、最近はひとの本を見て羨ましくなったりすることがあまりないのですが、これはすごい！　久々に驚愕、脱帽、嫉妬しました。

各方面ですでに話題になっているので、あまり書いてもしょうがないですが、とにかく一九六八年と七一年に、二度にわたって企画されながら、諸事情によりほとんど流通しなかった高倉健＋横尾忠則という、最強ユニットによる豪華作品集です。古書店に少部数出回っただけの七一年度版（六八年度版は見本だけで、陽の目を見なかった）は並製でしたが、今回は豪華ハードカバー、箱入り、しかもサイズも一回り大きくて、これで一万五千円という定価は、あまりに安すぎ！　ゼロがもうひとつ、ついてもいいくらいです。国書刊行会から出たというのも、すごいですねえ。担当者の意気地が、ひしひしと伝わってきます。

2010 『ラブホテル裏物語 女性従業員が見た「密室の中の愛」』

大月京子（文藝春秋）

もともと二〇〇八年に単行本として出版された『ラブホテル裏物語　女性従業員が見た「密室の中の愛」』という、ちょっと興味深い本があります。大月京子さんという一九五五年生まれ、「訳あって、昭和の末期にこの世界に飛び込む。以来二十数年、渋谷、新宿などのラブホテルのフロント、客室清掃などを担当」という超ベテラン・ラブホテル業界人が、数々の興味深いエピソードを開陳した楽しい本で、僕も出版当時に買ったのですが、それが今回、文春文庫の新刊として再登場。そのカバーに、むかし撮影したラブホテルの写真を使ってもらえました。

ドア越しに聞こえる絶頂の喘ぎ声なんて序の口。浴槽にぶちまけられた納豆の異臭、来ると必ずバイブを三本頼む若い女性、ベッドの脇で首輪をつけてたたずむ裸の中年男性、尋常ではない唸り声、入れ歯の忘れ物…ラブホテル女性従業員が見てきた仰天カップル達の実態と裏稼業のじー

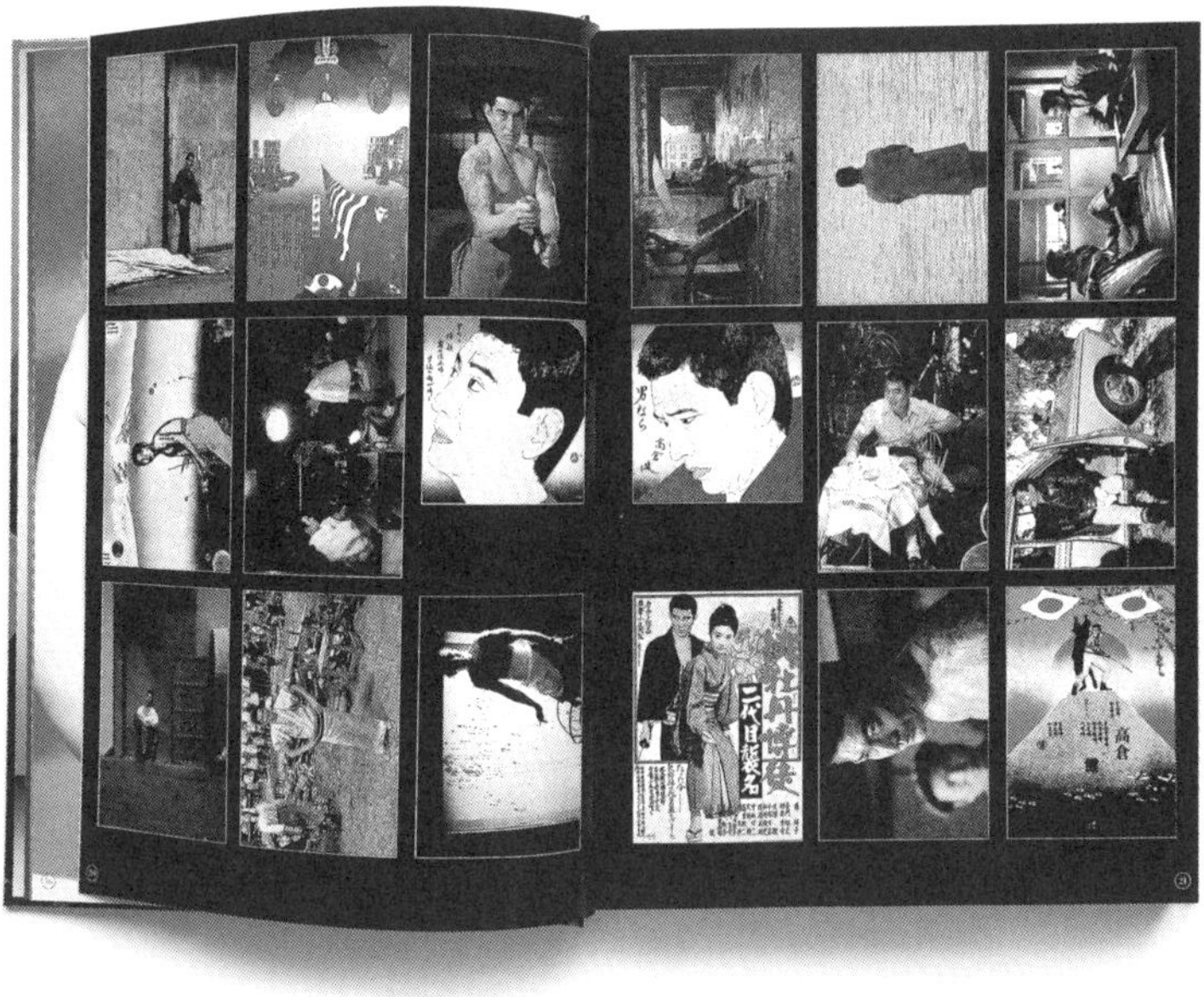

昭和残侠伝
唐獅子仁義
カラー作品
高倉健主演
池部良共演
監督マキノ雅弘
親か仁義か女をとるか
親の涙も見ないふり

んとくる話満載の、まさに「裏物語」。（BOOKデータベースより）

おもしろそうでしょ、紹介文を読んでるだけで。で、ほんとにおもしろいですよ！

2010
「ワンダーJAPAN」（三才ブックス）

廃墟好き、珍スポット好きに絶大な人気を誇る「ワンダーJAPAN」。発売されたばかりの最新号は、「日本の不思議な《異空間》500」。巨大建築物、廃墟、地下空間、戦争遺跡、珍建築、B級グルメ、大仏大観音……とりあえずワンダーな物件を、北海道から沖縄まで五百ヶ所も網羅した完全ガイド。これはすごい！　ページをぱらぱらしながら夏休みの計画を練ってると、かなり楽しくなります。

今回の「一冊丸ごと特集」は、ワンダーJAPANの創刊号から十六号まで、五年間かけて誌面で紹介してきた約千件のうちから、五百ヶ所を選んで都道府県ごとにまとめたそうですが、これはもう、はっきり言

って雑誌でやるべき内容じゃないです。永久保存版ガイドブックともいうべき資料集成なので、できれば旅行に持ち運べる耐久力を備えた単行本として出してほしかったくらい。なのでマニア諸氏は、いまのうちに二冊買いしておきましょう。しかしこの内容で千円というのは……安すぎですよね。

2011

『果因果因果因』

根本敬（平凡社）

出ましたねえ、根本敬先生の小説集！『果因果因果因』で「がいんがいんがいん」と読むそうです。

平凡社のウェブ連載に加筆されたこの新刊、内容はというと――

お前の物語はどこにある？ 特殊漫画家・根本敬が悩める若者に贈る初めての小説集!! 成功を夢みる韓国人歌手、三流寿司屋で働く若者、男色の世界で実業家となる兄弟らが複雑に絡み合い、マヌケでくだらない因果な日常を生きる。「ウェブ平凡」連載に書き下ろしを加えた連作物語集。

お前の中の俺を返せ！ サクセスを夢見て玄界灘を渡った無名歌手、場末の回転寿司で働く全てがかったるい青春、ハッテンバで成り上がり実業家となる双子らが交錯し、マヌケでくだらない日常を生き抜く――。映画やマンガのような生き方に憧れ、人生の虚妄にまどう若者に贈る連作小説集。（公式サイトより）

となってますが、

「アリラン・プレスリーの朧気《おぼろげ》」
「お寿司９６９６《クルクル》会館」
「元祖肉屋のサル」
「探偵占い物語」

と、タイトルを並べていくだけで、ファンなら目の前にあのめくるめく根本ワールドが、ぶわっと広がるはず。そしてあたかもあの混沌とした画の世界をそのまま文字化したような文章は、期待にたがわぬエクストリームなコンテンツ。静かな狂気に充ち満ちてます。

例によって表紙も渋～いデザインなので、買ったらかならずカバーを取ってチェックしてみましょう。

2010

「LB中洲通信」

（リンドバーグ）

知る人ぞ知るローカル・マガジンの雄、「LB中洲通信」が、いま出ている号で終刊になってしまうと聞きました。僕も昔から愛読者だったので、すごく残念です。

これが終刊号、しかも手嶋龍一さんがカバー・ストーリーとは！

ちなみにこの号のあと、「30年大感謝号」というのを制作、しかし一般販売しなかったそう。欲しいですねえ。

「中洲通信」はタイトルのとおり、博多の飲み屋街・中洲でバーや高級クラブを営む藤堂和子ママが、ポケットマネーで出しつづけた希有な雑誌でした。前身となる小冊子「リンドバーグ」創刊から、今年で三十周年になるということで、そんなに長く続いたんですね！

「中洲通信」は、東京の大手出版社より数段シャープな特集がときどきあって、書店で見かけたら即買いでしたが、同業者として悔しい思いもずいぶん味わいました。こういう本が、一地方から、それも飲み屋のママのポケットマネーで持続したということが、考えてみれば奇跡的です。

「中洲通信」ではいろいろ渋い人物を特集に取り上げていましたが、そのどれもがヨイショでも批判でもなく、絶妙のリスペクトをこめたスタンスで、それは思えばママさんの接客理念そのものだったのかもしれません。

藤堂ママは、この五月に『中洲通信　親子三代ママ稼業』（河出書房新社）と題した自伝も出版し

ました。それによると、

アル・カポネ全盛の禁酒法時代、アメリカ・シアトルでバーを経営した「ワンダフルばあちゃん」こと祖母のマツ、シアトルで生まれ博多で育ち同じ道を歩んだ母アヤ、バー『リンドバーグ』を皮切りに多くの事業を成し遂げた和子、中洲人生四十年！苦難の道を細腕ひとつで生き抜いてきた著者が三代にわたる波乱万丈の人生を、快活に綴った珠玉のエッセイ集。

ということで……すごい親子三代ですねえ。中洲通信のウェブサイトで買い逃したバックナンバーを、それにこの自伝もあわせて買っておきましょう。で、今度の休みは中洲に飲みに！　和子ママのお店は、ちゃんと営業中です。

なお、中洲通信では復活に向けて、まずはブログを始めたそうなので、こちらもブックマークしておくべし。

2012

『ナショナル ジオグラフィック　プロの撮り方 完全マスター』

ジェームズ・P・ブレアほか（武田正紀ほか訳、日経ナショナル ジオグラフィック社）

清里フォトアート・ミュージアムが毎年主催している「ヤング・ポートフォリオ」というコンテストの二〇一一年度ゲスト審査員になったおかげで、先週末に開かれた授賞式とギャラリー・トークに、館長の細江英公さんと審査員の鬼海弘雄さんと参加、二日間にわたってじっくりお話しすることができた。

中学、高校生のころから作品に親しみ、憧れてきた作家である細江英公さんと、こんなふうにお話しできたのは感激だったが、六〇年代の貴重な思い出話から、世界各国の若い写真家に対する鋭い批評まで、いろいろ聞かせてもらった中で、もっとも印象に残ったのが「いま日本にあるのはカメラ雑誌で、写真誌はもう存在しませんから」という言葉だった。

「アサヒカメラ」、「日本カメラ」といった老舗雑誌から、「カメラ日和」みたいな女子系の新顔まで、いま書店にはたくさんの写真関係誌が並んでいる。でもそのすべては、細江さんの言を待つまでもなく「カメラ雑誌」であって、「写真雑誌」じゃない。アサヒカメラの巻頭にいくら篠山紀信や荒木経惟の「作品」が掲載されても、読者がまず読むのは新製品紹介だったり、コンテスト・ページだったり、巻末の中古カメラ屋の広告だったりする。

カメラという機械を表現の武器ではなく、偏愛の対象として語ること。それは別に悪いことでもなんでもないが、問題なのはそうしたカメラ雑誌で説かれる「撮影技術」が、ほんとうにいい写真を撮るために必要充分な知識とは、かけ離れているという悲しい事実だ。そしてその乖離は、年々ひどくなっている——そのことを僕は、自分がプロとして写真を撮るようになってから、しばらくするまでわからなかった。

発売されたばかりのデジカメや、ビンテージのレンズや、小難しいフォトショップのテクニックを得意げに語っているひとたち、それを世間はプロと思うのだろうが、実はそうじゃない。彼らは「レッスンプロ」だ。

学生のころ僕はスキーのクラブに入っていたが、そのころもいまも、スキーの専門家には「競技系」と「デモ系」の二種類がいる。競技系とはその名のとおり、滑降とか回転とか、なるべく速くゲレンデを滑り降りる技術のこと。それに対してデモ系とは、なるべくきれいなフォームでゲレンデを滑る技術だ。どんな急斜面でも、コブコブでも、きちんと両足をそろえ、腕を開いたフォームを崩さず、上から下まで滑れるようになるという……それは雪面を滑降する悦びを修行の場に変えてしまう、僕にとってはいったいなんのために存在するのか理解できない技術だった。だって、上から下まできれいなフォームのまま滑れたとして、それがなんになるのだろう？　だれのために、なんのために滑ってるのだろう？　そうして、それを何年もかけて学んで「一級」とか「二級」とかの免状をもらって、それが雪と遊ぶ楽しみを倍加してくれるものなのだろうか？

写真におけるプロとレッスンプロの関係は、スキーにおける競技系とデモ系の関係によく似ている。一般的に「ヨシ」とされているフォームでスキーを滑るのと、「ヨシ」とされている写真を撮ること。そこに精神的な差異はほとんどない。

カメラ雑誌の二大スポンサーはカメラ・メーカーと中古カメラ屋だ。だからカメラ雑誌の記事を読んでいると、次々と新製品の高性能デジカメに買い替えたり、いちどはライカのさわり心地に酔いしれたりしないと、いい写真が撮れない気がしてくる。でも、はっきり言って、いま最高の写真を撮るプロたちは、ひとりとしてそんなこと信じてない。

趣味の世界なのだから、別に悪気があって言うのではないが、そういうわけで世のレッスンプロたちが説く技術は、往々にしてものすごくピントのずれた話になりがちだ。これはカメラ雑誌だけではなくて、写真学校という場所でも同じことが起きているのだけど、たとえば「写真を学ぶものは、まずフィルムカメラで学ばなくてはならない」とか、よく言われる。それは一生オートマのクルマしか運転しないのに、マニュアルの操作を学ぶことを強いられてきた、かつての自動車教習所とまったく同じ理屈だ。「高価なレンズならではの官能的なボケ味」と言ったって、いつも絞り開放で撮るプロなんかいないし、「フォトショップはトーンカーブを使いこなせ」と言われても、いきなりトーンカーブをいじったりするプロはまずいないはず。「一秒間に連写何十枚」なんて性能は、スポーツカメラマンだってそこまで重視していないし。ようするに、こういう「不必要な知識」はすべて、カメラにもっとお金を使わせたいメーカーや店と、難しく見せないと何年間も教えることがない専門学校（の教師）、この二者が暗黙のうちに仕組んでいるワナにすぎない。

何年間か熱心にカメラ雑誌を読みながら、自分でも写真を撮るうちに、僕はレッスンプロの危険性に気づくようになったが、細江さんの言うように写真誌ではなくカメラ雑誌しかないこの国で、いまから写真を勉強しようと思ったら、カメラ雑誌や写真学校が仕掛ける「ワナ」にはまってしまう危険から逃れるのはなかなか難しい。で、そういうこれから「写真をちゃんとやりたい」すべてのひとにおすすめしたい一冊がこれ。いまだに世界最高の写真誌である（カメラ雑誌じゃなくて）ナショナルジオグラフィックがつくった『プロの撮り方 完全マスター』だ。

ナショジオは、そういえばいまから八年ぐらい前にも『だれでも簡単 デジタルカメラ プロの使い方』という、あまりにひどい邦題ながら内容はしっかりしたペーパーバックの技法書を出していたが、今回の新刊はそれよりはるかに立派なハードカバー。あいかわらず味も素っ気もない邦題と、原本のテキスト部分をそのまま英語から日本語に置き換えただけ、みたいなレイアウトはいただけないが、内容はほんとうに素晴らしい。

全三百六十八ページという堂々たる押し出しの本書は、「基礎編」と「応用編」のふたつのパートで構成されている。最初にカメラが発明されてから今日のデジカメにいたる歴史が簡潔に述べられているが、そこ以外、フィルムについては全ページを通して一行も触れられていない。世の中はすでにデジタルに移行しているという、ごく一部のマニア以外にはあたりまえの事実を素直に受け入れ、「フィルムかデジタルか」なんてどうでもいい論議ではなく、写真にいちばん大事な三要素——「光」「色」「構図」——についてだけ、繰り返し語られている。それもナショジオの誌面を飾ってきた、トップ・フォトグラファーたちの最高の作品を例に挙げながら。

フィルムを捨てることによって、写真家は暗室作業から解放されるわけだが、かわりにのしかかってくる「デジタル暗室作業」。これについても本書では一章が割かれているが、使用ソフトはフォトショップのみ。しかも最初に解説される機能はトーンカーブとかの上級者向け機能ではなく、自動レベル補正。僕もフォトショップで最初に使う機能はこれだし、多くの写真家も同じだろう。でも、日本のレッスンプロたちは、「フォトショップを開いたらまず自動レベル補正を試せ」なんてことは絶対に口にしない。だって一行で解説が終わってしまうから。

よりよい写真を撮るために、知っておかなくてはならないこと、知っておけばずっとよくなることだけを選び、それを最高の作例とともに解説する——そうした明快で実用的な意図で貫かれたこの本が教えてくれるもの、それは写真を撮る難しさではなく、写真を撮る悦びだ。

自分もプロ写真家のはしくれとして言わせてもらうと、これから写真を学ぼうと思ったら、必要なのはデジカメとパソコン一式、それにこの本だけだと思う。この本を最初から最後まで何度も読み返し、きっちり理解できたら、あとはこの本は家に置いて、カメラを持って外に飛び出すだけでいい。定価四千六百円という値段だが、入学金に授業料で数百万円も写真学校に費やすより、何年間もカメラ雑誌を熟読するより、ましてや貯金はたいて古いライカとか買って悦に入るより、はるかにいい写真が撮れるようになるはずだ。

これ以外は必要ない、これ以外は読まないほうがいい、これはそういうレベルの教科書である。

2010

『電子顕微鏡で見るミクロの世界』

西永奨（ニュートンプレス）

前に『デザイン豚よ木に登れ』でも紹介した富山市在住の電子顕微鏡マスター、西永奨さんの作品を大々的にフィーチャーしたムックが出ました。ニュートン・ムックの『電子顕微鏡で見るミクロの世界』。試料（被写体）に手を加える必要がなく、そのまま観察できる走査型電子顕微鏡という、一種の超高性能スキャナーを駆使して捉えた、驚くべきイメージが満載です。

西永氏は走査電子顕微鏡を使用して、さまざまな試料を拡大撮影してきた。こういう技術系の世界はとかく「何十万倍まで拡大できるか」みたいな競争に向かいがちだが、彼の作品のユニークなポイントは二〇倍から百数十倍までの、普通の顕微鏡どころかルーペでも見えそうな低倍率にこだわっているところにある。わざわざ電子顕微鏡という高性能なマシンで、こんな低倍率の画像を得ようとする行為自体が、技術系の人間には理解できないかもしれない。

しかしここに収録した、たとえばアリの頭とかハエの吻とかのごく日常的な物体は、ルーペや光学望遠鏡で覗く拡大画像とはまったく別次元の、素晴らしくクリアーな解像度をもって我々の前に立ち現れる。通常の拡大画像とはちがって、スキャナーのように凹凸にすべてピントが合い、しかもモニターに映し出されるために単色となるイメージは、単なる物体の拡大像にはおさまらない、一種独特にシュールな神秘感覚を放つ。

一見アートとは無縁のようでありながら、そのイメージは凡庸なアーティストの想像力をはるかに凌駕する、きわめて芸術的な画像へと結実しているのである。

（『デザイン豚よ木に登れ』）

Ａ４判の大画面に「電子顕微鏡・厳選画像　オリジナル・ポスター」までついて、たったの二千三百円。身近な生きものや物体の、ミクロの眼で見た驚異的なイメージを眺めるだけで、購入の価値あり。しかし調べてみると、最近の走査型電子顕微鏡はちょっと大きめのデスクトップ・パソコンていどの大きさで、値段も五百万円ぐらいで買えるらしい。欲しいです！

2009

『まずいスープ』

戌井昭人（新潮社）

いま、いちばんチケットが取れない人気劇団のひとつである「鉄割アルバトロスケット」の主宰者・戌井昭人さんのデビュー小説集が、『まずいスープ』です。

破天荒な人生ほど、読んでいておもしろいものはないわけですが、それが昔の、遠い外国とかじゃなくて、現代の、日本の、それも知り合いのお父さんだったりすると、味わいもまた格別。この表題作である『まずいスープ』は、戌井さんのお父さんの、はなはだしく破天荒にしてエネルギッシュな半生を、本人の弁によれば「すごく抑えて」書いたドキュメンタリー・ノベルです。

「サウナに行く」と言ったきり、行方不明になってしまったお父さんを中心に、ゆるくもあたたかい家族とコミュニティが紡ぎ出すストーリーは、「こんなお父さんがいたら大変だなあ」「こんなふうに生きてみたいなあ」と、さまざまな思いを読み手に想起させながら、うねるようなグルーヴで展開していきます。

今年の春に「新潮」で発表されたこの作品は、実は芥川賞の選考にも残ったのですが、残念ながら最後に落選。はっきり言って、選考委員、ぜんぜんダメですね。本書は表題作の他に二つの短編を収めて、しかも挿画が束芋！　これまた渋い画風が、渋い物語とパーフェクトにリンクしてます。「最近はドキュメンタリーばっかりで、小説なんか読んでないよ」という読書家のみなさん（僕もそのケがあるのですが）、だまされたと思ってご一読を！

ちなみに『まずいスープ』のモデルとなった戌井父、以前に『東京スナック魅酒乱』（廣済堂出版）で紹介した、西麻布の〈スナック美ゆき〉の常連であるらしく、運がよければお目にかかれるかもしれませんよ！　僕もいちどだけお会いしたことがあるのですが、すごくエネルギッシュ、でもチャーミングな漢《オトコ》でした。

2011

『村上春樹　雑文集』

村上春樹（新潮社）

書店に山積みになっているので、もう手に取ったひとも多いでしょう。村上春樹さんの、いままで単行本に未収録だった作品、未発表の文章、ぜんぶで六十九編を集めた新刊です。『雑文集』なんて題名と裏腹に、小説とはまたちがう、すごく興味深い文章がたくさん収められていて、その前に出たインタビュー集『夢を見るために毎朝僕は目覚めるのです』（文藝春秋）とあわせて読むと、なにをどう考えながら毎朝ワードプロセッサーに向き合っているのか、どうやってあんなイマジネーションを生み育んでいくのか、そういった創作の根源に少しだけ触れられるような気がしてきます。

『雑文集』には僕の本について村上さんが書いてくれた文章も二編収録されています。『珍世界紀行ヨーロッパ編』（筑摩書房）の書評「都築響一的世界のなりたち」と、『夜露死苦現代詩』について書かれた「蒐集する目と、説得する言葉」です。限られたページの中で、二編も入れてもらって嬉し涙……。

しかし本書の価値は、むろんそんなところにあるのではなくて、なんといっても二〇〇九年のエルサレム賞受賞スピーチ「壁と卵」が掲載されていることです。いまだパレスチナと実質的な戦争状態にある、イスラエルという好戦的国家から賞を受けることが発表されると、本人の書いているとおり「国内外で激しい批判があった」のを、覚えている方も多いはず。イスラエルという国家や政治体制と、イスラエル人の愛読者や文学愛好家は別物であるはずなのに、イスラエルにも、パレスチナにすら行くことなく、東京でぬくぬく飲んだくれたりしながら、「賞を受け取れば、イスラエル政府に加担することになる」とか、「パレスチナへの連帯を示すために辞退すべき」とか放言してた〝評論家〟や〝文化人〟が、当時どれほどいたことか。

「行くな!」とたくさんの警告を受けたと書いているとおり、あのときイスラエルに行くのは、ものすごく勇気を必要とする選択だったと思います。だって、行かないほうが、どれだけ楽かわからないのだし。そして「壁と卵」は、ほんとうにすばらしいスピーチでした。スピーチの原文(英語)がイスラエルのメディアに掲載されると、ほとんど瞬時に日本の有志たちによって、翻訳文がどんどんウェブ上にアップされ、改訂されていったのも感動的でした。いま考えてみれば、あれはテレビ局や大新聞という既成の文芸メディアが、ウェブを武器とする個人の集合体に、完全に敗北を喫した歴史的な瞬間のひとつだったのかもしれません。

映画『真昼の決闘』をビデオで何回も見直してから、意を決して飛行機に乗ったというエピソードには胸を突かれますが、この五ページほどの短い一文だけで、本書は永久保存版になるでしょう。それがどれほど正しくても、堅く大きな壁になるよりは、壁にぶつかって割れる卵になりたい——そう志す、すべての表現者にとって「壁と卵」は、人生のなかで何度も読み返したくなる宝物になるはずです。

2013

『ビ』

大竹伸朗（新潮社）

「義母」や「女医」や「姉妹」や「未亡人」といったフランス書院文庫の頻出単語が、そのまま日本のオトコの妄想を完璧に表現しているように、言葉の選びかたには人となりがそのままあらわれる。

大竹伸朗の文章には、すごく特徴的な言い回しがいくつもある。たとえば「完成」のかわりに「着地点」。「潜在意識」や「過去の記憶」のかわりに「沈殿物」。「やる気」や「モチベーション」のかわりに「衝動」。「意志」のかわりに「思い」。挙げればキリがないが、さらに言えば読点をあまり使わない、ストロークの長い文章まで。

そういうふうに書くことは、そのままそういうふうに絵を描くことでもある。絵と文章を同じスタイルで表現できるということは、画家の特権だし、だから画家の文章はおもしろいものが多いのだが、大竹くん（と長い付き合いなので呼ばせてほしい）の、たぶん最初に構成を考えて書き始めるのではなくて、一行一行じりじりと、考えながら書いていくのであろう言葉のつらなりを追っていくのは、彼の絵を前にして、一見なんだかよくわからないようで、じっと線を追っていくうちにすっかり絵のなかに気持ちが入っていってしまう、その気分にとても近い。

あらたまって聞いたことはないけれど、大竹くんは「考えて書く」のではなく「書きながら考えている」のだろうし、絵も「描きながら考えている」のだろう。だから大竹くんの絵や文章を好きになることは、大竹伸朗という生きかたを好きになるということなのだ。

大竹くんがまだ二十代のころ。ニューペインティングの旗手としてメディアに取り上げられることが多かった時代に、とある美術評論家だか学芸員だかに「しょせんローカル・スターでしょ」と言われたのが、何十年たっても忘れられず、その怒りが制作の大きな励みになっているという話を、飲みながら聞いたことがある。

これを書いている二〇一三年七月現在、瀬戸内海の女木島と高松と丸亀の三ヶ所で大規模な大竹伸朗展が同時開催中だが、ふりかえってみればこの三十年あまり、大竹伸朗という画家はローカルではなくグローバルなものを、衝動ではなくコンセプトを、「思い」ではなくマーケティングをヨシとする現代美術業界と、ずーっと闘ってきた。「現代」ってつくとロクなことがない、というのは最近の大竹くんの名言だが――現代美術、現代音楽、現代文学、現代詩……――とかく「現代」と「古典」をわけることで、本来は創作の衝動がもたらす結果にすぎないものを、なにかの枠にはめて論じようとするところに、歪みが生じる。歪むから見通しが悪くなって、学校で勉強しないとわからなくなる。そこでアーティストや評論家は、学校の先生という定職と定収入を得ることになる。

たとえば僕がロックバンドをやろうと思ったら、ギターを買いに行くだけだし、ラッパーになりたかったらノートにリリックを書き溜めて、ＤＪの友だちを探すだけだ。でもアートだけは美術大学に行かないと、アーティストになれない、みたいな非常識が、常識としてまかりとおっている。そういう業界が「美」として提示してきたものに対する、本能的な嫌悪感が『ビ』という書名に込められているることは、言うまでもない。

いまから二十年ほど前、僕は「珍日本紀行」という連載で日本の田舎を回りはじめ、ちょうどそのころ大竹くんは「海燕」という文芸誌の仕事で、やはり日本の地方をテーマにしていたので、僕らはずいぶんいろんな田舎をいっしょに旅した。

インターネットもカーナビもない時代に、「るるぶ」の地図を腹とハンドルのあいだに置いて運転しながら、あてもなく国道から国道へと走り続けた日々。旅行のたびに大竹くんが作ってくるカセットテープを、スピーカーコーンの割れたカーステレオで聴きながら、知らない町から町へと歩いていた時間。それは彼にとっても僕にとっても、知ってるようでなにも知らなかった日本という国を、初めて自分の目でスキャンしてみる体験だった。

同時にそれは、僕らのなかにも残っていた「やっぱ東京でしょ、ニューヨークでしょ、ロンドンでしょ」みたいな意識のかさぶたを、一枚ずつ剝いでいく過程でもあった。そうやって僕らはある意味、武装解除していったのだ。どこがかっこいい、どこがかっこわるい、ではなく、どこもかっこいい！と思えるように。人間の住んでいるところなら、どこだっておもしろい！と思えるように。

大竹伸朗の作品にはしばしば、キッチュなイメージが登場する。スナックの看板とか、ストリップ小屋のポスターとか、昔の映画俳優の写真とか。そういうのを見て、大竹くんを「日本的なキッチュが好きなポップ・アーティスト」と思うひともいるだろうが、それは的を外している。

海があって松林があって富士山がある景色も美しいけれど、潰れたスナックの壊れたドアも美しい。

壁のシミはそれが龍安寺であっても、田舎の駐車場でも美しい。パチンコ屋の上の自由の女神も、秘宝館の外で雨に打たれるゾウも、アメリカの自由の女神やアフリカのゾウと同じくらい美しい。そういうふうに、自分の眼とこころにひっかかる、あらゆる美を「これは美です、これは美じゃありません」とだれかが決めた基準を抜きにして、そっくり飲み込んで、それが衝動になって絵や立体に「着地」するスリル。

あらゆる創作というのは、そういうふうに常識や教養やトレンドや、いろんなフィルターやヨロイを剥がした、丸裸の自分が丸裸の美とがぶり四ツになる行為にほかならない。そしてこの本は、それをひとりで三十年続けてきた人間の「自分観察記録」であるし、あとに続くひとのための「ひとり宇宙旅行ガイド」でもある。

2013

この3冊「放浪」

『**荒野へ**』ジョン・クラカワー（佐宗鈴夫訳、集英社文庫）
『**田中小実昌エッセイ・コレクション2 旅**』田中小実昌（ちくま文庫）
「**土佐源氏**」（『**忘れられた日本人**』）宮本常一（岩波文庫）

好きで出るのが旅行で、出ないとどうしようもないのが放浪だ——という勝手な定義からすれば、放浪とはつねに負け戦であり、負けるとわかっていながら出ていってしまうのが放浪者だ。だから放浪の座右銘、というか墓碑銘として「旅に病んで夢は枯野を……」ほど、ふさわしいものはないと思う。

映画でも知られる『荒野へ』は悲しいほどにナイーブな若者が、スキルもないのにアメリカの辺境をさまよったあげくアラスカの奥地に入り込み、当然の帰結として死んでしまう実話。

数年前アラスカに行ったとき、主人公が姿を消した場所が見たくて、近くの町まで行ったのだが、アウトドアのプロたちはみんな彼のことをバカにしきっていた。そういうプロたちは生きのびるのに大切なスキルをたっぷり持っているけれど、生きのびることよりもっと大切ななにかは、なにも持っていない。しぶとく生きのびる洞窟老人よりも、なにも知らないまま悲劇的な結末に突っ込んでいくバカモノと、僕はいっしょにいたい。

小沢昭一さんと並んで、どうでもいい町をどうでもよく歩き回る楽しさを教えてくれたのが田中小実昌さん。小沢さんはたぐいまれなる探求精神のカタマリだったが、「どうでもよさ」においては田中さんのほうが上を行っている気がする。知らない町の飲み屋街をうろうろして、よさげな店を選んだらそこでちょっと飲んで、カバンを預かってもらって銭湯に行って、また戻ってきてハシゴ酒、そして明日も同じこと……というような最上級の酒仙老人に、僕もいつかなれるだろうか。

でも、世の中でいちばん憧れる放浪者は土佐源氏の、どうしようもない盲目の馬喰《ばくろう》だ。こんなふうにだらしなく、こんなふうに優しく流れるままに生きて、最後にはどこかの橋の下でボロボロになって死ねたら、どんなにすてきだろう。みんなにでくのぼーと呼ばれ、褒められもせず、苦にもされずに。

そんなふうに生きられないなら、せめてこんなに美しい物語を、死ぬまでにひとつでいいから書いてみたいというのが、いままで話したことはないけれど、僕のいちばんの願いなのだ。

放浪はできなくても、放浪を夢見ることはできる。そしてすべての偉大な放浪者や放浪文学は、ひとときこころの内側をひっかき、植えつけてくれる――まだ見ぬ土地への郷愁を。

人を読む

2012

ワルの先輩　山下清

三十代あたりまでは「たまの石川くんに似てる」（ランニングシャツのひと）と言われたものだが、中年になると圧倒的に「山下清に似ている」と言われるようになった。それか、三上寛《みかみかん》。どちらも尊敬してるので、ありがたいことだが。

世間では山下清と、裸の大将＝芦屋雁之助《あしやがんのすけ》のイメージが微妙に混同されていると思うのだが、僕が山下清を敬愛するのは、彼が日本近現代絵画史上もっとも過小評価されてきたアーティストのひとりであると信じることのほかに（知名度に欠けたのではなく、知名度がありすぎたゆえに）、日記や周囲の人間の回顧談を読むかぎり、彼が「ピュアな画天使」どころか、かなり性格が悪かったというか、ずる賢かったところに激しく惹かれるのだ。

もともと八幡《やわた》学園に引き取られたころから、他の園児の所持品をどぶ川にぶち込んだり、近所の畑から桃を盗み食いしたりと、いわゆる「ワル」だった落第生が、「貼絵」という芸術に出会ってこころの豊かさを開花させた、というオチなら話は簡単だ。でも、ずいぶん前に山下清の話をいろいろ読みあさって、なるほどと思ったのが、山下清は別に貼絵の楽しさに目覚めて寝食を忘れ熱中したとかではなくて、先生から「やりなさい」と言われてやって、授業が終わる時間になったら、途中だろうがなんだろうが、さっさと止めてしまった、という事実だった。

世間一般に流通している「汚れなきオトナコドモ」みたいなイメージと、ほんとうの山下清がずいぶんちがうんじゃないかと、うすうす気がついて、ノーベル書房から出ていた日記集全四巻を買い込み、読みふけっていた時期がある。そのなかでいちばん感動したのが、放浪のあいだ毎日、朝昼晩三食を恵んでもらいに家々を回るのだが、御飯をもらうお椀をちゃんとふたつ持っていたというエピソード。ひとつだと、御飯しかもらえないけど、ふたつあればおかずももらえるから！　最高ですねえ。

山下清が放浪を繰りかえし、八幡学園に帰るたびに怒られるので書かされた、有名な反省文がある。「僕は毎日々々ふら〱して遠い所迄歩いて行つてるんぺんをして居るのは……自分のくせか自分の病気だらうと思ふので……病気は急になほら無いからだん〱と其のくせをなほそうと思つて居るので今年一ぱいるんぺんをして……」という、めちゃくちゃ調子のいい言い訳だ。

反省とか常識とか倫理とか、そういうものにまったく頓着しなかった半端者＝アウトサイダーの手から、あんなに純粋で美しい絵が生み出される。そういうトリックにこそ、アートの神秘的な魅力が潜んでいるのだろう。

もう十年間ぐらい、僕の仕事机の脇にはパウチッコされた山下清の写真が貼ってある。スーツにベレー帽姿の彼が、線路の上に立って遠くを眺めている後ろ姿の写真だ。これも有名な鉛筆スケッチの実写版とも言うべき写真は、聞くところによると後年、わざわざ清を線路に立たせて撮影したものらしいが、そんなことはどうでもいい。この写真を見るたびに、僕は清から「逃げろ！」と言われているような気になる。押しつけられる理屈から、理解できないシステムから、こころに刺さるすべての迷惑な善意から。

あらゆる正しきホーボーがそうだったように、山下清は旅行家だったのでもなんでもない。ただ、移動したかったから移動しただけだ。どこにも属せなかったから、いつでも動いていなくてはならなかっただけだ。

山下清が死んだのは四十九歳のこと。それよりもうずいぶん生きながらえてしまった僕にとって、清はいつでも最高にパンクな「ワルの先輩」でありつづける。

2013

幻視者としての小松崎茂

小松崎茂

かつてあまりに身近にあったために、紙芝居という優れたビジュアル・エンターテイメント・メディアが、実は日本の発明であることを僕らは忘れがちだ。

絵解き物語や絵巻物の伝統が生んだものかは定かでないが、ひとつの物語を十数枚の絵で構成して、その一枚ずつの解説をいちばん後ろになる絵の裏側に記し、説明し終わった絵を順繰りに送っていくことで、「紙芝居のおじさん」が物語を絵と語りによって進めていけるという独創的なシステムは、一九三〇年代に誕生して以来、日本人の感性に深く浸透してきた。

いま紙芝居は日本各地の、さまざまな保存グループや団体、個人によって、文化遺産的な保護を受けている。しかしそのほとんどは、かつて街頭で使われた紙芝居をそのまま保存したり、演じなおす、いわば紙芝居の古典であり、たとえば紙芝居というフォーマットを使って新作を表現しようなどというアーティストやパフォーマーは、なかなか登場しない。

本好きのかたなら「復刊ドットコム」という社名を耳にしたことがあるかもしれない。一九九九年に日本初のオンデマンド出版サービスを始めて以来（当時の社名はブッキング）、「絶版・品切れで手に入らなくなった本を、投票によって復刊させよう」という企図のもと、これまで四十万人の会員から寄せられたリクエストが四万五千タイトル、八十万票、そこからおよそ五千タイトルが復刊されたという（公式サイトより）、珍本奇本好きにはかなりありがたい出版社だ。

僕もこれまで何冊か、「まさかこれが復刊されるとは！」と驚くような書籍を入手することができたが、その復刊ドットコムからつい最近リリースされたのが『ウルトラマン紙芝居　小松崎茂 Complete Box』。マニアは絶句するしかない、驚愕の復刊だ。

「円谷プロ50周年特別企画」として発表された本書の内容は、以下のとおり——。

小松崎茂によって描かれたウルトラマン紙芝居シリーズ・全3タイトルが奇跡の復刻！

一九七〇年代前半、空想科学イラスト界の巨匠・小松崎茂によって描かれ、子どもたちを夢中にさせた「ウルトラマン紙芝居」シリーズ。その全3タイトル『大怪獣総進撃』『ウルトラ大海戦』『さらばウルトラマン』が、美麗化粧箱収録の豪華BOXセットで復刻されます。

『大怪獣総進撃』では、レッドキング、バルタン星人をはじめ、ネロンガ、ゴルドン、ジラース、アボラス、ペスター、ジェロニモンが登場し、まさに総進撃！　『ウルトラ大海戦』では瀬戸内海や青函トンネルに現れた「ウルトラQ」のスダールをはじめ、ぞくぞく怪獣が登場！　『さらばウルトラマン』では、テレビとは異なるオリジナルな展開のウルトラマンとゼットンの決死戦が繰り広げられます。

本シリーズは中古市場でもほとんど見かけることがなく、コンプリートするのは極めて困難な激レア・アイテム。各20枚×3セットの計60枚におよぶ、巨匠・小松崎茂の大迫力の絵を是非ご堪能ください。
（公式サイトより）

というわけだが、ウルトラマンの紙芝居が、しかも「家庭用」にかつて販売されていたとは、まったく知らなかった。本書はその「激レア・アイテム」の、オリジナルについていたソノシートだけを除いた完全復刻版。ウルトラマンのファンはもちろんだが、作画を担当した小松崎茂先生のファンにとっても、大判のシートで作品を鑑賞できる、うれしいプレゼントだろう。書籍のフォーマットに作り直したのではなく、ボックスにシートが入るという当初の紙芝居フォーマットそのままの復刻なので、ボックス表・裏面のミシン目に沿って穴を開ければ、紙芝居としてちゃんと使用可能だ。

紙芝居の話にはつねに「郷愁」というキーワードがつきまとうのだが、ウルトラマン紙芝居にノスタルジーは似合わない気がする。『ウルトラQ』やウルトラマンに夢中になった子供時代を送った自分にとって、それはなにより懐かしい絵であるはずだ。しかし紙芝居の大判シートをめくるごとにあらわれる小松崎茂の絵は、純粋なファインアートでもなければ、単なるテクニカル・イラストレーションでもない。なんというか「素晴らしく精緻に描かれたアウトサイダー・アート」とでも形容したい、ファンタスティック・アートである。

空想科学とは英語のサイエンス・フィクションにあたるわけだが、むしろ「ファンタスティック・サイエンス」と英訳したい気がする。その空想科学を絵というかたちにして、つまりはファンタステイック・アートとして僕らに見せてくれたのが小松崎茂さんだった。

まだ科学が世界を良くする道具として、だれも疑わない存在だった時代に、小松崎茂は少年漫画誌の図解ページから、プラモデルのボックスまで、科学という言葉に寄り添うカラフルな多幸感を画面に振りまいてきた。本書のオリジナルは一九七〇～七一年に刊行されているが、七〇年は大阪万博という、史上最後のハッピーな未来感覚に満ちた万博が開かれた年でもある。

それからおよそ半世紀。福島で原発事故が収束不能な段階に陥り、シリアで化学兵器が多くの人々を殺しているいま、科学という言葉に寄り添うのは多幸感ではなく、暗い影に包まれた横顔だ。

そうした時代になって、あらためて眺める小松崎茂の世界観。しかもつねに主人公や登場人物だけでなく、背景まで丹念に描き込まれる独特の画面構成。それは「懐かしい未来」であるとともに、「幻想としての未来」でもある不思議な風景として、眼前に立ち現れる。

かつて子どもたちにとっての空想科学とは、それが怪獣であろうが宇宙ステーションであろうが、すべて実現されうる未来であったし、紙芝居のおじさんの木箱は、未来への窓でもあったろう。ところがいま、科学が未来を拓くどころか、未来を閉ざすものと思われかねない時代にあって、小松崎茂による空想科学図会の、「科学」よりも「空想」の部分が鮮やかに際立ってきたように見えるのは、僕だけだろうか。

紙芝居というフォーマットをまとった、これは小松崎茂というファンタスティック・アーティストによる六十枚のポートフォリオでもある。そしてこの希少な画集は昭和のノスタルジーではなく、未来を「幻視」した画家としての再評価を、強く促しているように僕には思えてならない。

完全限定版
ウルトラマン
紙芝居
小松崎茂
Complete Box
ウルトラマン
ウルトラマン
ウルトラマン

2009

ヌケないハダカ

篠山紀信

篠山ヌードとは、ヌケないヌードである。ま、そんなことない！　と言い張る諸君もたくさんいるでしょうが。

当代一の人気ポルノ・アクトレス、夏目ナナが丸坊主で仁王立ちになって、こっちを睨んでいる。すごいからだだな、とは思うけれど、ぜんぜん欲情しない。ホームグラウンドであるDVDでは『「超」ヤリまくり！イキまくり！24時間!!』『Gカップ美人巨乳秘書10発連続！野獣中出し』なんて作品をリリースしまくり、「チンポおいしい！　もっとチンポちょうだい！　ナナに精子かけて！」などと大阪弁で絶叫しまくり、「ほぼすべての出演AVでイッってる」と公言するセックス・クイーンであった彼女。その全身からしみ出すスケベ汁を、篠山さんのカメラはきれいに拭いとってしまっている。

このあいだ写真の賞の選考会でご一緒したときに、デジカメがいかに高感度に強いかという話になって、夜の屋外でヌードを撮る最近のシリーズ、あれはデジカメのおかげだよ、と篠山さんは話されていた。なじみ深い東京の、あちこちの街角で、いかにもかわいい女の子たちが大胆に全裸になって、立ったりしゃがんだりしてる。彼女たちの目に怯えはひとかけらも見あたらない。カメラをファッションモデル風に睨んだり、無邪気に笑いあったり、夜の街に女の子がいて、たまたま全裸だった、それだけのことという感じだ。

最近はもう、発売日を待ちかねて買う雑誌はなくなってしまったけれど、楽しみで毎月買っているのは素人投稿露出写真誌だ。これは読んで字のごとし、全国各地のシロウト・カップルさんたちが、思い思いの場所で全裸になって、思い思いの相手とからみあったりしている投稿写真を、これでもかというばかりのボリュームで掲載している。デジタル写真時代になって花ひらいた、新しいメディアである。

digi＋KISHINの野外露出写真も大半はゲリラ撮影なのだろうけれど、素人投稿はもう百％ゲリラ撮影だ。そして彼らの作品は、digi＋KISHINより、はるかにいやらしい。モデルの質も、撮影技術も、カメラの値段も、はるかにdigi＋KISHINのほうが高いのに、ヌードとしてどちらが扇情的かといわれたら、それは素人投稿のほうがはるかにエロなのだ。なぜだろう。

芸術としてのヌードと、エロとしての女体。この、まったくジャンルのちがっていた〝女のカラダの観賞方法〟を、初めて両立させようと写真の世界で試みたのが、一九五三年に創刊されたアメリカ版「PLAYBOY」だったのかもしれない。それ以来、世界中の女性専科カメラマンたちが、芸術とエロのあいだのいろんな位置に、自分を置いてきた。

今度の写真集『NUDE BY KISHIN』（朝日出版社）は、一九五九年から二〇〇九年までの篠山紀信によるヌード写真が意図的に混ぜ合わされ、どの写真がどの年代に撮られたのか、わかりにくく編集されている。僕も本業が編集者なのでその意図はよくわかるけれど、この写真集だけ見ていると、篠山紀信という写真家が、長くヌードを撮り続けるうちに、女のカラダをどう表現（というか料理）するようになってきたのか、その進化がよくわからない。

一九五九年に篠山紀信が最初のヌードを撮ったとき、すでに世の中では高尚な芸術としてのヌード・フォトグラフィが認知されていたし、温泉街では汚いプリントのエロ写真を売る男が電柱の陰に立っていたはずだ。そういう中で〝美しいヌード〟を目指して、カメラを抱えて女体の海に飛び込んでいった篠山青年が、男性誌のヌード・グラビアとか、屋外全裸とか、〝もろにエロ〟な媒体とスレスレな場所にいながら、〝もろにエロ〟であることから逃げつづけてきた、五十年間の軌跡。オッパイをさらし、股を開いた女体から、スケベ汁を拭いとる、そのテクニックが五十年間でいかに磨かれてきたのか、それをページを繰ることで体験できるのが、僕にとってはいちばん興味深いところなのだが。

「できたら透明人間になって撮りたいくらいで（笑）、実際、全部透明人間になってるつもりで撮ってるんだけど」とご本人が語っているように、篠山紀信の写真とは、あるいは篠山写真の進化とは、たとえばアラーキーが被写体の女をいかにスケベな目線で舐め回しているか、それをプリント上に再現することで〝淫写〟として成立させているのとは対照的だ。つまり自分がどういう目線でこの、目の前で全裸になっている女を眺めているのかを、どうにかして読者に憶測させない、その技術の洗練なのである。

それがわかっているからこそ、時代を代表するタレントや女優さんたちが、彼の前ではためらいなくハダカになる。篠山紀信がいちばんのビッグネームだからではなく、カメラを通して自分のことをどう見ているか、彼女たちにはちゃんとわかっているからだ。女だから。

2012

顔の力

細江英公

細江英公さんの、七十九歳にして最新作品集となるのが、四月末に国書刊行会から発行されたばかりの『創世記　若き日の芸術家たち』。美麗貼箱入り、完全限定千五百部で二万円という堂々たる写真集だ。

本書に収められているのは、細江さんが一九六七年から七五年にかけての約八年間、おもに「中央公論」や「アサヒカメラ」のために撮影されたポートレイト。サブタイトルが示すように、当時の新進気鋭アーティストたちの姿が収められているのだが、その顔ぶれたるや……

澁澤龍彥　三島由紀夫　土方巽　加納光於　稲垣足穂　岡本太郎　瑛九　加藤正　奈良原一高　東松照明　丹野章　佐藤明　川田喜久治　エド・ヴァン・デル・エルスケン　白石かずこ　池田満寿夫　唐十郎　横尾忠則　四谷シモン　金子國義　合田佐和子　草間彌生　大野一雄　玉野黄市　元藤燁子　寺山修司　瀧口修造　田中泯　芦川羊子　加藤郁乎　松山俊太郎　高橋睦郎　野中ユリ　つげ義春　横山勝也　鴨居羊子　白石加代子　坂東玉三郎　鍐嘔　小澤征爾（順不同）

というわけで、もう溜息をつくしかない豪華なラインナップ。しかもいままでに発表されていなかったり、単行本に収録されていなかったカットも多数というのだから、これは日本のカウンター・カルチャーがもっとも輝いていた時代の記録としても貴重な一冊だ。

一九三三年生まれ、一九六〇年代初期からフリー・カメラマンとして活躍を始めていた細江英公にとって、六〇年代末期から七〇年代初期は、日本の文化が激動を迎える時代にあって、ともに走り、共振する相手＝被写体にもっとも恵まれた時期でもあったろう。自分も三十代だし、本書に収められた多くのアーティストたちも三十代から四十代にかけて。雑誌の依頼を受けての仕事とは言え、毎回のフォトセッションは、ほとんど火花を散らすようなインプロビゼーションの悦びとスリルに満ちていたことは、想像に難くない。

本書の末尾には被写体となったアーティストとの出会いや、撮影時のエピソードがそれぞれ数行記されていて、それを読んだうえで写真を見返してみると、さらに興味深い。草間彌生のカットは「アーティストとして彼女の写真を撮ったのは私が一番最初だと思います」。横尾忠則については「1962年秋に『薔薇刑』の刊行準備をしていたら、事務所に横尾忠則と名乗る青年が突然訪ねてきまして、「三島さんの写真集をお作りになると聞きました。その本の装幀を私にやらせて下さい」と言うんです。驚きましたが、若い頃の自分と似た情熱を感じましてね」。

澁澤龍彦の、残された写真の中で僕がいちばん好きな、海岸に座って花札に興じているカットは「澁澤さんと浜辺でコイコイをやっているのは当時の奥さんの矢川澄子さん。この頃は朝から晩までコイコイに夢中になってましたね」だし、自転車に乗った土方巽の有名な写真は「早朝に新宿通りの路上で牛乳屋さんから借りて走りまわって撮りました。おかしいね」というぐあい。ページを一枚めくるたびに、当時の空気がぶわっと吹きつけてくるようなツァイトガイスト＝時代精神に充ち満ちて

いる。

これから、この本についてはいろいろなレビューが書かれていくのだろうが、その多くが「当時の日本人はいい顔していた」みたいになることは目に見えている。でも、ほんとにそうだろうか。細江英公は、「いいときに、いい場所にいた」だけなのだろうか。

本書には本文と言えるような文章はまったく存在しないが、細江本人のごく短いメッセージだけが冒頭に掲げられている——。

写真とは、
被写体と写真家の
関係の芸術である。

それが人間だろうと自然だろうと、写真の本質はこのひと言に尽きるだろう。被写体だけでも、写真家だけでも写真は成立しないし、どんなに巧妙に偽装されても、隠蔽されようとしても、写真家が被写体に対峙するスタンスは、かならずや画面に立ち現れる。そういう意味で、このコレクションは時代の記録であるとともに、細江英公というひとりの写真家の、この時代の生きざまを記した自伝でもあるのだろう。

強靱な精神が全身からほとばしる被写体と、それをがぶりよつで受け止め、ソリッドなモノクロ画面に定着させる写真家。あるときは格闘技、あるときはダンスのようなランデブーを見ていくのは楽しいし刺激的だが、忘れてはならないもうひとつのこと、それはこれらの写真が、写真家本人の「作品」としてではなく、本来的に雑誌のための「仕事」として撮影されたという事実だ。

優れた写真に必要なもの。それはまず優れた被写体であるし、優れた写真家である。そしてさらに、優れた媒体である。言い方を変えれば、媒体（この場合は雑誌）が、細江英公という優れた写真家を育てる重要な役割を担ってきたということでもある。

こんな時代になって、本書に収められているようなポートレイトは撮れっこない、と嘆いてみせるのは簡単だが、それはたぶん、説得力のない言い訳に過ぎないのだろう。あの時代から半世紀近くたった現在、日本人の顔はほんとにエネルギーを失ったのだろうか。写真家は力を失ったのだろうか。二〇一二年のいまだって、力強い顔と、力強い写真家はすぐそこに、たくさんいる。繰り返しになってしまうが、ただ媒体がないだけだ。でも、つくづく思うけれど、雑誌にも番組にも、寿命というものがある。永遠におもしろい雑誌なんて、存在しない。存在しないのなら、作ればいいだけだ。このメールマガジンだって、そんな思いだけで始めてしまったものだし。

いま創刊五十年という老舗雑誌だって、五十年前は創刊したばかりのニューフェイスだった。そんな昔に撮影された、若き日の細江英公による、若き日のアーティストたちの肖像写真。それは作品としてのクオリティで僕らを酔わせてくれると同時に、少なくとも僕にとっては、背中をどつかれるような、猛烈にやる気を刺激されるキツい一発だった。

2013

はじめてのおつかい

梅佳代

十五歳で初めて買ってもらった、五ドルの中古ギターがジミ・ヘンドリックスの人生を変えた。だれよりもギターを愛したジミは、寝るときもギターを抱いたままで、目が覚めたらそのまま練習を始めていた。映画館にまで、ギターを持っていったという。

編集者という仕事柄、いままで数多くの写真家と仕事を共にしてきたが、梅佳代ほどカメラを手元から離さない写真家を僕は知らない。会うときはいつも、安っぽいキヤノンの一眼レフが彼女の細い首からぶらさがっていて（絞りやシャッタースピードはいつも「プログラム」に合わせっぱなしだった）、ごはんを食べるときでも皿のすぐ横にあったし、バスや電車で居眠りするときだって、片手はカメラに添えられていた。ベッドでだって、きっと枕の横にあるんだろう。たぶん、恋人よりも近くに。

初めて梅佳代に会ったのは二〇〇〇年のことだから、いまからもう十三年も前になる。あるとき大阪の小さな写真学校からトークの依頼が来た。名前を聞いたこともない学校だったし、写真家というよりむしろ写真館の跡継ぎを育成するような学校らしく、まったく興味がわかなかったが、ちょうどそのころ雑誌で「関西スタイル」という、関西の若いひとたちの部屋を取材している最中だったので、学生寮を撮影させてもらえるなら、という交換条件でトークを引き受けたのだった。

数十人の学生あいてにトークを終えたあと、控え室みたいな部屋で、数人の学生が持参したポートフォリオをまず見せられた。そういうときって、最初に「見てください」と差し出すやつはたいていつまらなくて、もじもじしながら「私のも……いいですか」と最後に出すやつが、いちばんおもしろい。そのとき、やっぱり最後におずおずと差し出された梅佳代のポートフォリオの中身は、小学生と中学生のモノクロ・スナップだったが、それは出張の疲労や、リアクションのないトークの虚しさを吹き飛ばす心地いい衝撃だった。そしてその、梅佳代のおずおず感は、この学校に彼女の理解者がだれもいない状況を暗示するものでもあった。

「すごいね、これ!」と言いながら、こんどは彼女の部屋に案内してもらうと、そこはまた最高に楽しくて、明るくて混沌とした、梅佳代のこころのうちをそのままぱーっと広げたような、オトナの子供部屋だった。そしてもちろん、ほかの学生の部屋はぜんぶ、こぎれいなだけで、おもしろくもなんともなかった。

卒業を控えた彼女に、これからどうするの? と聞いたら、まだ将来を決めかねているという。こんなにおもしろくて、こんなに世間ズレしてない子が、このあとどうするんだろうと心配にもなりながら、「ぜったい東京に来たほうがいいよ!」とか僕は無責任に力説したのだと思うが、それからしばらくして、梅佳代はほんとに東京に引っ越してきた。

案の定、アルバイト先のデパ地下とかで、古参のオバちゃんたちにいじめられたりしながら彼女は苦労しているようだったが、やっと東京で展覧会を開くというので、楽しみに会場を訪れてみた。

たしか恵比寿あたりの、オフィスビルの地下にあったそのスペースには、「額装されたオリジナルプリント」なんて立派な写真はひとつもなくて、インクジェットプリンターかコピー機で出力したような、ぺなぺなの写真が壁にぐちゃぐちゃと直接貼られていて、それは初めて見たときの梅佳代の部屋みたいでもあった。

部屋の奥が暗くなっていた。そこでは、たぶん貼りきれなかった写真がスライドで映写されていて、映写機のそばに梅佳代が座っている。なにしてんの、そこで？　と聞いたら、「スライドやってるん」と言う。

いまはコンピュータから画像をプロジェクションすればいいけれど、当時はまだ35ミリのポジフィルムを映写機から投影する方式が普通だった。カルーセルという円形のフィルム入れにポジをセットして、映写機のスタートボタンを押すと自動的にカルーセルが回転してフィルムを1コマずつ投影する、コダックのやつをみんな使っていたが、そんな高級映写機を買う金も、借りる金もなかったにちがいない彼女が手に入れられたのは、ものすごくちゃちい手動式の映写機だけだった。

フィルムを送るには手元のボタンをそのたびに押さなくてはならない、おもちゃみたいな映写機の脇に梅佳代は一日中座っていて、「だれかひとが来たら、何十秒かおきにボタン押して見せるん」と言いながら、手元のボタンをまたカチャッとやる。そのときだった、「あー、この子にはぜったい追い抜かれる」と実感したのは。

それからまた数年経って、木村伊兵衛賞の選考委員をやっていた僕は、篠山紀信さん、藤原新也さん、土田ヒロミさんと、（ほぼ）満場一致で彼女を受賞者に選んだのだったが、その授賞式でたどたどしくスピーチする彼女に向けられたオヤジ業界人たちの冷笑も、「ほかに賞をあげるべきカメラマンがいるだろう」という、敵意に満ちたたくさんのコメントも、僕は忘れない。本人はまるで気にしてないだろうけど。

それがカメラだろうが、ギターだろうが、鉛筆と紙であろうが同じことだ。優れた表現者と、凡庸な表現者を分け隔てるもの、それは情熱と持続力でしかない。起きてるときも寝てるときも、つねにカメラやギターやペンを離さないこと。そうして「アドバイス」だの「批評」だのという雑音に耳を貸さず、なるべく遠くまで、なるべく長く走り続けること。それしかない。教養とか技術とか才能とか、そういうものはぜんぶ、走ったあとからついてくるものにすぎないのだから。

梅佳代の写真を愛するひとはだれしも、日常の中に突然、一瞬だけ生じる歪みのように不思議で劇的な瞬間を切り取る、彼女の目に驚かされる。標準レンズで、プログラムというカメラ任せの設定で撮影される彼女の写真は、撮影技術やプリント技術の結晶では、もちろんない。いつまでたってもうまくならないところも、彼女のすごいところだし。

それは彼女の視線そのものだ。好奇心でいっぱいの少女が、初めてひとりで外に出て、あたりを見回すような。きょろきょろしながら歩き続けているうちに、ずっと遠くまで来てしまったような。

そういう彼女の視線がどうやって獲得されたのか、僕もいままでずいぶん聞かれてきた。そんなことはわからないけれど、でも、不思議な瞬間はなにも彼女の目の前だけで、彼女のためだけに起こってるわけじゃない。万人の目の前にあるのに、それを切り取り、すくい取るのが彼女だけだったにすぎない。なにかが起こったとき、目とカメラが直結していたのが、そこには彼女しかいなかったということだ。

梅佳代のように世界をおもしろがること。それは才能としか呼びようのないものだから、知識や技術で獲得できるものではない。でも、梅佳代のようにカメラを離さないでいることは、だれにでもできる。だれもやらないだけで。

ラッパーはラッパーとなるために、フリースタイルと呼ばれるトレーニングを積む。それは単調なビートを流しっぱなしにしておいて、テーマはなんでもいいからとにかく一時間でも、二時間でも途切れることなく、ひとりだけでラップし続ける訓練だ。それによってラッパーには、頭と口を直結させる新しい回路が形成される。ちょうど英語の授業は受けていても、英会話となるとうまくできなかったのが、現地で否応なくしゃべっているうちに、文法だの構文だの考えることをすっ飛ばして、思いついたことをそのまましゃべれるようになっているように。

写真学校の授業にも、写真の先輩にも頼ることのないまま、彼女はひとりだけで、カメラを抱えて歩きながら、頭と目と、シャッターを押す指を直結させる回路をつくってきた（こんなひとに、どんな授業が必要だというのか！）。

自分がおもしろいと思ったら、ほかのだれがなにを言おうが気にしないで、おもしろがり続けること。空気なんか読まないこと。そうして「押せば写る」と「押して写す」のあいだには、ものすごく高い壁があること。

梅佳代が教えてくれていることはたくさんある。でも、本人はそんなことすら気にしていないだろう。

2012

記憶の島

岡本太郎と宮本常一

川崎の生田緑地にある岡本太郎美術館で、「記憶の島——岡本太郎と宮本常一が撮った日本」という展覧会が開催されました（二〇一二年七月二十一日～十月八日）。

宮本常一は偉大な民俗学者であり、僕のこころの師匠でもあるというか……「土佐源氏」のような物語を、死ぬまでにひとつでいいから書いてみたいというのが夢でもあり。

宮本常一は一九〇七（明治四十）年、岡本太郎は一九一一（明治四十四）年生まれ。ふたりは同時代人でもありました。そして岡本が華々しく活躍しながら、美術業界からは常に一歩引いた目で見られてきたように、宮本もまた民俗学の本流であった柳田國男派から長らく、徹底的に冷ややかな目で見られてきた、アウトサイダー的な存在でもありました。ちょっと話は逸れますが、いまでこそ岡本太郎は「日本の戦後美術を築いた偉大な作家」ということになってますが、「芸術は爆発だ！」なんてやってたころから晩年に至るまで、テレビも雑誌も完全にイロモノ変人ネタ扱い、嘲笑っていたことを忘れてはなりません。

宮本常一と岡本太郎は、また日本の田舎をくまなく歩き回って、「日本人の本質」を探しつづけた同志でもあります。岡本には『沖縄文化論——忘れられた日本』（中公文庫）がありますし、「土佐源氏」を収録した宮本の『忘れられた日本人』は、膨大な彼の著作のうちでも、いまだにもっともよく読まれている一冊でしょう。

今回の展覧会は同時代人であり、同じテーマを探求しながら、なかなかいっしょに語られることのなかったふたりの写真を並べて見ることができる、貴重な機会です。

岡本太郎は、一九五七年から雑誌「芸術新潮」の「藝術風土記」連載のため、日本各地をカメラ片手に飛び回ります。その後も一九六六年まで岡本は、北は北海道から南は沖縄まで集中的に日本を取材し、数多くの写真を撮影しました。これらの取材で書かれた文章や写真が後に本として刊行されるとき、その題名には「日本」がついていました。例えば『日本再発見—芸術風土記』『沖縄文化論——忘れられた日本』『神秘日本』等。このことからも岡本の「日本」を巡る旅は、「日本」の本質を探す旅だったといえるのではないでしょうか。

岡本太郎以上に「日本」を回りながら、数多くの写真を撮った民俗学者に宮本常一がいます。宮本は戦前から日本をくまなく回り、日本の民衆の生活をつぶさに見ながら調査しました。宮本の師であり、公私にわたってバックアップしてきた財界人であり、民俗学者・渋沢敬三は宮本の旅する軌跡を称して「日本列島の白地図の上に、宮本くんの足跡を赤インクで印していくと、日本列島は真っ赤になる」と述べています。宮本は様々な調査を行いながら数多くの写真を残しました。宮本は写真を「記憶の島」と云い、また民俗学の大事なツールと捉え、写真民族誌（あるいは映像人類学）につながる方向性を示したのではないでしょうか。

一方、岡本太郎は土門拳との対談において「写真というのは偶然を偶然で捉えて必然化することだ」と述べています。岡本の写真は彼の芸術家としての直観力と民族学を学んだ観察力に裏付けされているのではないでしょうか。

本展は、岡本や宮本が撮影した写真を中心に、二人が共に関心を持っていたオシラ様や縄文土器、なまはげの面などもあわせてご紹介します。二人の写真を並べることで見えてくるそれぞれの写真の違いと共通点の中に「日本」そして「民衆」の姿を見ながら、高度経済成長（近代化）で失われたものを再発見しようという試みの展覧会です。二人が捉えた「日本」の姿が、現在の日本について見つめなおす機会になればと思います。（美術館サイトより）

「おやっと思ったら撮れ、はっと思ったら撮れ」という宮本の言葉は有名ですが、岡本太郎も宮本常一も、もちろんプロのカメラマンでもないし、「写真作品」をつくろうなどという気もさらさらなかったでしょう。カタログではそれを「眼の体力」と表現していますが、どちらにとってもカメラを被写体に向けるということが、そのままレンズの向こうにあるものとのコミュニケーションだったのであり、それはそのまま対象物を見る目線の反映であり、だからこそ構図だの美的感覚だのが入り込んでしまう前にシャッターを押す「体力」が、いちばん大事なことをよくわかっていたのだと思います。

宮本常一と岡本太郎が出会ったのは一九六〇（昭和三十五）年、宮本が編集した雑誌「民話」での座談会の席でした。このふたりに深沢七郎が加わった座談会の記録は、展覧会のカタログにも収録されています。A5判の小型ながら、かなりの数の図版が掲載されているカタログは、素晴らしく充実しているので必見！　その座談会の中で、宮本は「土佐源氏」のもとになった盲目の老人との出会いを、こんなふうに語っています。ちょっと長いですが、引用させてください——。

その爺さんは「残酷物語」にも書いたように八十すぎの本当にしなびてしまった、梅干のしなびたのと同じような、それで目がみえないで、小さい——手のひらにのりそうなそれも破れこけた着物を着て、そしていろりというのが、別にわくがあるわけじゃないんですが、土間で火をたいているんですから。そしてむしろをひいてあるだけでしょう。そしてすわって話してるんですから、目をあけてみるとおそろしく何か貧しい感じがするんです。ところが目をつぶってきいていると、その話というのは実にすばらしいですね。人間というものはこういうものじゃないだろうか。ぼくらがものをみて動く場合には本質的なものをみないで、まず外をみますからね。そうじゃなくて、それをとり去ってしまった本人の中にあるものは、これなんだろうという感じがしたんです。非常に聞いた私自身も胸うたれたんです。それで、出来るだけ一番最下層におる人たちのそういう人たちの話を聞けるだけ聞いてみる必要があるという気がして、その後もそういう人たちから話を聞くようにし、何人もの乞食から話を聞いたことがありますけれど、そういう話はそれ以後ぶっつからないです。ただし、いろいろいい話、それ以外のいい話はたくさん聞くことが出来ました。

「目をつぶって話を聞く」ことで物語や語り手の本質をつかめるのなら、そういうふうに写真を撮ることもできないだろうか。宮本常一の言葉と、彼が遺した膨大な記録写真を見ながら、僕はそんなことを考えてしまいます。もしかしたら岡本と宮本のふたりも、そんなふうに考えながら、脳内の直感と、シャッターを押す指が直結するようトレーニングを繰りかえしていたのかも……などと思いつつ。

しばしば引用される有名な文章ですが、宮本常一は亡くなる少し前に発表した自伝『民俗学の旅』を、こんなふうに結んでいます——。

私は長いあいだ歩きつづけてきた。そして多くの人にあい、多くのものを見てきた。（中略）その長い道程の中で考えつづけた一つは、いったい進歩というのは何であろうか、発展というのは何であろうかということであった。すべてが進歩しているのであろうか。（中略）進歩に対する迷信が、退歩しつつあるものをも進歩と誤解し、時にはそれが人間だけでなく生きとし生けるものを絶滅にさえ向わしめつつあるのではないかと思うことがある。進歩のかげに退歩しつつあるものをも見定めてゆくことこそ、今われわれに課せられているもっとも重要な課題ではないかと思う。

『民俗学の旅』が発表されたのは一九七八年。いまから三十年以上前のことですが、そのメッセージの説得力はいまもそのまま、僕らの胸に突き刺さります。岡本太郎と宮本常一。激動する昭和の時代に、流れにあらがう一本の杭のように古いもの、忘れ去られるものを見つめつづけたふたりの巨人。そのエネルギーを写真から体感していただけますよう。

キース・ヘイリング

2008

死して屍、拾うものあり。

キース・ヘイリングと最後に仕事をしたのは、一九八九年に刊行を始めた現代美術のシリーズ「アート・ランダム」の中で、『エイト・ボール』という作品集を作ってもらったときだった（日本では最近ヘリングという表記が使われているようだが、「ヘリング」じゃニシンだろう）。

無駄に堅苦しい作品集や展覧会カタログがイヤで、大判の絵本のような造本にした、全四十八ページの薄っぺらいハードカバー。値段はレコードと同じにしたくて各千九百八十円。出版元が京都の弱小出版社だったから（それもすでに潰れているが）、まっとうな印税が払えないかわりに、できあがった本を百冊渡す。そして内容は完全にアーティストが自由にできるという、風変わりな条件をおもしろがってくれたキースは、すぐに二十枚の横長の作品と、自分で書いた序文を送ってくれた。僕のほうはそれを訳して、あとは作品を見開きごとに配置していくだけでよかった。

作品は確かニューヨークから郵送してもらったのだが、男性ヌード写真をコラージュに使っている部分があって、ほんの五ミリほどのチンチンが写っているのを成田税関に見つかり、「マジックで塗れば、渡してやる」とか言われて絶句……なんてことをキースと電話で話し合っているときに、「エイト・ボールってどういう意味か、わかってる？」と聞かれたことを、いまもときどき思い出す。

アメリカで盛んなエイト・ボールは、ふたりのプレイヤーが番号のついたボールを突き合って、最後に8番のボールをポケットに沈めたほうが勝ちになる。キース・ヘイリングはそのときすでにエイズを発症していて、それは僕らもみんな知っていたから、余命幾ばくもない自分を、最後のボールに重ね合わせていたのだろうか。

「この本は、一生のうちで真の答を探し求めているときにやってきた。30年ものあいだここで生きてきて、日々はひとつ、またひとつと疑問を投げかけてくるだけに過ぎないような気がする。……知ることは同時に新たな、多くの疑問をもたらす。30年経ったいま、私は最初にスタートしたのとまったく同じ場所にいる」と序文に書いてくれた彼は、本が出た翌九〇年の二月十六日に、たった三十一歳で死んでしまった。

二〇〇八年の今年は、キース・ヘイリングの生誕五十周年にあたる。「昔、ウチにキースのことを書いてましたよね」と、編集部の若い担当者が持ってきてくれたコピーは、「ブルータス」の二周年記念号だった。一九八二年発行の、通巻五十号。いっしょにもらった最新号が六百三十四号だから、そのあいだに過ぎてしまった年月を考えると、気が遠くなる。

キース・ヘイリングは現代美術業界デビューのときから、ソーホーのトニー・シャフラジという画廊と契約してきたが、僕がキースと出会ったのはギャラリーではなくてディスコだった。

八〇年代前半のニューヨークは、いまとは比べものにならない不景気な状況で、街の雰囲気も荒れていたが、だからこそというべきか、音楽も美術も、経済的なプレッシャーの中でものすごく盛り上がっていた。金持ち層の遊び場になっていたアップタウンの〈ステュディオ54〉と、ヒップホップ系(という言葉すら出てきたばかりだったが)が集うダウンタウンの〈パラダイス・ガラージ〉が双璧で、ほかに無数の小さなディスコやライブハウスが、マンハッタンからブルックリン、ブロンクスにかけて点在していた。

〈パラダイス・ガラージ〉ではデビューしたてのマドンナのライブを見た覚えもあるが、キース・ヘイリングもガラージがお気に入りだった。楽屋で全身にキースの絵をペインティングしたグレイス・ジョーンズが、裸体をくねらせながらステージで「ラ・ヴィ・アン・ローズ」を熱唱したこともある。黒人のヒップホップ・キッズに混じった白人のキースは、いまから考えればエミネムのような存在だったのかもしれないが、彼にはヒップホップ・カルチャーともうひとつ、とびきりクリエイティブで元気のよかった当時のゲイ・ソサエティもバックについていた。

画廊や美術館ではなく、ディスコやストリートで出会ったキースのような若いアーティストたちの記事を作ろうと東京に帰ってきて美術専門誌を開いてみたが、まったく無視されている。専門家に聞いて回っても「シリアスなアートじゃないでしょ」と鼻で笑われる。アカデミズムとリアリティのギャップを体感しながら記事を書いていたのが、あれよあれよというまに「ニューペインティング・ブーム」ということになって、キースも幾度も東京にやってくるようになり、アート界のセレブ扱いされかかったと思ったら、もういなくなってしまった。

当時、東京にはキース・ヘイリングに壁画を描かせた建物や、グッズのショップもあったし、京都にも大きな平面作品を飾ったレストランがあったが、いまはどれも存在しない。どこか、ちゃんと見られるところがないのかなと思っていたら、編集者が教えてくれたのが、山梨県小淵沢に去年オープンした〈中村キース・ヘリング美術館〉だった。

山梨県の清里、小淵沢、八ヶ岳一帯は、三つも四つもある絵本の美術館から平山郁夫シルクロード

no regrets

I do not like your poster
because I do not like your
drawing. for example, I do
not like The yellow man
who hase Two noses.
sincerely,
JAy

美術館にいたるまで、大小さまざまな観光美術館の密集地帯だ。作家本人の人生とはかかわりなく、リゾート開発の一環としてミュージアムが成立しているという状況は、世界的に見てもそうとう珍しいのではないかと思うが（デパートが展覧会場になるのと同じくらい）、〈中村キース・ヘリング美術館〉も小淵沢アートヴィレッジという複合観光施設の一部として建設された。

名前が示すとおり、新薬の臨床試験支援企業シミックを創業した中村和男社長が個人資産を投じて開発したアートヴィレッジは、敷地約三万六千平方メートル。美術館を中心に、「源泉掛け流しの露天温泉施設」のリラクゼーションスパ〈クローテル〉、カントリーレストラン〈キースプリング〉、温泉と料理の〈ロッヂ・アトリエ〉、宿泊研修施設〈キャンプ・アミューゼ〉、さらには快適な別荘ライフ、田舎暮らしをサポートしてくれるキースジャパン不動産部まで揃った、リゾート開発プロジェクトである。

開館当初は〈KEYFOREST871228〉という名前で、これは中村社長がアメリカ出張中にキース・ヘイリングの絵に出会った記念日の一九八七年十二月二十八日のことなのだそうだが、現在ではわかりやすく〈中村キース・ヘリング美術館〉と改称されている。

雑木林の中にあらわれる現代建築をデザインしたのは、北川原温。「当初は森の中にキースの作品がちりばめられた」イメージだったのだが、構想を練るうちに「展示空間はあえて周囲の自然の風景や自然光から隔絶された、ひとつの観念的で濃密な回路として構成されていきました」と建築家本人が語るとおり（カタログより抜粋）、屋根部分に赤い弧を配した真っ白な箱は、環境から隔絶されて、異様な存在感を放っていた。

中村氏が収集してきた約百二十点のキース作品のうち、常時六十点～七十点を展示する美術館は、エントランスから受付を抜け、「闇へのスロープ」と名づけられた細長い廊下を通った先の、〈闇〉、〈ジャイアントフレーム〉、〈希望〉という三つの展示室によって構成されている。

〈闇〉という最初の部屋で、暗い中にぼーっと浮き上がる初期の作品群を見ていたら、乱暴に剝がしたか切り取ったかした、黒い紙を貼ったベニヤ板に白いチョークで描かれたシリーズがあった。

僕が出会ったころ、八〇年代初期のキース・ヘイリングのおもな発表場所は、ニューヨークの地下鉄構内の広告スペースだった。映画やコンサートの告知や、いろんな宣伝ポスターが貼られる地下鉄の壁に、ときどき真っ黒な面があって、それは広告スペースが空いているしるしだったのだが、そこにキースはすばやく絵を描いては、駅員に見とがめられる前に電車に飛び乗ったり、階段を駆け上がったりして姿を消していた。ここに飾られているのは、もしかしたらそうした初期の地下鉄ドローイングを、誰か目端の利くやつが剝がして、売りつけたのかもしれない。

アーティストというのは、考えてみれば因果な商売だ。なにかを作るまでは本人のものだが、世に出た瞬間に、それはもう作家の手を離れて、どう煮て焼いて食われようが、文句をつけられなくなる。昔に安値で売り払ったものが、転売を重ねて高値がつくようになったとしても、本人に一銭も入ってくるわけでもなければ、どんなに荒唐無稽な解釈をされようが、どんな場違いな空間に、場違いな飾られかたをされようが、買われた以上はなにも言えなくなる。

「作品なんて、排泄物に過ぎない」と作り手はよく語る。それはある意味、真実なのだが、同時に

「そう割り切ることができたら」という切実な願望の表現でもある。実際のところ、どんな作家でもひとつの作品を売り払うごとに、魂の小さなカケラを売り渡しているのであって、それをお金に換えて生きているのだから。そうやって魂が少しずつ小さくなっていくのを、自分がいちばん意識しながら。

見事に晴れわたった冬の午後、すがすがしい空気に満ちた高原の、ぴかぴかの現代建築の中、美しく清楚な女性スタッフに案内されて、大がかりな舞台の一場面のような展示空間にセットされた作品群を鑑賞しているうちに、懐かしさではなく悲しみの感情が僕の中にわき上がってくる。

高原のリゾートライフも、モダンな現代建築も、ドラマチックな室内空間も、不況時代のニューヨークの底辺をはいずり回り、ようやく抜け出したと思ったら病に斃《たお》れてしまったキース・ヘイリングのライフスタイルとは、あまりに遠い世界だ（温泉だのカントリー調のレストランだの分譲住宅だのは言うに及ばず）。あまりにも、キース・ヘイリングのいた場所と、ここはかけ離れている。

彼の作品はここにあるけれど、彼はここにいない。

誤解しないでほしいのだけれど、僕としてはなにもキース・ヘイリングに魅せられて美術館を開いたコレクターや、よかれと思ってケレン味たっぷりの空間をデザインした建築家を貶《けな》そうとしているわけじゃない。ときとして、鑑賞者が誠実に、真剣に向き合おうとすればするほど、作品の本質はそこをすり抜けていくことがある——そういう、アートが内包する宿命《さだめ》がここで、残酷なまでにあらわになってしまっていることを指摘したかっただけだ。できれば温泉や不動産と、彼の作品を組み合わせてほしくはなかったけれど。

一見とっつきやすい絵柄で、残酷な場面や性的描写にも事欠かないキース・ヘイリングの作品は、往々にして過剰な意味を画面から読み取られようとしてきたと、僕は思うときがある。斃れる直前までペースをゆるめなかった彼にとって、作品を作るとは、ひとつの画面や、ひとりの登場人物にどんな深い意味を込められるのか、ということの追求ではなかったのだろう。そうではなくて、他人がそこにどんな意味を読み取るかというような、解釈という名の雑音から、いかに逃れて、ただただイメージを量産しつづけるか、そういう日常をどこまで送っていけるかの戦いだったはずだ。

切り絵や鉛筆スケッチを、お椀いっぱいのご飯と交換して放浪をつづけた山下清のように、キース・ヘイリングもまた、自分が描いた作品にこだわりをみせなかった（取り巻きの画商たちにとって、それはときとして頭痛の種だったが）。

世界的なスターアーティストになっても、落書き犯のころそのままのフットワークを崩さなかったキース。あるとき東京に遊びに来て、当時僕らがよく通っていた新宿のツバキハウスというディスコで、壁一面に壁画を描いてくれたときがあった。「これは永久保存だね！」とみんなで喜んで、数日後にまた遊びに行ってみると、あるはずの壁画が見事に消えてなくなってる。どうしたの？　と店長に聞いたら「落書きだと思って、店員が消しちゃったんだよね」と、うなだれている。この店ではジャン・ミッシェル・バスキアも壁画を描いて、これまた店員に消されてしまったのだが、そのときは絶句したエピソードが、いま思い出してみると、妙にうれしかったりする。

小淵沢の高原の美術館に、御物のように収まったキースより、新宿のディスコの壁に一瞬あらわれて、汚いモップですぐに拭き消されてしまったキースのほうが、キース・ヘイリングらしいと思ってしまうのは、ひねくれすぎだろうか。

森田一朗

2012

捨てる神と拾う神

捨てられてしまうもの、忘れられてしまうものを集め、記録するようになってずいぶんたつが、その道の大先輩であるひとりが森田一朗さんだ。

森田さんはフリー・カメラマンとして自分の写真を撮るとともに、昔の写真や絵葉書など、明治から昭和にかけてのヴィジュアル・ヒストリーの収集でも知られている。ずいぶん前に(調べてみたら一九九八年だった)、筑摩書房の「明治フラッシュバック」というシリーズで『サーカス』『ホテル』『遊郭』『働く人びと』という四冊の貴重な資料集を出していて(いずれも絶版)、そのテーマの選び方からも森田さんの、街とひとを見つめる目線が伝わってくる。

同じころに森田さんは、朝倉喬司さんなどとともに編集委員となって「マージナル」という雑誌を出していて(一九八八―九四まで全十号)、浅草や山谷のポートレイトや、いかにも場末の哀愁漂うサーカスの情景をモノクロームの写真にしていたのを覚えている。

その森田一朗さんが十二月十日から十五日まで六日間だけ、銀座ヴァニラ画廊で展覧会を開く。それは本人の写真プリントではなくて、昭和四十年代からずっと集めてきた「すてかん」のコレクションだ。

すてかんとは「捨て看板」のこと。足がついている縦に細長いタイプが最近では多くなったが、もともとは通常のポスターを段ボールやベニヤ板に貼ったものを、針金で電柱などにくくりつけた「簡易お知らせボード」的な存在である。

「捨て」というぐらいだから、寿命の短いすてかんは、興行の告知に使われることが多かった。プロレス、コンサート、ストリップ……道端に無造作に、無遠慮にくくりつけられた原色のすてかんが、街の風景の一部として当たり前だった時代が、いまから三十年前ごろまではたしかにあった。森田さんが集めてきたのは、そういう「昭和のかけら」なのだ。

森田一朗さんは一九三九（昭和十四）年、東京品川区荏原に生まれた。七十三歳になったいまも、荏原に暮らしながら森田写真事務所を運営。また奥様の峰子さんは、幕末明治から関東大震災にいたる写真記録の研究者として知られていて、歴史写真資料室の看板を掲げている。

森田さんはお父さんが写真館を経営という環境の中で、小さいころから写真に親しんで育った――。


このへん（荏原）は印刷所や写真館がけっこう多かったところで、うちの実家も森田写真館というのをやってたんですね。それが戦争の空襲で焼けまして、戦後は埼玉の坂戸というところに移ったんです。僕は写真館を継ぎはしなかったんですが、中学校のころから親父を手伝って暗箱の組み立てとかしてました。それがイヤじゃなくて、すごくおもしろかったんですね。

それで写真の学校に進学したんですが、当時通っていた図書館の館長さんにかわいがってもらって、写真に関するいろんな本を読ませてもらったんですが、その館長さんがちょっと共産党かぶれでして（笑）。それでマルクスとか読まされたりして、「いちどは山谷を撮っておかないとダメだ」と言われて、十九とか二十歳ごろに山谷に入り浸って撮影したりしてました。

一九六〇（昭和三十五）年に卒業して、光村印刷という印刷会社にカメラマンとして入社したんです。仕事は本のためのブツ撮りです。版画を撮ったり、茶碗を撮ったり……。しかし昭和三十年代は給料もほんとに安かったですから、仕事とは別に

自分で写真を撮って、それを雑誌とかに買ってもらって、足しにしてましたね。

山谷もそうでしたし、浅草とかの下町を歩き回ったのもそうだし、芝居小屋とかに通ってもいたし。たとえば当時、銭湯で素晴らしい刺青のひとに出会って、写真を撮るようになったんです。そしたら出版社から本にしてほしいと言われて、当時知り合いだったドナルド・リチー（アメリカ出身の日本映画評論家・映画監督）といっしょに『刺青』という本を、デザインもぜんぶ自分でやっ

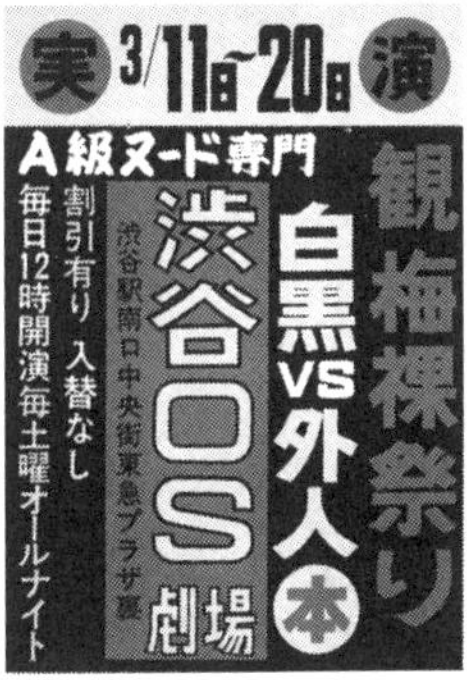

て、一九六六（昭和四十一）年に出したのが、最初の写真集だったかな。

それで光村の仕事と並行して、東京の風景を自分なりに撮るという生活を四～五年やってたんですが、やっぱり仕事だと、きれいに撮ることしかしないじゃないですか。でもそうじゃなくて、人間を人間らしく、俺の見たとおりに撮りたいと思って、けっきょく光村を辞めるんです。だから二十代の終わりごろから、ずっとフリー・カメラマンでした。

それで、すてかんなんですが、昔

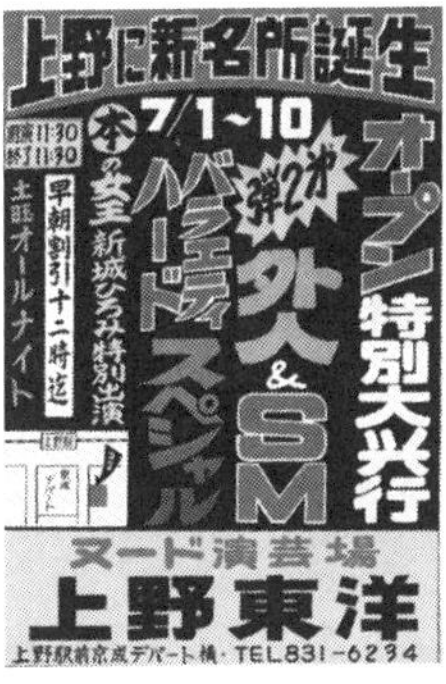

1927-35年(昭和2-10).

67 見世物の太夫(多田興行部)、やまねこ由美。
火吹き芸の都一人者、埼玉県即日6。
1994年(平成6).

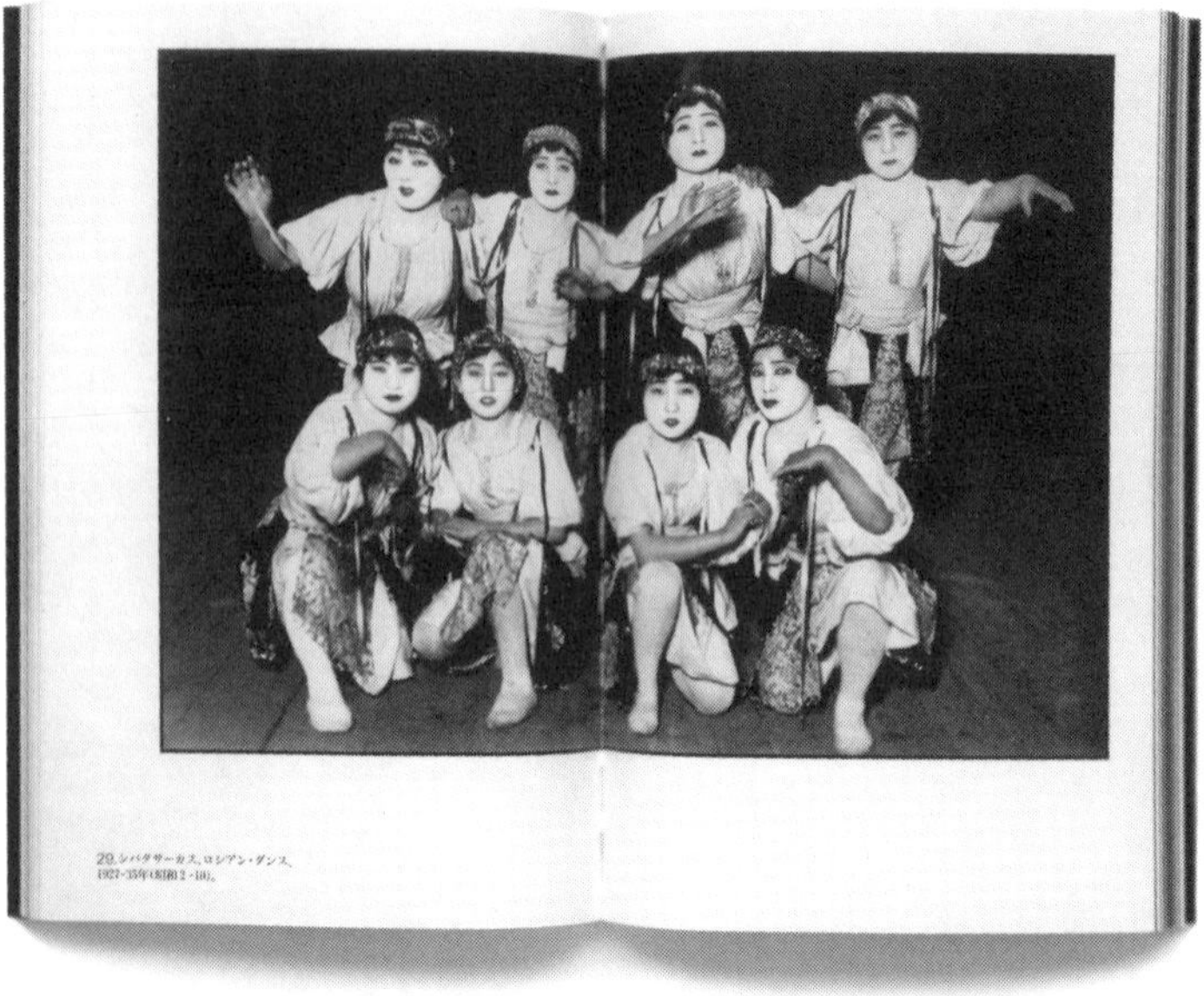

『サーカス』

はあいうのがほんとに、街の風景の一部になってたんですよ。でもあるとき、このままじゃ消えてなくなってしまうなと気がついて、（公演などの）期日が過ぎたものを、クルマで回って集めようと思い立ったんです。

新宿、上野、浅草……看板はいくらでもあったので、どんどん拾ってはうちの車庫に積んでました。いちど、それを見た同僚が「同じものが何枚もあるから、もらってもいいですか」と言って持っていったら、それを売ってクルマを買ったというんですよ。そう聞いて、かえって売るのも展示する気も失せちゃって。だからなんにも使わないままずっと置いてて、今回初めて全貌を見たんです、ほんとに（笑）。

（荏原は）武蔵小山に近いでしょ、女子プロの練習所が目黒にあった関係で、彼女たちが飲んで歩くのが武蔵小山あたりだったんですよね。それで女子プロのひとたちや、いっしょにいた小人プロレスのひとたちとも仲良くなって。小人プロレスラーなんて、歩いてるだけで飛びついてきたりしてましたから。

ストリップの興行してるひとたちとも同じような感じで、「森田さん、あげますよ」って新品をくれたりするんですが、新しいのはあんまりおもしろくない。屋外に飾られて、雨風にさらされて、シワが寄ったやつがいいんです。風景の痕跡がついてないと、つまらないというか。くちゃくちゃになったポスターを見ると、それが貼られてた街のことを思い出すんですね。

自分も印刷所にいたからわかるんですが、この手のポスターはデザイナーなんていたわけじゃなくて、印刷屋が勝手に作ってたんです。「俺がデザインした」なんていうひとは、だれもいない。そういうののほうが、見たときに気持ちをわくわくさせてくれるんですよ。

とても七十三歳というお年には思えない、エネルギッシュな語り口に引き込まれながら、僕はかつてピンク映画のポスターを集めて本にしたときのことを思い出していた。

森田さんの言う女子プロレスやストリップとまったく同じで、そこにはデザイナーなんてひとはだれもいないまま、題名と出演者の名前と写真だけを渡された印刷屋のオヤジが、勝手にポスターを作っていたのだったが、その創意工夫がどれも溜息の出るほど素晴らしいデザインに結実していて、僕に「詠みびと知らず」の美の深さをきっちり教え込んでくれたのだった。

世界中の「デザイナー」たちがフォトショップとイラストレーターというソフトを使い、ローカルならではのフレイバーを決定的に失ってしまった現在だからこそ、いまから三十年、四十年前の、そこらへんの印刷屋のオヤジが、たぶんてきとうにチャチャッと作っただけのポスターが、最高に新鮮で、最高の強度を持ったデザインに見えてくる。

完成度とかとはまったく別の次元にある、とにかく目立ち、とにかく煽るために生み出された配色、描き文字、そしてコピーのテキスト。それはもう、ほんとうに溜息しか出ない、ロックでファンクなテイストなのだが、かといっていま、このテイストを上手に模倣したとしても、それは単なるノスタルジーに過ぎないだろう。

いまこの時代の「印刷屋のオヤジ・テイスト」をどう生み出すか、それが僕らの勝負なのだ。

イメージを読む

『The Nine Eyes of Google Street View』

Jon Rafman（JEAN BOÎTE Éditions）

今年もいろいろな写真集を紹介してきた。影響をうけるのがイヤだから、現役の写真家の本はなるべく買いたくないけれど、写真家でも編集者でもある身としては、どうしても手に取ってしまう本もある。その中で、実は今年いちばんショックを受けた写真集を、今年最後のメルマガで紹介したい。発売は二〇一一年なので、もうご存じの方もいらっしゃるだろうが、ジョン・ラフマン（Jon Rafman）というカナダのアーティストによる『The Nine Eyes of Google Street View』だ。

タイトルが示すとおり、グーグルのストリートビューから拾い集められたショットを一冊にまとめたのがこの本。もともとラフマンがオンライン上で発表し、それが展覧会になって話題を集め、二〇一一年にパリで写真集として発行されたものである。

ストリートビューの画像については、おもしろコレクションのようなかたちで、これまでにもたくさんのサイトがアップされているが、ラフマンが拾い集めたコレクションには、単におもしろがるだけではとうていすまされない、深い余韻をたたえた世界観があり、それが見るものすべてを魅了する。ジョン・ラフマンは一九八一年カナダに生まれ、現在もモントリオールを拠点に活動を続けているアーティスト。アメリカ・シカゴの美術大学で学んだあと、インディペンデント映画の制作に関わるようになった。

二〇〇〇年代中ごろにラフマンは、del.icio.us（デリシャス）というブックマーク（オンライン上のリンク）をシェアするサイトで、たくさんのアーティストたちと知り合い、ネット・サーファーとして深くのめり込んでいく。地域、場所ではなく、ウェブ上で結びついたアートスクールとでも呼ぶべきデリシャスのウェブ空間は、ラフマンいわく「自分にとっての一九二〇年代のパリだった」。それはもちろん、ヘミングウェイが『移動祝祭日』で描いた、ロスト・ジェネレーションによる二〇年代のパリのことを指している。

自身も作品をオンライン上で発表するようになったジョン・ラフマンが、ストリートビューのイメージを集めるようになったのは二〇〇八年から。グーグルがストリートビューの運用を開始した翌年のことだった。

すでにおなじみのストリートビューをグーグルが始めたのは二〇〇七年のこと。地上約二・五メートルの高さにセットされた、九つの眼（カメラ）を搭載した自動車が、世界中の道路を走り回り、十から十二メートルごとに画像を撮影しては、車内に搭載したコンピュータでそれを左右三百六十度、上下二百九十度のパノラマ画像に生成する。現在では自動車のほかに三輪自転車、スノーモービルなど各種の搭載システムを持つようになったストリートビューの「移動撮影装置」は、これまで「7大陸、50か国以上、500万マイル以上を撮影」してきたという（グーグルのサイトより。撮影の舞台裏はこちらのサイトで見ることができる：https://www.google.co.jp/intl/ja/maps/about/behind-the-scenes/streetview/）。

世界各地でピックアップされたストリートビューのショットを集めたり、自分自身でも毎日八時間から十時間をパソコンの前に座るという、苦行のような日々を経て、ラフマンは徐々に独自のコレクションをつくりあげていった。

その成果は二〇一二年になってロンドンのサーチ・ギャラリー、パリのパレ・ド・トーキョーでの個展となって実を結ぶのだが、その際に展示された画像、またここでお見せする画像も、そのほとんどはすでにストリートビュー上に存在しない。

ストリートビューの運用開始当時に、プライバシー侵害を申し立てる声が相次ぎ、写り込んだ顔や自動車のナンバープレートなどをぼかす処置をグーグルが取っていることは、みなさんご存じだと思う。

実はグーグルがストリートビューから取り除いているのは、個人のプライバシーだけではない。たとえば交通事故とか、事件現場とか、道端に立つ売春婦とか……ようするに「あるべきではないとグーグルが考えるもの」は、すべてストリートビューから巧妙に消されているのをご存じだろうか。

だからジョン・ラフマンのイメージ収集作業は、グーグルの撮影車両がなるべく最近、通過したルートをフォローすることから始まった。グーグルが不都合なシーンを削除する前に、撮りたての画像データをダウンロードしてしまう。そうやって、グーグルが「消毒」してしまう以前の、ナマのストリートビュー＝路傍の情景が、このコレクションなのだ。ただし付け加えておくと、グーグルはストリートビューの映像を芸術的目的に使用する場合、なにもアクションを取らないと公言していて、ラフマンのもとにも問い合わせは来ていないという。

地上から二・五メートルの高さの目線で、九つの眼によって捉えられた、五百万マイル＝八百万キロ以上に及ぶ路傍の情景。そこにはありとあらゆる日常がある。事件があり、事故があり、退屈があ

り、喜びと悲しみがあり、恐怖があり、怒りと絶望があり、孤独がある。解像度を抑えられた画像のざらつきが、風景にひそむそうしたニュアンスを、さらに押し上げているようでもある。

カルティエ゠ブレッソンの「決定的瞬間」もあれば、完璧な風景画もある。マーティン・パーの「退屈な絵葉書」そのままに退屈な世界もあり、ジェフ・ウォールのような写真絵画もあり、ウィージーのような事件写真もある。どんな写真家でも達成できない、究極のストリート・フォトグラフィが、ここにある。

ここにはすべてがあって、しかし「作為」だけがない。なにがあっても止まらない（のではないかと思わされる）グーグル車のドライバーと、自動的に写真を撮りつづけ、パノラマ画像を生成しつづけるデジタルカメラがあるだけだ。それが緑なす風景であろうと、血なまぐさい事件現場であろうと、まったく分け隔てなく、優劣もつけず、いかなる意味を持たせることもなく。ただ無作為に、無感情に、無慈悲に、無感動に。

作為のないつくり手が、永遠（と思えるほど）に生み出しつづける、人生という作為に満ちた断片の集積と、電子世界に構築しつづけるリアルな世界。それは恐ろしく魅力的でありながら、同時にすべてのアーティストに恐ろしい無力感を突きつけもする。すべてを記録し、消毒した上で、万人にアクセス可能な情報として提供しようという、グーグルの壮大な野望。その証としてのグーグル車の九つの眼、それはもしかしたら二十一世紀が生み出した、新たな神の眼なのかもしれない。

そしてまた、この新たな神は、貧者に不公平な神でもあることも忘れてはならない。息を呑むような自然があり、退屈な郊外があり、警官と犯罪者がいる市街地があり……しかし圧倒的な確率でストリートビューが捉えるのは、「ストリートにいるひとびと」だ。大邸宅の高い塀や、高層ビルのオフィスや、スモークガラスの高級自動車のなかにいるひとびとではなく。

道路を運転するのではなく、歩かなくてはならないひとびと。バスを待たなくてはならないひとびと。炎天下で汗を流さなくてはならないひとびと。肌もあらわな格好で道に立って、商売しなくてはならないひとびと。

そういう人間たちが織りなす無数の、無言のドラマによって、ストリートビューは成り立ってもいる。それはバルザックの人間喜劇を地球規模に拡張したものにも見えるし、永遠に終わりのないロードムービーにも、現世と天国のあいだにあるという二十一世紀的な煉獄にも見える。そうしてそれはもちろん、グーグルのせいではなくて、僕らの世界が抱える、ほとんど解決不能な問題そのものでもある。

ジョン・ラフマンの『ナイン・アイズ』はいまも続行中のプロジェクトだ。特設サイトには「九つの眼の神」による新作がアップされつづけているので、ぜひご覧いただきたい。

2013

『Gentlemen of Bacongo』

Danielle Tamagni（Trolley Press）

モンマルトルの丘の南側の麓にあるのがマルシェ・サンピエールだが、丘の北東側にあるメトロ・シャトールージュ駅の一帯は、アフリカ人コミュニティが広がっている。

七月末のある日、ダニエル・タマーニと僕はロンドン・サウスケンジントン駅で待ち合わせた。前日に展覧会を終えたばかりの彼は、その日の夕方の便でミラノに帰る直前だったし、僕のほうはそのとき滞在していたパリから、たった一泊の慌ただしいロンドン出張の最中だった。

次の予定に向かうダニエルに付き合って一緒に地下鉄に乗りながら、ロンドンのギャラリーで開かれた展覧会のことや、次のプロジェクトのこと、そしてなによりアフリカのことを、彼は話してくれた。

イタリア人の写真家であるダニエル・タマーニは、もともと美術史を専攻していたが、数年前から写真の世界に身を投じ、当時住んでいたロンドンや、パリのアフリカ人コミュニティにとりわけ興味をもつようになった。

二〇〇六年、もとはフランスが宗主国だったコンゴ共和国を旅した彼は、首都ブラザヴィルで、異様なまでにスタイリッシュに着飾った男たちと出会う。それはフランス語で「サプール（sapeur）」と呼ばれる、ヨーロッパ的なダンディズムを中央アフリカの地で体現した、ダニエルにとってまったく未知のグループだった。

一九二〇年代を舞台にした映画でしか見られないような、おそろしくエレガントなアフリカン・ダンディ。しかし彼らの暮らす環境はエレガンスからはほど遠い劣悪なものだったし、所得も本来ならそんなファッショナブルな洋服など買えるはずもない水準だった。

サプールのスタイルに、さらにそのライフスタイルに魅了されたタマーニは、翌二〇〇七年から二年間にわたってブラザヴィルに撮影行を重ね、二〇〇九年にロンドンの出版社から『Gentlemen of Bacongo』と題した写真集を発表。これが世界的に大評判となって、彼の名前は一挙に知られるようになった。ちなみに「ボコンゴ」とはブラザヴィル近郊の町で、コンゴ共和国のサプールたちの中心地とみなされている。

サプールとは「SAPE（サップ）」＝Société des Ambianceurs et des Personnes Élégantes、訳せば「エレガントでお洒落なひとたちの集団」に属する者たち。

ときには月収をはるかに超える服装を身につけ、穴だらけ、ホコリだらけの道路と、スラムのように貧弱な住宅が密集する街を、超然とした足取りで闊歩するサプール。「サポロジー」なる哲学というか、行動規範まで編み出している彼らにとって「サプールたること」は、単に高価な衣服を自慢することではない。

「三色より多い色数を身につけないこと」といった着こなしの約束事に始まって、エレガントな歩き方、きれいな話し方、マナーを重んじる生活態度にいたるまで、「ジェントルマンであること」が、サプールにはなにより重視される。ダニエル・タマーニがブラザヴィルやボコンゴのストリートで捉えたサプールたちは、その「サポロジー」を見事に体現しているが、しかし十九世紀末のロンドンでも、ベルエポックのパリでもなく、現代のアフリカでなぜ「ジェントルマン」なのか？

中央アフリカに巨大な国土を持つコンゴ共和国は、もともと東隣のコンゴ民主共和国と、さらに南に隣接するアンゴラの一部を含めたコンゴ王国だった。それが十六世紀にまずポルトガルに征服され、さらに十九世紀になってフランス領（現在のコンゴ共和国）と、ベルギー領（現在のコンゴ民主共和国）とポルトガル領に分断されてしまったのだった。

一九六〇年にベルギーから独立しザイールという新国家を樹立、しかし六五年から九七年まで独裁政権としてモブツ大統領が君臨したコンゴ民主共和国（モブツ失脚後に国名変更）。同じ六〇年にフランスから独立したものの、一九九〇年代を通した長い内戦によって国土が疲弊したコンゴ共和国。過酷な時代にあった両国で、西欧的な感覚からすれば退廃の極みであるような「サプール」が生まれてきたことが、非常に興味深い。

サプールの起源は一般的に、十九世紀末に当時のフランス領コンゴに生まれ、一九二〇年代にパリで生活した社会運動家アンドレ・マツワにあるとされている。

マツワは黒人差別反対運動などをすすめたことで逮捕、二〇年代末にコンゴに強制送還され、投獄、死亡するのだが、その死はフランスの植民地支配に対する殉教とみなされ、死後にマツワを崇める宗教運動にまで発展した。そのアンドレ・マツワがパリからコンゴに帰国するとき、アフリカの伝統的な民族衣装ではなく、当時のフランスふうのエレガントな洋服で故郷の土を踏み、それが多大な影響を与えたとされている。

しかしもう少し現代に近寄ってみれば、ザイールが誇るリンガラ・ポップの帝王パパ・ウェンバの名を、ダニエル・タマーニも挙げている。当時のモブツ独裁政権下では、「アバコスト」と呼ばれる独自の国民服を着用するよう政府はザイール国民に強要したが、パパ・ウェンバはこれに公然と反抗し、音楽のみならずザイール・サプールのファッション・リーダーとしてもリスペクトされてきたという。

コンゴ共和国のサプールたちにとってはパリが、ザイール（コンゴ民主共和国）のサプールたちにはブリュッセルが憧れのファッション・メトロポリスであり続けたわけで、冒頭に挙げたパリ・シャトー・ルージュ駅周辺には、コンゴのサプールを彷彿とさせるデコラティブなデザインのメンズ・ファッション店がたくさん見つかる。パリで働くコンゴ人にとっては、ここで最新ファッションを誂えて、故郷に帰るのがひとつのステイタスになっているようだ。

もちろん、こうしたサプールの存在を快く受け止めないひとびともいる。アフリカ人なのに伝統の衣装ではなく、西欧のファッションを意気がって（粋がって）身につけるのは滑稽だし、伝統文化を軽視するという考え方だ。しかも、身の丈にまったく合わない高価な製品を。

東京にやってきた日本文化好きの外国人が、なぜ日本人は着物を着ないのか、とかファッション評論家が「ヴィトンやグッチのような高級ブランドは、そもそもヨーロッパの上流階級が身につけるものです」などと、したり顔で説教するのに、それはよく似ている。

でも、そういうことよりもむしろ、彼らサプールにとって、いささかグロテスクなまでにアナクロなファッションに生活を捧げることは、単にお洒落だとか、女にモテたいとかではなく、ある意味では閉塞しきった社会に対する反抗のスタイルなのではないか。たとえばロンドンで五〇年代のテディボーイがそうであったように。七〇年代のアメリカの黒人ピンプ（女衒）がそうであったように。

とてつもない収入格差と、腐敗した政治と、どうしようもない生活環境のなかで生きることを強いられてきたサプール（コンゴではなくパリやブリュッセルに暮らすサプールたちだって、ありつける仕事はいわゆる三Kがほとんどだ）。その原因の大元は当然ながら帝国主義時代のヨーロッパにあるわけだが、そういう彼らが、いまでは本国ヨーロッパでも着ないようなファッションにあえて身を包むとき、それはなによりアナクロニズムという、強力な反抗の武器となる。そうしてサプールのほとんどが男性だという事実を知ると、閉塞した武家社会に奇抜で派手派手しい衣装によって反抗を試みた、四百年前の我が国の傾奇者《かぶきもの》たちを想起せずにはいられない。

アメリカの一九二〇年代を体現したジェラルド&セーラ・マーフィ夫妻の生き様を描いた、『優雅な生活が最高の復讐である』という有名な本がある（カルヴィン・トムキンス著）。そのなかで彼らは、人生には不幸な出来事も悲劇もあるが、そういう手の出しようのない現実よりも、

自分たちは自分たちのつくりだしたなにか、自分たちがこころを傾けるなにかのほうが、人生には大切なんだ、というようなことを言っている。まさに、どうしようもない現実に「優雅な生活」という復讐の刃を突きつけるサプールのライフスタイルは、一見倒錯的なようでいて、実はきわめてアグレッシヴなメッセージを発しているのかもしれない。

サプールを取材した多くの記事には、「サプールにとってファッションはアートなんだ」という発言がよく登場する。パパ・ウェンバの後継者としていまや人気ナンバーワンのアーティストであり、ヨージ・ヤマモトを愛好する伊達男としても知られるエメネヤ・ケステールの言葉を、ここでは引用しておこう——「洋服を発明したのは白人かもしれない。でも、洋服をアートにしたのは俺たちなんだ」。

ロンドンで開かれたタマーニの展覧会は「グローバル・スタイル・バトル」と題されていた。展示されたプリントにはブラザヴィルのサプールはもちろん、アフリカ人のヘヴィメタル、キューバのグラムロッカー、「フライング・チョリータス」と呼ばれるボリビアの女プロレスラーなど、さまざまに変容を遂げる西欧的スタイルのダイナミズムが捉えられていた。

パリのコレクションと、それを取り巻くメゾンと、さらにそれを取り巻く高級ファッションメディアの影響力が消滅しかかっているこの時代に、こんなふうに世界のあちこちでファッションがダイナミックに動いていることを知るのは、すごく勇気づけられる。同時に日本にも、銀座でも表参道でも原宿でもないどこかに、うごめいているなにかが、かならずある気がする。

2013

『隣人。38度線の北』

初沢亜利(徳間書店)

去年末、北朝鮮を撮影した写真集が出版された。タイトルは『隣人。38度線の北』。撮影したのは初沢亜利《はつざわあり》という日本人のカメラマンだ。

北朝鮮の写真と言われただけで、思い浮かぶイメージはいろいろあると思う。でもこの本のなかにはボロボロの孤児も、こちらをにらみつける兵士も、胸をそらした金ファミリーの姿もない。

そもそも隠し撮りではなく、真っ正面から撮影されたイメージは、遊園地でデートする若いカップルであったり、卓球に興じる少年であったり、ファストフード店で働く女性や、海水浴場でバーベキューを楽しんだり、波間に寄り添う中年夫婦だったりする。言ってみればごくふつうの国の、ごくふつうの日常があるだけで、でもそれが他のあらゆる国でなく、「北朝鮮」という特別な国家のなかで撮影されたというだけで、この本は特別な重みをたたえている。

書籍にしても、新聞やテレビのマスコミにしても、北朝鮮という国を日本で語ろうとするとき、そこにはつねに極端なバイアスがかかってきた。植民地の歴史があり、拉致問題があり、独裁国家という現実があり……僕らがこれまで見せられてきた北朝鮮のイメージには、かならずと言っていいほど憎悪と恐怖のベールが被せられてきた。

物理的にも精神的にも日本と北朝鮮のあいだには、韓国や中国に対するのとはくらべものにならない緊張感がある。でも、そんな北朝鮮にも当然ながら日常生活はあるはずだ。二千四百万人あまりという北朝鮮人の、すべてが抗日・好戦意識に満ちあふれた戦士ではあるまいし、すべてが一部の特権階級と極貧のその他大勢であるわけもない。

アメリカという国が嫌いでも、アメリカの映画や音楽が好きなひとはたくさんいる。韓国や中国の対日感情に反発しても、韓流ドラマや焼肉や中華料理がないと生きていけないひとは、たくさんいる。もうひとつの隣国である北朝鮮を、そういうふうに僕らはどうして見られないのだろうか。そういうふうに見られる日は、いつか来るのだろうか。

これだけの数の人間が暮らす場所で、毎日無数に繰り返されているはずの、ごくふつうの日常。そちらのほうに目が行くジャーナリストはこれまでたくさんいたはずなのに、北朝鮮という国に限っては、なかなかそれが見えてこなかった。

その意味で本書は日本からいちばん近い国のひとつである北朝鮮を、仮想敵国ではなく「隣人」として眺めるチャンスを与えてくれる、とても貴重なツールになるはずだ。なぜならそれが北朝鮮であろうが、韓国や中国であろうが、武器を取って殺し合うのではなく、好きになったり嫌いになったりしながら付き合っていく選択しか、僕らには残されていないのだから。

二〇一〇年から一二年にかけて四回、計一ヶ月近くに及ぶ訪朝で得られたイメージの集成。それは「だれもやらないから、自分がやるしかなかった」と立ち上がったひとりのフォト・ジャーナリストの、勇気と情熱の結実である。

僕は生まれてから六歳までパリにいたんですね。一九七〇年代の、まだサルトルがモンパルナス界隈を歩いてたような時代でした。そこでずっといればよかったんでしょうが(笑)、まず母国語をきちんと習得すべきという両親の教育方針で、日本に帰ってきたんです。それからはずっと、東京の青山です。

子供のころは……写真とか美術じゃなくて、合唱に夢中でした。小学校一年から児童合唱団にいて、そこからオーディションに出るようになって、子役として活動したり。青山劇場のこけら落としや、ピノキオの映画の、吹き替え版のピノキオ役もやったり。合唱と同時にピアノも習ってたので、将来はオーケストラの指揮者になりたかったですね。

でも、迷ったけど音大には進まなかったんです。たとえばピアノの練習はすごく厳しい。イヤなんだけど、それを楽しんでるひとたちもいる。そういうひとたちを見ていると、やっぱり自分の情熱の足りなさとか、どうしようもない声や体格の能力差とかに気づいてくるんです。

それで大学は上智の社会学科に行きました。当時は東大社会学科のいちばん華やかな時代で、宮台真司とか吉見俊哉とか。そこでふらふらしながら六年間在学しまして……(笑)。

やっぱりサラリーマンにはなりたくないし、サラリーマンになることを強いられる家庭環境でもなかったし。大学の最後の二年間は、東京から離れた場所に身を置いてみたいと思って、川越の家賃三万五千円のアパートに住んで、アルバイト生活してました。

大学四年のときに写真部に入ったんです。写真を見ることは前から好きだったんで、父親からニコンのFM2を借りて撮りはじめたら、けっこうおもしろいなと。

そのサークル自体も、みんなで盛り上がるというよりも、それぞれ個人的に写真を撮っては暗室に籠もる、という感じだったので、二年間でずいぶん濃密な写真の勉強の時間になりました。

卒業のときにニコンサロンで個展を開くんですが、それが太陽賞にノミネートされまして。『Tokyo Poésie』というモノクロの作品で、荒木経惟さんにすごく褒められたんです。

ただ、最低限の技術は習得しておかないとと思って、半年間だけ撮影スタジオのスタジオマンになりました。二十四歳だったんですが、そのとき同時に東京新聞で週一回、写真とエッセイの連載を始めることになったんですね。飲み屋であった大学の先輩からもらった話なんですが

(笑)、完全に無名だったのに大抜擢ですよね。その連載は百五十回続きました。

そのあと、今度はヤマグチゲンという天才肌の写真家のアシスタントを、やっぱり半年ぐらいやって。なにかを覚えたいから、期間を区切って修業するという感じなんでしょうね。基本的に、ひとの下で働くのはイヤな性格なので……。

『Tokyo Poésie』の二年後には、やっぱり東京のスナップ写真をまとめて『humanité』(ユマニテ)というシリーズをつくります。当時はバブルも完全に終わってましたし、まったく元気も魅力もない、まるで興奮材料のない、それでもひとびとが生きているという東京の街を撮りたかったんです。

フリーのカメラマンとして働き始めたのは二十七歳からですが、やってたのはインタビューもののポートレイトとか、クルマ雑誌とか、そういうのが主でした。で、二〇〇三年ですが、急にバグダッドに行くことになるんです。

きっかけは新宿ゴールデン街の店で、たまたま隣で飲んでた一水会代表の木村三浩さんに、反戦運動のために三十人ぐらい日本人を連れてバグダッドに行きたいんだと話されて。カメラマンも連れて行きたい、できたら報道系じゃないひとがいいんだけど行く?と聞かれて、日々の仕事がマンネリ化してたので、じゃあ行きます!って。戦争が始まる三週間前でした。

そのとき撮った写真はアサヒカメラに掲載されたんですが、戦争が終わったら、どうしてももういちど行きたくなって、死にそうな目にも三回ぐらい遭いましたが、なんとか帰ってきて写真集になりました(『Baghdad2003』)。

そのときもそうだったんですが、まあ社会派ではあるんだけど、その前に写真家であるという。ただ戦争を撮るんじゃなくて、戦争のある日常を撮りたかったんです。

バグダッドのあとはまた、いつものエディトリアル仕事をしながら、『東京午前5時、200人のポートレート』というシリーズに三年ほど取り組みました。これは午前四時半~五時に限定して、道行くひとたちに声をかけて写真撮らせてもらうというプロジェクトです。ひとつの時間に、それだけの数の人間を集めたら、東京という場所のひとつの側面を表現できると思ったんですが……その時間って、だいたいみんな機嫌が悪いんですよね(笑)。千人ぐらい無視されましたから。それでやっと二百枚集まって、二〇〇七年に展覧会を開いたんです。いつか写真集にしたいんですが。

で、北朝鮮ですが、北朝鮮報道ってずーっと極端に批判的だったじゃないですか。どうしてニュートラルに伝えるものがないんだろうと思ってて。それで、だれもやらないんなら自分が、と二〇〇三年ぐらいから考えてたんですが、バッシングが強すぎる時期に撮影しても、写真集になる可能性は低いだろうなあと。それで日朝平壌宣言（二〇〇二年、小泉首相の電撃訪朝に際して金正日とのあいだで調印された）から十年の節目になる、二〇一二年に写真集にしようと企画して、朝鮮総連に企画書を持っていったんです。

ふつうは観光とかで入国して、なんとか監視の目を盗んで、いわゆる北朝鮮っぽい写真を撮るって感じですよね。でも、撮り逃げしたら次は入国できないし、相手側の信頼も得られないじゃないですか。それが大マスコミならともかく、フリーの人間までそういうアプローチばっかりなのは、なんかおかしいなと。それで僕は真っ正面から正攻法で行こうと決めて、総連に話を持っていったんです。

本のなかでその経緯は詳しく書きましたが、撮影を繰りかえしながら相手側の信頼も増していきましたし、旅費はぜんぶ自腹で、写真集になるまで撮った写真はどこにも出しませんでした。そういう姿勢が、相手のこころを開いてくれたんじゃないかと思ってます。

だからできあがった本を見せたときも、朝鮮総連の反応はすごく好意的でしたね。ただ、韓国人の反応は正反対で。僕らの想像を絶するぐらいの嫌悪感を北朝鮮に抱いてますから。北朝鮮のことなんか、見たくもないという感じで……。いちど、赤坂の高級韓国クラブに連れてってもらったことがあって、そこでよせばいいのに「いま北朝鮮の写真を撮ってるんだ」なんて、女の子にしゃべっちゃったんですね。そしたら急にサーッと引かれたというか。そのあと営業の電話もぜんぜんかかってきませんでした（笑）。

初沢さんによれば、『隣人。』の最初のインタビューは産経新聞だったという。「産経読者のような、反北朝鮮派のひとたちのほうが、かえって関心を持ってくれるのかもしれませんねえ」と興味深げだ

ったが、ニュースで繰り返される「不気味な国家」としての北朝鮮と、本書に収められた、ほんの少し前の日本と言っても違和感のないようなアジアの日常生活。そのギャップが、そのまま北朝鮮という国の奥深さなのかもしれない。

『隣人。』にこれからかならずついて回るのは、「こんなのはごく一部の特権階級の生活にすぎない」とか、「北朝鮮の広報戦略に踊らされてる」という批判だろう。でも『隣人。』に収められた写真は、映画のセットじゃない。あの国のあちこちに、現実として存在し、日々営まれている生活の断片だ。そのリアリティをあわせて呑み込まないかぎり、北朝鮮という僕らの「隣人」をまっすぐに理解することは、決してできないはずだ。

ちなみに出版社によれば、本書は朝鮮総連を通じて金正恩にも贈呈されるのだという。日本人全員が北朝鮮のひとびとを（国家ではなく）憎しみの目で見ているわけではないということが、日本の読者だけでなく、なんらかのかたちで北朝鮮にも伝われば、それは素晴らしいことなのだが。

『ODO YAKUZA TOKYO』

Anton Kusters（ZABROZAS）

自費出版だというその写真集の噂を聞いたのは、二〇一二年の初めごろだったと思う。Amazonなどの通販サイトには出まわらず、本人のウェブサイトから直接注文するしかないと知り、ベルギーの振込先にPayPalで送金、数週間後に届いたのが『ODO YAKUZA TOKYO』という大判の写真集だった。

「ODO」とは「桜道」のこと。そして「YAKUZA」と「TOKYO」はもちろん……これはベルギー人の若き写真家アントン・クスタースが新宿歌舞伎町で活動する、ある組の日常を撮影した写真集なのだ。「YAKUZA」という、とりわけ外国人にとってはもっともミステリアスな日本文化の一側面に深く寄り添いながら、あくまで客観的にその姿を捉えることに成功した、きわめて稀な作品である。おそらく外国人が、ここまで日本の極道社会に入り込んだ例はこれまでなかったろうし、こんなふうに「YAKUZA」を捉えた日本人カメラマンも、ほとんどいなかったはずだ。

『ODO YAKUZA TOKYO』は限定五百部の初版が二〇一一年六月にベルギーで発売され、口コミのみで一ヶ月足らずのうちに完売。同年十一月に第二版が二千部作成されたが、それもすでに完売だという。そのアントン・クスタースは今年、ベルギーのヒェンク、シドニー、ローマ、そして十一月には故郷に近いリエージュでYAKUZA写真展を開催。運良くリエージュでの展覧会に間に合ったので、展覧会場となった美術学校のカフェテリアで、大判のプリントを眺めながらゆっくりお話を聞くことができた。

アントン・クスタースは一九七四年生まれ。今年三十九歳だが、写真を始めたのは三十代になってからという遅いスタートの写真家である。

生まれたのはベルギー東部の要都リエージュ（サッカーファンには川島永嗣が所属するスタンダール・リエージュでおなじみ）から四十キロほどのHasselt（アサールト）という町。もともと写真家を目指したわけではなく、進学したルーヴェンの大学では政治学を専攻したが、地元のアートセンターに夜間の写真クラスがあり、「母からもらったカメラを持ってたので」、そこで現像引き伸ばしなど写真の基礎を学んだという。ただ、そのころは風景などを撮りながら「ストーリーということを考えず、一枚の完璧なイメージばかりを追っていて、うまくいかなくなって、自然に写真から遠ざかるように」なっていった。

父母の仕事関係でクスタース一家は、ベルギーからサウジアラビア、オーストラリアと世界各地で暮らしてきた。幼いころからさまざまな異文化にさらされてきた彼には、それが当然ながら大きな影響を及ぼすことになるのだが、大学を卒業したクスタースが選んだ道はウェブデザイン会社の立ち上げ。数人でのささやかなスタートだったが、設立から一

週間したところで起きたのが二〇〇一年九月十一日のアメリカ同時多発テロ事件――「いきなり大不況で、最悪のスタートでした（笑）」。

みずから立ち上げたウェブデザイン会社の切り盛りで多忙を極めていたクスタースに、転機が訪れたのは二〇〇五年のことだった。アサールトの美術学校夜間部に入学し、写真に再挑戦することを決意。そして「四年間の授業だったけど三年ですっかり飽きてしまって、そのとき何気なく受講したワークショップが、僕の人生を百八十度変えたんです」。

マグナム所属の写真家として知られるカリフォルニアの写真家デヴィッド・アラン・ハーヴィー（ナショナル ジオグラフィックなどでの仕事のほか、世界各地で講義やワークショップを精力的に開催して若手の育成に尽力している）が、アサールトでワークショップを開き、二〇〇八年に参加したクスタースは、ハーヴィーの助言や励ましによって写真への新しい情熱をかきたてられる。講師と生徒から友人になったふたりは、同じ二〇〇八年に新しい写真発表のメディアとしてウェブ雑誌『burn magazine』を共同創刊。クスタースはそれまでのウェブデザイン会社経営を続けながら、しだいに写真に費やす時間を増やしていった。

アントン・クスタースには二〇〇〇年から東京で暮らす弟マリクがいる。写真家になって初めての本格的なシリーズとなる「ODO YAKUZA TOKYO」は、二〇〇八年に弟を訪ねて東京へ遊びに来たときの、小さな偶然がその端緒になった――。

東京に来ても、なにを撮ったらいいかとかぜんぜんわからずに、あるとき弟の行きつけの、歌舞伎町のバーでビールを飲んでたんです、ふたりで。そしたらすごく仕立てのいいスーツをきちっと着こなした男性が、ふらっと入ってきて、マスターやお客さんと気軽に言葉を交わして、さっと出ていったんですね。それがとても印象的だったのでマスターに聞いたら、このあたりで幹部のヤクザだって教えてくれて。それまで自分がなんとなく持っていたヤクザのイメージとあまりに違ってて、それですごく興味を持って、撮影できないかってマスターに仲立ちしてもらってお願いしたんです。

でも、もちろん最初から良い返事はもらえませんでした。あちらとしては、よくある新聞かなにかのルポだと思ったみたいで。そうではなくて写真集と展覧会を目的にしたアート・プロジェクトなんだと説明して、何度も会って話してるうちにようやく、ただの報道じゃないとわかってもらえて。結局、交渉には十ヶ月ぐらいかかりました。で、それから二年ぐらいかけて撮影させてもらったんです。

すぐ動けるように機材は最小限で、しかもストロボを使えない場合がいっぱいあるでしょうから、ライカM9にズミルックス35ミリF1・4のレンズをつけたのと、パナソニックのルミックスLX3の二台だけ。あとは名刺をいっぱい（笑）、バッグに入れて持ち歩きました。

ただ、最初のうちはどう振る舞っていいのかわからず、非常に緊張しました。特にああいう世界では言葉ではなく以心伝心で事が運ぶので、それに慣れるのにとても時間がかかったというか……。いつ撮っていいのか、いつ撮ってはダメなのか、言葉ではなく雰囲気や状況で察知できないとならない。それで、撮りたいなと思っても前に出ていけなかったり。でもそういうナーバスな態度が、逆に彼らには腹立たしかったようで、「写真を撮りに来てるんだろう、プロらしく動け！」と言われて、それから意識して積極的にふるまうようにしたんです。

そういえば交渉しているときに、幹部にアートにすごく造詣の深いひとがいて、事務所でコーヒーを飲みながら見せてくれたのが、渡辺克巳の新宿の写真集だったりしました（渡辺克巳は伝説的な流しの写真家として、新宿のストリート・シーンを記録し続けた、二〇〇六年死去）。

こちらも「写させていただく」のではなく、対等な関係でいたかったので、とりあえず好きなように撮らせてもらって、それをかならずぜんぶ見せるようにしてたんです。毎週のようにヨドバシカメラでプリントしたのを持っていって、「これは使ってもいい」「これはダメ」と見てもらってたんですね。そういう積み重ねが、少しずつ信頼感を生んでいったんだと思います。

いまは禁止されてるようですが、撮影した当時は組員が揃って、きちんとスーツで夜の街を歩いて回る「見回り」があって、それについて歩くのがまず、最初のスリリングな体験でした。別にだれかを脅したり、暴力を振るったりとかはぜんぜんなくて、ただ挨拶されて、挨拶を返して。それだけで、クリスタルクリアーなメッセージがさーっと広がっていくというか。

たしか最初に歌舞伎町で撮影した夜でしたが、ただのサラリーマンみたいなひとがふたり、僕に近寄ってきたんですね。ニコニコしながら「写真、見せてくれませんか」って言って。そしたら案内してくれてたヤクザのひとが、すっと離れていくのが目の端に写って。それで、こっちに目で合図してるんです——「私服刑事だから気をつけろ」って。それで僕も「ツーリスト、ツーリスト」とか、わけわからない外人のふりしながら離れていったら、追ってはきませんでしたが……。

二〇〇九年から撮影を続けて、二〇一〇年でしたが、お世話になった組のボスのひとりが倒れて危篤状態になったんです。僕はそのときベルギーに帰っていたんですが、もう取るものもとりあえず飛行機に乗って、新宿に駆けつけて。病室に行ったら親分がベッドに寝ていて、すでに昏睡状態だったんですが、まわりのひとにすすめられて親分の手を取りながら、話しかけてみたんです。聞こえてるのかどうか、わかりませんでしたけど。そのときに「親分」とか「ヤクザ」とか言われて特別視されるひとたちの、すごく人間的な一面を見れた気がしました。

三日間病院に通って、三日目の深夜に親分は息を引き取りました。そのまま葬儀までずっと付き添って、骨を拾うところまで撮影させてもらって。そのときの写真のほとんどは、いま発表するにはあまりにもプライベートなものですが、もしかしたら、時が満ちればそういう写真にも、それなりの場所が見つかるのかもしれません。

そんなふうにして二年間で二万カットぐらい撮影しました。それを三百くらいに絞って、さらに九十二枚を選んで写真集にしたんです。どこから依頼があって、とかではなかったですから、日本に来るのも、撮影を続けるのも、写真集をつくるのもぜんぶ、自費でした。写真集をつくるのすら初めてでしたから、デザ

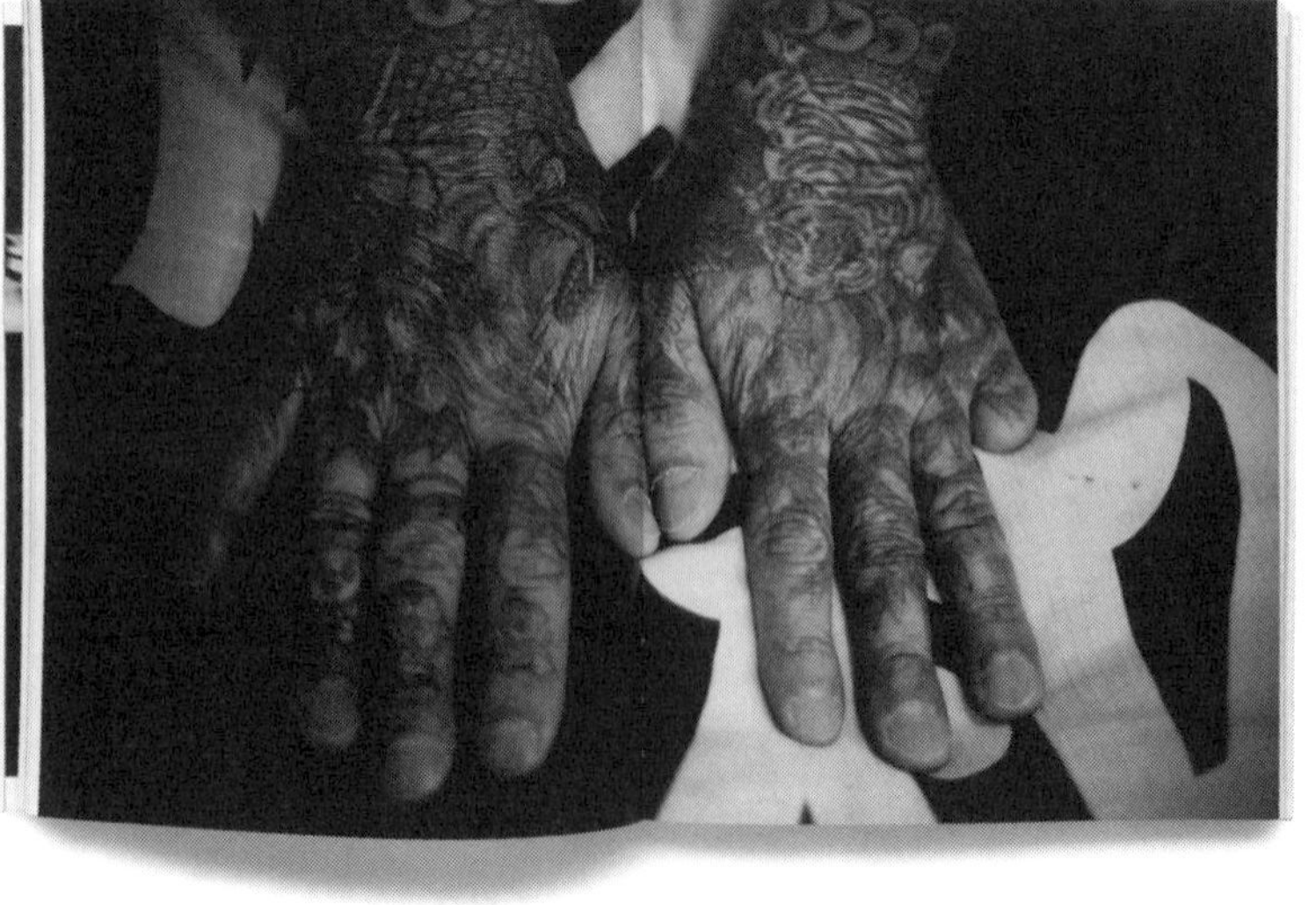

インから紙の選択まですごく考えて。出版社とのコネもなかったし、経験もノウハウもぜんぜんなかったし……。
それでデヴィッド（アラン・ハーヴィー）が序文を書いてくれて、burn magazineにインタビュー記事が掲載されたのもあって、最初の五百部は一ヶ月足らずで売り切れてしまいました。そのときになってようやく、達成感のようなものが味わえたんですが、ぜんぶ口コミですから、びっくりで。でもその売り上げで、それまでの旅費とか制作費の出費がカバーできたし。出版社から出せたとしても、五百部の印税じゃあどうにもならないですよね。だから、最初にお金はいるんだけど、こうやって自主制作したほうが、自由はあるし、大儲けできなくても気持ちいいなと。

リエージュの美術学校と、廃駅になった地下空間を使った超おしゃれなイベントスペース／クラブの「ル・カルデロン」での展覧会を終えたクスタースの「ＹＡＫＵＺＡ」は、現在同じリエージュのモノス・ギャラリー（Monos Gallery）で、『YAKUZA & HEAVENZ』という展覧会として開催中。「ヤクザ&ヘヴンズ」とは、またすごい組み合わせに聞こえるが、『HEAVENZ』はいまクスタースが取り組んでいる新シリーズ。ナチス政権時代に存在した、千六百三十四ヶ所におよぶ強制収容所（跡地も含む）を訪ね歩き、その真上の青空を写して「天上（heaven above）」を表現することで、ホロコーストという未曾有の出来事を捉え直そうという、長期にわたるプロジェクトだ。

そして「ＹＡＫＵＺＡ」の写真展は、十二月五日から今度は香港のギャラリーで展示される。日本国内での展示はなかなか難しいと思われるので、興味あるかたはぜひ香港でご覧いただきたい。

アントン・クスタースがインタビューでも、写真集のテキストでも強調していたのは、これがヤクザという存在のいい、悪いというようなメッセージを伝えるドキュメンタリーではないという点だ。

クスタースは自分の仕事を「アート・ドキュメンタリー」と呼ぶ。言い換えればそれは、なにかのステートメントではなく、むしろ撮影する対象を通した、彼なりの世界の把握の仕方なのかもしれない。

日本においてヤクザという存在は、完全に社会の外側にいるのではありません。言ってみれば片足が内側、片足が外側というような。どうしてそんなありようが可能なのか……今回の撮影という体験を通して、僕は日本文化の精妙複雑さのようなものを教わったのかもしれません。

マフィアともトライアドとも異なる、日本特有としか言いようのないヤクザという存在。日本人にとってそれは、あまりにも近いもの、日常の周縁にあるものとして、実話雑誌のような無節操な礼賛か、犯罪組織としての糾弾かのどちらかとしてしか、ほとんど扱われてこなかった。あるいは『仁義なき戦い』から『アウトレイジ』にいたる、作り手の心情を投影する鏡のような存在としてしか。

そのような日本人の性《さが》をやすやすと飛び越えたアントン・クスタースの『ODO YAKUZA TOKYO』は、だから僕ら日本の読み手をこそ震撼させる。その絶妙な距離感と、目線の鋭さで。そしてなにより、善悪を超えてそこにあふれ出る存在感と、否定しようのない美しさで。完璧な武器のような美しさで。完璧な死のような美しさで。

2011

『Retratos Pintados』

Collection of Titus Riedl, Edited by Martin Parr (Nazraeli Press)

イギリスにマーティン・パーという写真家／アーティストがいる。いわゆる「ニューカラー派」の旗手とみなされる彼は、自身の作品制作のかたわら、いろいろと奇妙な写真を探してくるのが得意な人だ。

ものすごく魅力のない絵葉書を集めた「Boring Postcards」シリーズとか、観光ホテルの宴会場やバーの写真を専門に撮っていた建築写真スタジオ作品集『Our True Intent is all for Your Delight』で、パーは僕ら写真集好きをうならせてきた。フォト・アートどころか、クズとして捨てられる以外の運命を持たないそうした画像を、写真集や展覧会という場で再構成することによって、まったく別種のクオリティを与えること。クズがアートに変貌する、そのスリリングな瞬間を楽しませてくれて、しかも「ファインアート」という楼閣の危うさを、無価値とされてきた画像を武器にして揺さぶっていく、彼は最高にシャープな感性のいたずら小僧でもある。

そんなマーティン・パーが、ブラジル在住のドイツ人美術史家タイタス・ライデルと組んで発表した新作写真集がこれ、『Retratos Pintados』である。「描かれた写真」とでも訳したらいいのか、この大判の作品集は、ブラジルで十九世紀末から一九九〇年代まで広く行われてきた「人工着色による肖像写真」の、おそらく世界で初めてのコレクションなのだ。

人工着色というと、日本では映画のスチル写真などがよく知られていて、やはりコンピュータの普及とともに死に絶えつつある技術＝手わざである。僕も以前に、当時活動を続けていたほとんど唯一の人工着色師・伏見進さんと菅原貞子さんを取材し、それは『デザイン豚よ木に登れ』に収録されている。

伏見さんと菅原さんは、「あんな苦しい仕事、もう引き継ぐ人間もいないですから、こんな技術がかつてあったと記録に留めておいてもらえるだけでいいのです」とおっしゃっていた。ブラジルでも状況は同じようで、コンピュータによって百年あまり継承されてきた人工着色の工房は、すでにおおかた絶滅してしまったらしい。田舎の一軒家やアパートの壁に掛けられていたそれらの肖像画は、もともとモノクロで撮影された写真を大きく引き伸ばし、そのプリントに直接彩色された、文字どおりの「写真絵画」である。そして写真というものが、いまよりもずっと神秘性を帯びていた時代の「イコン」でもある。

現在のように写真が普及していなかったころ、肖像写真を撮るということ自体が人生の一大事だったろうことを感じさせる、まっすぐこちらを向いた実直な顔、顔、顔。六十一枚に及ぶプリント上に（選ぶのは大変だったろう！）、日本の緻密な人着とはまたテイストの異なる、大胆な筆遣いで乗せられた色の鮮やかでありながら優しい風合い。作る側、飾る側にしてみれば、モノクロ写真にリアリティを加味しよ

うとして着色する、というだけの単純な意図だったにもかかわらず、いまこうして時代を経て眺めてみれば、それがリアリティを超えた、超現実的な「写真絵画」となって立ち現れる、そのスリル。日本でも人工着色はいまにいたるまで、どこの美術館でも博物館でも資料館でも収集されることなく、学芸員や写真評論家によって語られ、記録に残されることもないいまま消え去ろうとしている。ブラジルにおいてもひとりのドイツ人が偶然の出会いから十数年をかけて収集した、このコレクションがたぶん唯一のものだという。

そのコレクションを世に出すにあたって、手を貸したのはイギリス人のマーティン・パーだし、本書を発行したのはアメリカ・オレゴン州ポートランドの出版社ナッツラエリ・プレスだし、展覧会が開かれたのはリオデジャネイロでもサンパウロでもなく、ニューヨークである。自分の足元にあるものがいちばん見えにくいのは、なにも日本に限った話ではないようだ。

2012

『少女ポーズ大全』

監修・会田誠、モデル・ほしのあすか（コスミック出版）

いまからもう二十年ほど前になるだろうか、中国がほんとうに社会主義国らしかったころ、北京の街はいまよりずっと暗かった。高層ビルもほとんどないし、人民服を着ているひとたちも多かったし（いまでは文革レトロ酒場の店員ぐらいだろう）、広い道路を埋めていたのは自動車ではなく自転車だった。ぺったんこの布製中国靴で有名な店に行ったら、まだ纏足《てんそく》用の布靴を売っていて、驚いて見ていたら「おばあさんで買いに来るひとがいるんです」と教えてくれた。

そういう時代に、王府井《ワンフージン》あたりの大書店がどんな様子だったかというと、店先に出ている本は数えるほどで、カウンターに「これこれが見たい」とか頼むと、奥からめんどくさそうに出してきてくれる、閉架式図書館みたいなスタイルが多かった。

ある日、そんな書店のカウンターで、男たちが群がって真剣に覗き込んでいる本がある。なんだろうと覗いてみると、それは美術用と銘打たれたヌード・ポーズ集だった。おそらくどこか原本からの無断借用に違いない、西洋人の女性が下着やヌードでさまざまなポーズを取っているのが、汚いモノクロ・コピーで一冊にまとめられている。それを無言のまま凝視する、美術学生にはとうてい見えない男たち。日本でもずっと昔にはあった「エロ本の代用としての美術ポーズ集」という存在が、当時の中国にはバリバリの現在形として生きていたのだった（そういえば、その少し後になって「中国初のアダルトグッズ・ショップ」が誕生したとき、男たちが食い入るように見ていたのは出産ビデオだった）。

というわけでこの八月に登場し、話題を集めたのがこの一冊。現代美術作家の会田誠と、元グラビアアイドル&AV女優のほしのあすかが組んだ『少女ポーズ大全』である。「絵を描くすべての人におくる2224カット！　……異色の強力コラボによる究極のポーズ集!!　付録のCD－ROMは反転で全カット収録！　オールカラー」と帯にあるとおり、レッスンプロみたいなオヤジ画家ではなく、現役の作家による徹底的なポーズ指導と、くたびれた美術デッサン・モデルではなく、これまた現役のトップAV女優による、まさしく強力コラボだ。

あるときは（というか大半は）全裸で、あるときはスーツやセーラー服やブルマーで、ほしのあすか嬢は二千二百二十四ものポーズを果敢に決めるのだが、そこはそれ、監修が会田誠であるからして、スーツもセーラー服もブルマーも全部スケスケのシースルー！　しかし巻末には「写真を見ながら人物画を描くミニ講座」という、たった二ページではあるが懇切丁寧な解説も載っているし、シースルーだって「着衣の下のからだの動きを把握するため」という言い訳がちゃんと用意されている。あくまでも真面目、というより大真面目な美術技法書という体裁を崩さない、そこに制作者の〝わかってる〟感覚がある。

世にあふれるアイドル・グラビアというのは、言ってみれば「きょうは君だけのガールフレンド」みたいな妄想のストーリーを演じる写真劇場であり、ほしのあすかだってその劇のヒロインをずっと演じてきたわけだ。ところがポーズ集というものは、「ポーズ」と名がつくだけに動きもなければ、表情もほとんどない。妄想をかき立てるのではなく、実際的なマニュアルとして存在する、ようするに一般的なグラビア写真とは正反対のクールな表現だ。そしてそこに、それだからこそ潜む、ねじくれたエロティシズムを本書の制作者たちも、北京で鼻息を荒げていたオヤジたちも、ちゃんと気づいている。

漫画、アニメ人口が増えるのに従ってのトレンドなのだろう、一時は絶滅危惧種のようだった「ポーズ集」という分野に、このところおもしろい作品が何冊も登場している。本書と同時期には稀代の舞踏家・麿赤兒をフィーチャーした『ハイパーアングルポーズ集SP　怪人』（創美社）も、その異様な迫力で話題をさらったし、『マンガ家と作るBLポーズ集』（新書館）なんてのもシュールでおもしろかった（『ラブシーン編』『キスシーン編』と二冊ある）。

こういうのは本来、アートブックのコーナーに並べられるべきものだろうが、書店では往々にして「美術技法」の書棚に分類されてしまっているので、「自分で描こう」というひと以外は、なかなか存在に気がつかなかったりする。逆に言えば、こういう本が普通の美術作品集といっしょに平積みされているような店は、〝わかってる書店員〟がいるという証でもあるのだ。

2013

『うしじまいい肉写真集』

うしじまいい肉（一迅社）

「エロかわいい」がふつうの褒め言葉になって、おとなしそうな女の子がいきなり「わたし、ドMです」なんて言っても、だれも驚かなくなった今日このごろ。あいかわらず警察方面ではただの裸体写真やビデオを「モザイクの消しが甘い」とか、「劣情を刺激する」などと難癖つけて取締りに余念がないが、こういう写真集を見てしまうと、「陰毛や性器がどれくらい露出しているか＝劣情がどれくらい刺激されるか」という図式が、もはや遠い過去の遺物でしかないことがよ〜くわかる。

『うしじまいい肉写真集』……オビの「めくるめく尻の軌跡」というコピーがすべてを言い表しているが、知らない方のために言っておくと、「うしじまいい肉」とはこの写真集でモデル／被写体をつとめている、見事な尻の持ち主の名前。サブカル、という言い方は好きではないが、これまでネット世界を中心に絶大な人気を誇ってきたカリスマ・コスプレイヤーが、マンを持して発表した初の紙媒体写真集である。

いまやテレビ地上波にまで進出した壇蜜と同じく、うしじまいい肉も、①絶世の美女でも、グラマラスな肢体の持ち主でもない、②壇蜜がずっとそうであったように、うしじまいい肉もぎりぎりまで肉体を露出しながら、最後の部分はかろうじて隠し通し、乳首も、陰毛のかけらすら見せない（剃ってるだけだが）、③そうしてふたりとも、カメラマンやプロデューサーに頼るのではなく、みずからをエロティックな形象とすべく、セルフプロデュースしてきた。

乳首を隠すといっても、バンドエイドとかを貼ってるだけだったり、パンツは股の部分が極限まで切り込まれたり、濡れたりずり下げられたりして、ほとんど隠す役には立っていないが、でも隠れてる、いちおう。そしてこの「いちおう」感が、「手が届かない」ではなく「手が届きそう」な容姿と相まって、同時に「ほとんど隠してない」という滑稽感を意図的に加味されて、これまでにないタイプのエロを演出しているのは言うまでもない。

宮沢りえの『サンタフェ』からこのかた（一九九一年発売……あれからもう二十年以上たったとは！）、「ヘアヌード」なる珍妙なる和製英語がすっかり定着し、いまや死語になるほど女優やタレントのヌード写真集は無数に出版されてきた。しかしこれまで何百冊、もしかしたら何千冊あるかわからない、そうしたヌード写真集のほとんどすべては「写真家の作品集」という、アーティなオブラートを被せられたものであるか（その写真家のほとんどが男性であることは言うまでもない）、写真家・編集者・出版社とセットになった男社会による、「妄想としてのオンナの具現化」であった。

だから写真集のページに浮かび上がる女性がどんなにかわいかろうが、エロであろうが、それは本人の意思というよりも、プロデュースする側の思惑が背後にかならず見え隠れしていて、それにむりやり目をつぶればオカズ写真集になるのだったし、わざとあからさまにすればアラーキーのような芸術写真集になるのだった。

ところが壇蜜が開拓し、うしじまいい肉がさらにエクストリーム化を図っているのは、みずからの肉体（と、わずかな布地）をつかって、みずからがプロデュースするセックスのイメージである。

そこにもう、オヤジの臭いはない。

実際にシャッターを押しているのは、仕事を依頼されたカメラマンだろうが、おそらく1カットごとに本人がデジカメのモニターをチェックして、「隠れ具合」や「はみ出し具合」を確認しながら、作業を進めているのにちがいない——そう確信させるほどの「主体性に満ちたエロ」がそこにはある。

多額のモデル料と引き換えに、男性の妄想のオモチャを演じるのではなく、男性の妄想をオモチャにして自分が遊ぶ、コペルニクス的転回がここに完成しつつあると言ったら、言い過ぎだろうか。それが女優でもモデルでも、アイドルですらなく、コスプレイヤーによって実現されつつあることは、なにかを示唆していないだろうか。

一九七〇年代から八〇年代にかけて、たとえばアニー・スプリンクルのようなアメリカの過激なフェミニストたちが手探りで拓いてきた道を、うしじまいい肉のような日本人の女の子たちは、もしかしたらずっとスマートなやりかたで、軽々と手に入れてしまっているのかもしれない。

そうしてそれが世界のほかのどの国でもなく、どこよりも男子の草食化と女子の肉食化が急速に進行しつつある日本でいま起きていることが、僕には偶然とはとても思えないのだ。

2011

『Los Tigres del Ring』

JIMMY PANTERA (ANKAMA EDITIONS)

中野タコシェのオンラインショップで見つけて、思わず注文してしまったのがこの本。パリのオルタナティブ系出版社ANKAMA EDITIONSが出版した、メキシコのルチャリブレ・アートワーク・コレクションです。著者（というかコレクター）はジミー・パンテラという御仁。タコシェのサイトによれば――

ベルギーのルチャ・リブレ（メキシカンプロレス）おたく、ジミー・パンテラさん（本業はデザイナー）が、これまで収集してきた資料やメキシコ取材で撮った写真などを、自らデザインして作り上げたアートブック。最近では、興行やイベントを仕切ったり、ルチャ・リブレに関するアートの展示まで行なう程の熱の入れようで、ルチャ・リブレは人生や戦いが凝縮されているとまで言い切るジミーさんが、ルチャ・リブレへの思いを詰め込んだ一冊。画像ではわかりにくいですが、ブルー・デーモンのマスクと一体化した青い表紙のタイトルまわりは金の箔押しで、装丁も含めて美しい本です。

祝祭的な色合いのマスク、メンコみたいなレスラーカード（印刷の版ずれが味わい深い!）、決め技の図解、試合のチケットやポスター、記録写真、雑誌や新聞の記事、ルチャ・リブレ史上最大のヒーロー・サント出演の映画ポスターやコミック&もうひとりのスター・ブルー・デーモンの映画や実写コミック、など貴重な図版が惜しみなく使われています。またフィギュアやブロマイド、現地での試合の模様、ポスターなどの印刷所やその独特のタイポグラフィ、などの現地取材資料も豊富。日本で人気のミルマスカラスの姿もあり、ルチャ・リブレのスターたちが一堂に会してます。

ということで、これはルチャ・ファンのみならず、ファンクなグラフィック好きなら、押さえざるをえないアイテムでしょう。出版社のサイトでは、中味も見られるようになってます。

実は僕も二〇〇〇年（もう十一年前か！）に『Lucha MASCARADA　メキシカン・プロレスと仮面の肖像』（アスペクト）というデザイン・ブックを出したんですが、アメリカのショー・プロレスとも、日本の人生劇場型プロレスともちがう、メキシコ独特のルチャには、なんともいえない美的感覚があります。できれば両方併せて、お読みください！

2012

『昭和のレコードデザイン集』

山口〝Ｇｕｃｃｉ〟佳宏、鈴木啓之
（Ｐヴァイン・ブックス発行／スペースシャワーネットワーク発売）

レコードがＣＤになって音質はよくなったし、Ａ面とＢ面をひっくりかえす必要もなくなったが、かわりに失われたものがある――ジャケットの魅力だ。あの、プラスチックのＣＤケースに封入された十二センチ角のブックレットが、いかにお洒落にデザインされようと、三十センチ角のＬＰジャケットや、シングル盤のビニール袋に入れられたペラのカバーにすら、とうていかなないはしない。そして在りし日のLPを縮小した紙ジャケCDは、さらにもの悲しい。

CDのデザインがレコードに太刀打ちできないのは、サイズのせいだけではない。音楽がレコードで流通していた時代、ジャケット・デザインは基本的にデザイナーの手作業でつくられていた。でも、CDの時代になって起こったこと、それは世界中のデザイナーが同じソフトを使って、コンピュータでデザインするようになったという事実だ。これはなにも音楽業界にかぎった話ではなく、コンピュータによるデザインはすべての国の、ベテランだろうが新人だろうが関係なく、すべてのレベルのデザイナーを同じスタートラインに立たせることになった。それはデジカメとフォトショップが、すべての写真家を強制的に同じスタートラインに立たせることになったのとよく似ている。フォトショップ、イラストレーター、インデザイン……言ってみればアドービが、それまでのデザイン美学をチャラにしてしまったのだ。

去年の十一月に、『昭和のレコードデザイン集』という本が出版された。版元はブラック・ミュージックのリリースで有名なPヴァイン。これまでもレコードジャケットを集めた本は何冊も出ているが、本書が優れているのはデザイン、という一点に絞ってコレクションが構成されていること。それは目次を見るだけでよくわかる——。

タイポグラフィ　少色刷り　構図　ダンス　女性　子ども　イラストレーション　日本　クリスマス

たとえば冒頭の「タイポグラフィ」は、文字がデザイナーによって、あるいは専門の職人によって手描きされていた時代の、チャーミングなタイポグラフィを集めたものだし、「少色刷り」とは予算の都合で二色、三色しか使えなかったジャケットのコレクション。「このひとたち、わかってるなー」と納得させる章立てだ。セクシー系ラウンジミュージックから童謡まで、音楽のジャンルは完全無視。ジャケット・デザインのみにこだわった「究極のジャケ買い」姿勢が、すがすがしい。

古いものではいまから五十年以上前の、その多くはレコード会社お抱えだったろう無名のデザイナーたちによる、「作品」とは見る側も、作る側もまったく思っていなかった「作品」の数々。それがいまとなっては、たまらなく愛おしく見えてくるのは、ノスタルジーではなく、そこに「手を動かして作ること」というデザインの本質が潜んでいるからなのかもしれない。

この時代に、いくらコンピュータのデザインが画一的になりがちだからと言って、すべて手描きの制

作方法に戻ればいいというものではないだろう。そんなことしても、印刷所に嫌がられるだけだし。でも、最先端の分厚いグラフィック・デザイン集が決して教えてくれないことが、いちばん時代遅れの、ペナペナのシングル盤の歌詞カードに潜んでいることだってある。「録音された音源はすべて平等である」と言ったのは名盤解放同盟だったが、印刷された印刷物もまたしかり。お洒落デザイン・ショップのCDコーナーではなく、中古レコード屋ですらない、ガラクタ骨董屋の隅に積み上げられた、どうしようもないレコードの山に、グラフィック・デザインの極意が隠れていることだってありうるのだ。

本書は二百二十四ページ、オールカラーでありながら二千百円という安さ。デザインにオリジナリティを求める諸君はぜひ入手していただきたいが、願わくばジャケットそのものを手に取って見ていただきたい。

2011

『おかんアート』

下町レトロに首っ丈の会編

メインストリームのファインアートから離れた「極北」で息づくのがアウトサイダー・アートであるとすれば、もうひとつ、もしかしたら正反対の「極南」で優しく育まれているアートフォームがある。それが「おかんアート」。その名のとおり、「おかあさんがつくるアート」のことだ。なにそれ?と思うひともいるだろうが、たとえば久しぶりに実家に帰ると、いつのまにか増えている「軍手のう

表紙の軍手人形をみたときに、私も作ってみたいと思った。
それは、完璧でないのがいいと感じたからで、
そこを目指して100体製作中。でもまだあの領域には至らない。
木皿さんに話すと「マチスやな。」といわれた。

さぎ」とか、スナックのカウンターにある「タバコの空き箱でつくった傘」とか、あるでしょ。ああいうやつです。

どこにでもあって、だれからもリスペクトされることなく、作者本人もアートとはまったく思わず、売ったり買ったりもできず、しかしもらえることはよくあり、しかももらってもあまりうれしくない——そういうのが「おかんアート」の真髄だ。

近年、アウトサイダー・アートのほうはアートワールドの中でも地位を固めつつある。言い方を換えれば「インサイダー」になりつつあるわけだが、そうしたアウトサイダー・アート界からすら「これはアートじゃないでしょ！」と蔑まれる、究極にダサいアートフォーム。それが「おかんアート」であることに、異論を唱えるひとは少ないだろう。

もともと「おかんアート」が世に出た、というか一部の好き者から注目されるようになったのは、二〇〇三年に2ちゃんねる内に立てられた「脱力のオ

カンアートの世界」と題されたスレッドだと思われる。

このスレッドに刺激されて、また同時期に日本各地で「おかんアート」に注目するひとが少しずつ増えていくのだが、神戸を拠点に探索活動を続けているグループ「下町レトロに首っ丈の会」もそのひとつ。伊藤由紀さんと山下香さんという、ふたりの神戸っ子が中心になって、神戸随一のレトロエリアというか、昭和そのままの街並みが残された、神戸の下町・兵庫区から長田区あたりをひたすら歩き回り、震災後の急激な再開発の陰で失われゆく下町情緒を再発見しようという、地道なフィールドワークを続けているグループである。

「最初は古い喫茶店や美容院や、そういうところを歩いていたんですけど、そのうちそういう場所にはやたらに〝おかんアート〟が飾られていることに気がついて、そうしたら今度はそっちが気になっちゃって」と話してくれたのは、フランスの政府公認建築家資格も持つ、建築家である〝首っ丈の会・隊長〟山下さん。

毎月第四日曜に開催されて、すでに四十回を超える「下町遠足ツアー」や、「下町レトロ地図」刊行（英語版まであり！）といったプロジェクトのおりおりに「おかんアート」を収集し、制作者＝アーティストを捜し出し、交流会やワークショップ、展覧会まで開き、ついに去年末には『おかんアート』（２０１０）なる日本初のガイドブックまで、自費出版で発表してしまった。

通常の書籍流通にも、Amazonにものらないこの本の入手方法は、本文の最後に記しておくが、「おかんアート」の定義から始まって、さまざまなタイプの「おかんアート」の分類方法、カリスマ・アーティストの紹介、作り方のハウツウ、発見できる場所、さらに「兵庫区・長田区おかんアート地図」まで掲載されて、完璧。これ一冊持って、神戸の下町を歩き回ることを想像するだけで、すごく楽しくなる。

首っ丈の会による「おかんアート」の定義とは――

①基本的に、非常に役に立つとは言い切れないが勢いはある。
②いらないものの再利用（眠った子を起こす）。
③飾る場所に困る。飾るときはビニールに入れたままにしたりする。
④部屋のあらゆる場所に侵攻してくる。
⑤センスが良いなど気にせず、セメントのズレなんかも気にしない。
⑥なのに、暖かみだけは、熱いほどある。
⑦作りすぎて置き場がなくなり、人への配布をスタートする。
⑧置いた瞬間、どんなにおしゃれな部屋ももっさりさせる破壊力大。
⑨とぼけた顔にイラッと来るか、なごまされるかはあなた次第。
⑩フィーリングで作るキティとドラえもんは危険。

これって、読みようによっては、現代美術が（本来）目指すものと、まったくいっしょじゃないか。実用にならなくて、見るひとを困惑させて、オシャレ空間を一発で破壊して、勢いと熱さだけはあふれるほどあって。

プロのアート作品にも、アウトサイダー・アートにすら存在しない、「おかんアート」の一種独特の破壊力。僕もいまリサーチを始めたばかりだが、最初に「おかんアート」を「おかんアート」と認識して眺めたとき、まずこころに浮かんだのは「これ、ソニック・ユースのTシャツみたいだ！」という、唐突な連想だった。

結成から四半世紀を超えて、いまも活動中のソニック・ユースは、アメリカン・オルタナティブ・ロックの最重鎮的存在だが、彼らはまたクリスチャン・マークレー、リチャード・プリンス、ポール・マッカーシーなど、時代を画するアーティストたちとグラフィック面でのコラボレーションを長く続けていることでも、よく知られている。

こんなふうに見てしまうと、首っ丈の会をはじめとする「おかんアート」ファンには申し訳ない気もするが、彼らが音とグラフィックで描き出す、乾いて、暴力的で、パワフルなサバービア・ランドスケープと、母なる温もりにあふれた「おかんアート」は、一見対極の存在に見えながら、実はどれほど近くにいることか。だってマイク・ケリーの写真を使ったCDジャケットなんて、「おかんアート」そのものじゃないか。

百％の善意で作られたものが、見方をちょっと変えるだけで、冷酷なアイロニーのカタマリになったりする。かっこわるいもののはずが、突然かっこいいものに見えてきたりする。置かれる場所によって、だれにも望まれない飾り物になったり、バリバリの現代美術作品になったりする。

単一の価値観に収まりきれないものが現代美術の特質のひとつであるならば、もしかしたら「おかんアート」とはもっとも無害に見えて、もっとも危険な立体作品であるかもしれないのだ。

2014

『ワイルドマン』

シャルル・フレジェ（青幻舎）

まさかこんなのは日本で出ないだろうと、海外旅行先で買い求めた分厚い本が、ある日突然、翻訳されて書店の店頭に並んでびっくり、ということが最近増えてきた。制作経費のかさむ作品集を出版するにあたって、何ヶ国かの出版社と前もって出版契約を結ぶケースが増えてきたせいかと思うが、つい先ごろ青幻舎から日本語版が出た『ワイルドマン（Wilder Mann）』も、「まさかこんな本が！」と驚かされた一冊。シャルル・フレジェ（Charles Freger）という若手フランス人写真家の作品集で、原本はドイツ語版、英語版とも二〇一二年に発表されている。
『ワイルドマン』はその名のとおり「獣人」の写真集。といってもホラーものではなくて——

ヨーロッパ諸国で何世紀も昔から伝わる祭り。そこに登場する獣人たち。
彼らは、さまざまな衣装を身にまとい、生命の輪廻や季節のめぐりを祝う。
動物の毛皮や植物でできた装束、鈴や骨で飾られた姿。
それらの驚くべき多様性と奇怪な美しさをおさめた写真集。
（公式サイトより）

という美しくも幻想的なドキュメンタリー。フレジェはこのプロジェクトのためにヨーロッパ十九ヶ国を回って撮影を続けたという。「なまはげ」のヨーロッパ版みたいなものかとも思うが、先進国と呼ばれる国々の深奥に、こうした生々しいフォークロアがいまも息づいていることに、はっとさせられるひとも多いのではないか。

実はここ数年、仮面や仮装をテーマにした写真集が目につくようになってきた。たとえば先日、このメルマガで紹介したヴェネツィア・ビエンナーレの企画展「The Encyclopedic Palace」に参加したフィリス・ガレンボ（Phyllis Galembo）の『Maske』（二〇一〇）は、ニューヨーク出身の写真家が三十年近くにわたって、アフリカとカリブ諸国を巡って撮影しつづけた、仮面と仮装の文化の記録。

あるいはこれもベストセラー写真集となっている、ハンス・シルヴェスター（Hans Silvester）の『Natural Fashion　Tribal Decoration from Africa』（二〇〇九）。

シルヴェスターは一九三八年ドイツ生まれ、すでに七十五歳という年齢にもかかわらず、いまだに第一線で活動する著名なフォト・ジャーナリストだ。

『ナチュラル・ファッション』で捉えられているのは、エチオピアのオモ川流域に住むスルマ族、ムルシ族による草木を使ったボディ・デコレーション。草花と染料で彩られた顔とからだは、見たこともない新種の生物を目撃しているようでもあり、その圧倒的な美しさに、とりわけファッション業界人は衝撃をうけるのではないか。

ガレンボの写真について、ヴェネツィア・ビエンナーレの記事で僕は「伝統的なアフリカ文化に、現代のポップ・カルチャーがミックスしたスタイルは、衣装を通した文化のダイナミズムを表現しているようだ」と書いた。

『ワイルドマン』

従来であればこうした記録は、文化人類学や民俗学の範疇で語られるものだろう。しかしビエンナーレのような現代美術の領域で、このような「作品」が注目を集めてきているのは、上述した写真家たち個人の力量だけではないはずだ。

仮面や仮装に表象される野性や、現代文化のなかでしぶとく生き残るフォークロアといったものが、エネルギーを失いつつある現代美術やファッション・デザインに対する強烈なカウンター・カルチャーとして、注目を集めるようになったからではないかと、僕には思えてならない。

現代美術vsアウトサイダー・アートのように、これをアウトサイダー・ファッションと呼んでしまっては単純すぎるだろう。でも彼らの作品集がいま、「世界にはこんなひとたちがいるんだ」という、これまでのような興味をはるかに超えた、美的なスリルにあふれて見えること。その背後にうごめくなにかに、敏感にならざるを得ないことも確かである。

そうして仮面や仮装を扱ったこれらの新しい作品集を眺めるとき、偉大な先駆者としてあらためて思い起こされるのが、ミヒャエル・ヴォルゲンジンガーによる美しい写真集『Schweizer Volksbräuche』（シュヴァイツァー・フォルクスブロイヒェ＝スイスの民衆風俗）だ。

一九一三年にスイス・チューリッヒに生まれ、一九九〇年に亡くなったヴォルゲンジンガーは、日本ではそれほど知られていないが、二十世紀スイスを代表するドキュメンタリー・フォトグラファーのひとり。映像作家でもあり、同じチューリッヒ生まれで、こちらは日本でもファンが多いロバート・フランクの師としても知られている。

第二次大戦以前から写真の修業を開始し、一九五〇年代にはヨーロッパ各国からインド、タイ、ネパールなどを旅して数多くのルポルタージュを発表、また記録映画も撮影してきた（そのいくつかは公式サイトで見ることができる）。

母国スイスのフォークロアを扱った『シュヴァイツァー・フォルクスブロイヒェ』が発表されたのは一九六九年のこと。といっても僕がその本を見つけたのは、まだ二、三年前だった。

パリの古書店の店頭に無造作に並べられていたのを、表紙のおもしろさに惹かれて手に取ったのだが、写真の美しさと造本の見事さに嘆息。それから家族によってアーカイブが運営されているのを知り、許可を得てその内容を紹介することが可能になった。

新聞、雑誌などメディアでのルポルタージュと同時に、バウハウスからシュールレアリスムにも通じる実験的な映像をつくってきたヴォルゲンジンガーにとって、スイス各地の祭りや祝いの場で目にした仮装を記録する作業は、もちろん学問的な興味からだけではなかったろう。

美しく、奇怪で、非日常的でありながら、日常のただなかにあって。そうして「芸術表現」とはけっして認められず、当人たちも思わないまま、あたりまえのこととして継承されてきた、まったくあたりまえに見えない異形の形象。そのイメージの数々は、撮影から半世紀近くがたった現在でも、見るものの感覚を激しく揺さぶる。

ヴォルゲンジンガーに始まって、シルヴェスターやガレンボ、フレジェ、さらに石川直樹につながるような展示を構成できたら、素晴らしく刺激的な展覧会になるだろうに。

2012

『海女の群像　千葉・岩和田　1931-1964（新装改訂版）』

岩瀬禎之（彩流社）

写真って、どう撮るかよりも、撮らせてもらえるまでにどう持っていくかの勝負なのかも、と思うことがよくある。親しくなって、いい顔をしてもらうとかじゃない。カメラを持った他人がその場にいることが、だれの気にもならなくなって、気配を消せるところまで持っていけたら、それはもう撮影の大半を終えたも同然、ということがよくある。

このほど十年ぶりに再刊されたという『海女の群像』という写真集を見た。撮影者の岩瀬禎之《いわせよしゆき》さんは一九〇四（明治三十七）年生まれ。すでに二〇〇一（平成十三）年に九十七歳で亡くなられているが、千葉・御宿の地で江戸時代から続く地酒「岩の井」蔵元として酒造りに励みながら、長く地元の海女たちを写真に収めてきた。

本書はもともとその記録を昭和五十八年に私家版としてまとめたものが、平成十三年に復刻出版され、さらに翌年増補改訂版が出されて、今回が四度目の再版になるのだという。アマチュアの写真集としては、異例な展開だろう――。

私が写真に興味を覚えてから、もう五十余年になる。
最初はふと親戚の者から
コダックのベス単を手に入れたのをきっかけに

何でもおかまいなく、手当り次第に撮っていたのだが
やがて年月を経るにしたがって、だんだん関心が一点に
しぼられていくようになった。というのも
私の住んでいる外房御宿の町が
昔はまったく半農半漁の村で
ことに漁業の面では、男は朝早くから海へ出て
アグリ網やエビ網などを操って生業とし
女は海女として海に潜りアワビやサザエや海藻類をとって
生計の基礎としていたのだが、そうした生活の態様が
やがて私の心をふかく捉えないではおかなかった。
ことに海女たちの素朴で、かつ原始的ともいえる
生命力にあふれた肉体美とその仕事振りは
私の写真のモチーフとして
・・・
かっこうの対象になったといえよう。

（「あとがきにかえて」より）

海女の写真集はけっして多くないが、なぜか素晴らしいクオリティのものばかりでもある。仲村由信撮影、宮本常一が解説を書いた『日本の海女』は定番だし、能登半島舳倉島《へぐらじま》の海女たちを、イタリ

ア人の文化人類学者であり写真家、登山家でもあったフォスコ・マライーニが記録した『海女の島』も有名だ。

そうやっていま見ることができる、かつての海女たちの写真は、撮影者がさまざまであっても、どこか似通った雰囲気を漂わせているのが興味深くもある。いずれも長い時間をかけて、特殊なコミュニティに迎え入れられて、むきだしのからだにカメラを向けられるほどに空気になじんで。それでいて、けっきょくはだれが撮っても似てしまうほど、海女たちの肉体的な存在感に圧倒されて。

マライーニのような外国人研究者にとってはもちろん、多くの日本人にとっても、これほど自然で、これほどエネルギーにあふれた生のかたちは、写真家の小賢しい作為をはねつける希有な素材であり、存在であるということなのだろう。

本書の舞台となった千葉御宿で、伊勢志摩で、舳倉島で、はだかの海女たちが撮影されたのは、まだ五十年かそこら前のことに過ぎない。二〇一二年のいま、海女の文化が完全に消滅したわけではないけれど、本書に見られるような海辺の暮らしは、もうずっと前に日本のあらゆる浜から姿を消してしまった。

いままでだれも経験したことのない、圧倒的な変化のスピードに溜息をつきたくもなるけれど、同時に二〇一二年のいま、カメラを持つものとして、消えゆくなにを記録すべきか、この写真集は僕に問いを突きつけている気もする。「どう撮るか」なんて気にする前に、「どうやって撮らせてもらえるか」だけを考えて、走れと。

今回はせっかく房総の海女たちを取り上げられたので、いっしょにもう一冊、同時代の重要な記録

『海女の群像』

を取り上げておく。二〇〇四年に発表された『九十九里浜』（春風社）という箱入りのハードカバー写真集。著者の小関与四郎さんは一九三六（昭和十一）年に千葉で生まれたというから、いま七十六歳。カメラ店、写真スタジオを経営しながら、地元の風景とひとびとを撮りつづけて、いまも現役だそう。

『九十九里浜』に収められた写真は、やはり一九六〇年代が中心なので、『海女の群像』と時代も重なっている。事情により中味の作品をお見せできないのが残念だが、荒波に打たれながら素裸で浜に働く男女のたくましき生に、岩瀬さんとは少しだけちがう視線の向け方というか、優しさよりも被写体とがっちり四ツに組み合う、カメラを握る指の強さが伝わってくるようなアプローチでもある。八年前の刊行ながら、まだ新刊で入手可能なようなので、『海女の群像』とあわせて読んでいただくと、さらに海に近づけると思う。

2013

『アラスカ』

木股忠明（青林堂）

仙台、新宿ゴールデン街、神奈川県綱島……同時多発的に小さな写真展が、ひっそりと開かれている。

『笑う流れ者　木股忠明の思いで』——ひっそりすぎて、そんな展覧会があることすら知らないひとがほとんどだろうし、木股忠明という写真家の名前も、よほど詳しいひとでないと聞いたことがないだろう。写真に詳しいひとですらなく、アンダーグラウンド・ミュージック・ワールドによほど詳しいひとでないかぎり。

一九七〇年代末期から八〇年代にかけて、日本の音楽業界がインディーズ・ブームというものに（ニューウェイブと呼ばれるようにもなったが）浮き立っていたころ、それとは一線を画した場所で、ずーっと小さくて暗い片隅で、ふつふつとうごめくエネルギーがあった。

それをひとは「ノイズ」とか「アバンギャルド」とか呼ぶのだったが、名声も資金も、集客力もない彼らは、マスメディアに乗ることもなく、ヒットを飛ばすこともなく、メジャーになることもないまま、自分だけの音を奏でつづけて、あるものは短すぎる生を終え、あるものはいまも爆音を出しつづけている。灰野敬二、工藤冬里、山崎春美、向井千恵……。そうして彼らが、ほんの一握りの聴衆のためにステージで音と格闘しているとき、そこにはいつも木股忠明がいた。

木股忠明は一九八二年に『アラスカ』という小さな写真集を五百部だけつくって、それからさまざまな職を転々としたり、地を転々としたりしたのち、二〇〇七年ごろに消息を絶って、いまも行方不明のままである。そして『アラスカ』は超希少写真集となり、めったに古書として現れることもなく、現れても数万円の高値をつけられるようになった。

今回の展覧会シリーズは、当時の木股忠明を知る友人たちが語らって、三年がかりで実現したものだという。発起人であるアヴァンギャルド・ミュージシャンの「３ｃ１２３」さんが制作した、木股忠明の年表をお読みいただきたい――。

戦後寅年に生まれる
山奥の親類に預けられる
神童と呼ばれる　本屋に一冊だけ届く漫画雑誌「ガロ」を楽しみにする
間章と会う　工藤冬里と会う
SMクラブの縄師　写真ラボ
写真集『れいこ』（白黒コピーをホチキスで留めた手製本）
写真集『アラスカ』
山谷の労働者
工藤冬里のバンド『くくり姫』のドラム
写真展『凍える街・光の王国……山谷'83』
高田馬場に移転
メキシコに遊ぶ　帰国後、写真展
水道管工事業
一九九〇年十一月二十二日、東京警視庁管内戸塚署に拘留される　公務執行妨害被疑事件とあるが、明らかな、悪質な、ずさんな別件逮捕。勾留理由開示公判ののち解放される。弁護士からの警察を告訴すべきとの勧めに「文系の勲章は裁判だが、理系の勲章は特許だから」と争わず

古紙回収業、新大久保のキムチ屋、等
インドから帰国後チフス発病のため隔離
焼き芋、ラーメン、いずれも屋台。ラーメンでは全国各地に
高円寺でカレー屋『ガンジー商会』、三ヶ月で閉店
山梨県上野原へ移転
たびたびチベットへ。食い逃げを重ねたようだが、「チベッタンのところではしない」そうだ。バスの中で中国共産党員とトラブルを起こす
二〇〇〇年、写真展『至福の旅　チベット』、宙：木股忠明
二〇〇一年、写真展『西方極楽浄土・宙のチベット展』
バラック浄土とも、ゲストハウスとも言われる『香巴拉屋（シャンバラヤ）』を自宅敷地内に建てる
脳梗塞を患う
『香巴拉屋』で『ウエクサ祭』『香巴拉祭』を数年にわたり開催
二〇〇七年頃から行方不明となる
二〇一三年現在、行方不明中

当時を知るひとたちに話を聞いてみると、木股忠明はライブ会場にいつのまにか現れて、勝手に写真を撮っていたことが多く、カメラも「たしかソ連製の安物だった気が……」というように、はなはだ曖昧な記憶のなかに、木股忠明という不思議な存在が漂っているようだ。そして彼の写真自体も、いまとなっては発売から三十年以上経って退色した写真集『アラスカ』のページか、知人たちの手元にあるプリントをカラーコピーして壁に貼りつけた、それぞれの展示空間で鑑賞するしか方法がない。

今回の採録に際してページやコピーの退色や変色は、スキャンの段階で多少直させてもらったが、それでも木股忠明の写真はほとんどがブレているか、荒れているか、その両方で、それは「コンポラ写真」のようにアーティスティックなコンセプトに基づいたというよりは、撮影者のいい加減さや適当さ、億劫さがそのまま現れている、という気もしてくる。

ライブ会場のほかに野外テント演劇、山谷、メキシコなど、さまざまなロケーションでの作品が今回は出ているが、その中心となるのはやはり『アラスカ』に多く収められているライブ演奏の記録だ。

撮影場所となったのは、一九七〇年代末から八〇年代初頭までのわずか二年半ほど、吉祥寺に存在した伝説のライブハウス『マイナー』であり、ほかに明大前キッドアイラックホール、法政大学学館ホール、荻窪グッドマンなど、往年のロックファンには懐かしい名前が並んでいる。

ほんの二十人ほどしか入れなかった（にもかかわらず満員どころか観客数人、ゼロということもよくあった）吉祥寺マイナーについては、当時の回想がいろいろなブログで読めるし、「ガセネタ」「タコ」といったバンドで活動した大里俊晴さんによって発表された『ガセネタの荒野』にも詳しい。

メジャー志向とまでは言わないまでも、自分たちなりの野心にかきたてられて、都心を向いて活動

都築響一がお送りする有料メールマガジン　毎週水曜日発行！

ROADSIDERS' weekly

HOME | ROADSIDERSとは | バイオグラフィ | 購読申込 | サンプル | バックナンバー

TOP ＞ バックナンバー ＞ 2013年05月 配信 ＞

笑う流れ者――アンダーグラウンド・フォトグラファー木股忠明の世界

BACKNUMBERS

バックナンバー：2013年05月22日 配信号 収録

photography

笑う流れ者――アンダーグラウンド・フォトグラファー木股忠明の世界

ツイート 0

いいね！ 11

工藤冬里・礼子

仙台、新宿ゴールデン街、神奈川県綱島・・・同時多発的に小さな写真展が、ひっそりと開かれている。

『笑う流れ者木股忠明の思いで』――ひっそりすぎて、そんな展覧会があることすら知らないひとがほとんどだろう。木股忠明という写真家の名前も、よほど詳しいひとでないと聞いたことがないだしていた「ニューウェイブ・シーン」とはまったく体温も湿り気もちがう、周縁部のアンダーグラウンド・アーティストたちがそこにはいた。

「自由であること」と「デタラメであること」をあるときは無邪気に、あるときは意図的に混同して、理解されないままに理解されない音楽を紡ぎつづけていた彼ら。そのなかで生き残った一部が、いまの灰野敬二さんのように十代、二十代の若い世代から驚愕とリスペクトをもって「発見」されているのはご存じのとおり。そして木股忠明の忘れられたプリント群は、そうした自由でデタラメで理解されることの少なかった、七〇年代末から八〇年代初頭のアンダーグラウンド・ミュージック・シーンをもっとも自由に、デタラメに、つまりそのスピリットにもっとも忠実に写しとった貴重な記録なのだ。

2014

『スペクター 1974-1978』

木下裕史（ミリオン出版）

「ピンパブさすらいびと」の比嘉健二さんは、暴走族文化を語る上で外すことのできないキーパースンでもある。「ナックルズ」をはじめとする若者系実話誌を生み出し、それ以前に僕も毎号欠かさず愛読していたレディース雑誌「ティーンズロード」の生みの親でもあった。

その比嘉さんが十年以上の時間をかけて、昨年十月にようやく世に出した写真集がある。一般書店にはほとんど並んでいないので、知る人は少ないかもしれない。箱入り・上製本でずっしり重いその写真集は、『スペクター1974-1978』と名づけられている。言うまでもなく、日本暴走族文化の原点ともいうべき伝説のグループ「スペクター」を捉えた、奇跡的な写真集だ。

撮影したのは木下裕史。前書きにかかれた比嘉さんの文章を引用してみよう――


パルコ前に、見るからに街の雰囲気とは不釣り合いな不良少年たちが昼間から集団でタムロしていた。暴走族『スペクター』のメンバーたちである。そしてその少年たちを追いかけ、夢中でシャッターを押していたのが、カメラマンの木下裕史だ。彼は福岡から東京の日本大学芸術学部写真学科に入学し、当時、東京の夜を集団で疾走していた暴走族の持つ得体の知れないエネルギーに感動と興奮を覚え、日大在学中の5年間、ほぼ毎週のように密着してフィルムに収めた。


渋谷パルコが誕生したのは一九七三年。「公園通り」という名前に世の中が浮かれた時代に、「セゾン文化」に業界が浮き足立った場所に、「亡霊」という英語名を冠した原初の暴走族が生息していた事実を、いまどれほどの人間が記憶しているだろう。

木下さんの撮影した貴重な記録は、しかしさまざまな事情でほとんど世に出ることのないまま四十年間近くの歳月が過ぎ、ようやくいま、こうしてかたちになった。

本書に収められた暴走族の姿は、現在だれもがイメージする「暴走族」とはずいぶん異なっている。ここには特攻服も、極端に改造された単車や四輪も存在しない。極道系の規律もなければ、パンチパーマや坊主頭もなく、いかつい表情すらない。カメラを向けられた彼らは、レンズに向かって笑って

いるのだ。

これは暴走族が「暴走族というアウトロー集団」になる前の、ヤンチャな不良の集まりである。上下関係とか、先輩後輩とか、一般社会の縮図のような人間関係に縛られるようになる以前の、つかのまの自由時間である。メガシティの中心部に、ウィークエンドごとにあらわれ消えた移動祝祭日である。

一九七八年、道路交通法の強化によって、暴走族は公然と走ることが難しくなり、それが逆に暴走族たちを過激な反社会的行為へと駆り立てていった。一九七〇年代の短い時間を駆け抜けた少年少女たちの姿が、あなたのこころのどこかをうずかせたら、ぜひ写真集を手に取っていただきたい。

2013

『ECHOLILIA』

Timothy Archibald（Echo Press）

だれかがFacebookでシェアしてくれた一枚の画像があまりに美しかったので、写真集を探してAmazonには見つからなかったけれど、写真家本人のサイトで直販しているのを見つけ、すぐに注文のメールを書いてPayPalで代金を送金。そのまま出張に出かけ、数日後に帰宅したらもう、カリフォルニアから大きな包みが玄関に届いていた。『ECHOLILIA』（エコリリア）というその大判の写真集は、サンフランシスコ在住の写真家ティモシー・アーチボールドが、自閉症である息子イライジャーと向きあい、写真という手段でその閉ざされたこころとつながりあおうと試みた、果敢な挑戦と、ほとんどスピリチュアルな表現の記録である。

　メルマガで記事を書きたいという突然のリクエストに、こころよく応えてくれたアーチボールドは、画像データといっしょに『エコリリア』ができるまでを書いた文章を送ってくれた。まずはそれを抄訳、まとめてみたものをお読みいただきたい――。


長男イライジャー（イーライ）の「他の子たちとちがうなにか」を、私たちがはっきり意識するようになったのは、イーライが五歳になるころだった。

　開閉する自動ドアや、機械の動きに何時間も見入っていたり、なにか気に入らないことがあると、嵐のように荒れ狂ったり。イーライが初めての子供だったことから、私と妻には「どこかちがう」とは感じられても、それが「自閉症スペクトラム」にあたるとは想像もできなかった（自閉症を従来の独立した疾患ではなく、アスペルガー症候群などを含む広汎性発達障害の連続体として捉える、最近になって広まってきた概念）。

　イーライはふつうの幼稚園に通い始めたが、毎日のように問題が起こるようになり、そこで初めて私たち夫婦は、我が子が「彼だけにしかわからないペース」で、彼だけの世界を生きていると知るようになった。

　息子の置かれた状況を理解する手立てとして写真を撮り始めたのは、イーライが5歳のときだった。最初はただ単に息子の姿をスナップしていたのだが、しだいにイーライが興味を示すようになって、いつのまにか撮影は父と子による共同作業になっていった。

　自閉症の息子イーライが、なにかおもしろいシチュエーションやポーズを考え、それを写真家である父の私が、写真としていいものになるよう力を尽くすという共同作業。

　シャッターを押して、デジカメのディスプレーに表示される画像を息子に見せる瞬間、そこにはこれまでになかった感覚の共有が成立した――「ワオ、これはいい写真だね！」というふうに。そうやって、美しいものをいっしょになってつくるという共通の体験が、カメラを媒介にして育っていった。

初めのうち、イーライが集中できたのはわずか十分ほどに過ぎなかった。それが撮影を重ねるうち、イーライの関わりかたが深くなっていくうちに、だんだん長くなっていって、最終的には四十五分あまりも撮影を続けられるようになった。途中からデジカメに代えてハッセルブラッドを三脚につけて使うようになって、そのメカニカルな所作に魅了されたイーライは、さらに撮影に入り込むことができるようになっていった。

ここに紹介する写真はすべて、イーライが五歳から八歳までのあいだに撮影されたものである。私たちにとってはそれがイーライの置かれた状況を、そしてイーライ自身にとっても自分の内面でなにがどうなっているかを理解する、決定的に重要な期間だったのだと思う。私は親としてなんとかイーライのことを理解したかったし、だからこのプロジェクトはイーライよりもむしろ私自身のためだったとも言える。そうして最終的に私たちは、おたがいに理解し合えるやりかたを見つけることができた。それがプロジェクトを終えるときでもあったのだ。

イーライと私はいっしょに写真を選び、自費出版でこの本『エコリリア――ときに私は想う（ECHOLILIA／Sometimes I wonder）』を世に出すことができた。「エコリリア」とは、自閉症における反復言語（相手の言った言葉をオウム返しに繰り返す症状）を意味する「エコラリア（echolalia）」と、ユリ（lily）を組み合わせてつくった言葉だ。「エコー」はもちろん、反響を意味する。私たちの家で毎日響いていた言葉の反復と、「リリー」という美しい花を意味する言葉の結合。それが私には日々起きていることと、写真によって達成された相互理解との関係を、完璧にあらわす言葉のように思えたからだ。

現在、「エコリリア」のプロジェクトはすでに終わっている。ときどきイーライの写真を撮ることはあるが、それはどこにでもある家族写真とまったく変わらない。「エコリリア」を撮影していた時期、それは私にとっては自分の息子を、彼が置かれている世界をなんとか理解しようと、もがいていた時間だった。私と息子はいっしょになって、撮影を進めながら、なにかを探していたのだと思う。そうして最終的に明確な答えは見つからなかったにしても、ふたりのあいだに架ける橋を築くことはできたのだ。

一緒に架けた橋の真ん中で出会えた私たちに、もう一緒に写真をつくる必要はなくなっていた。

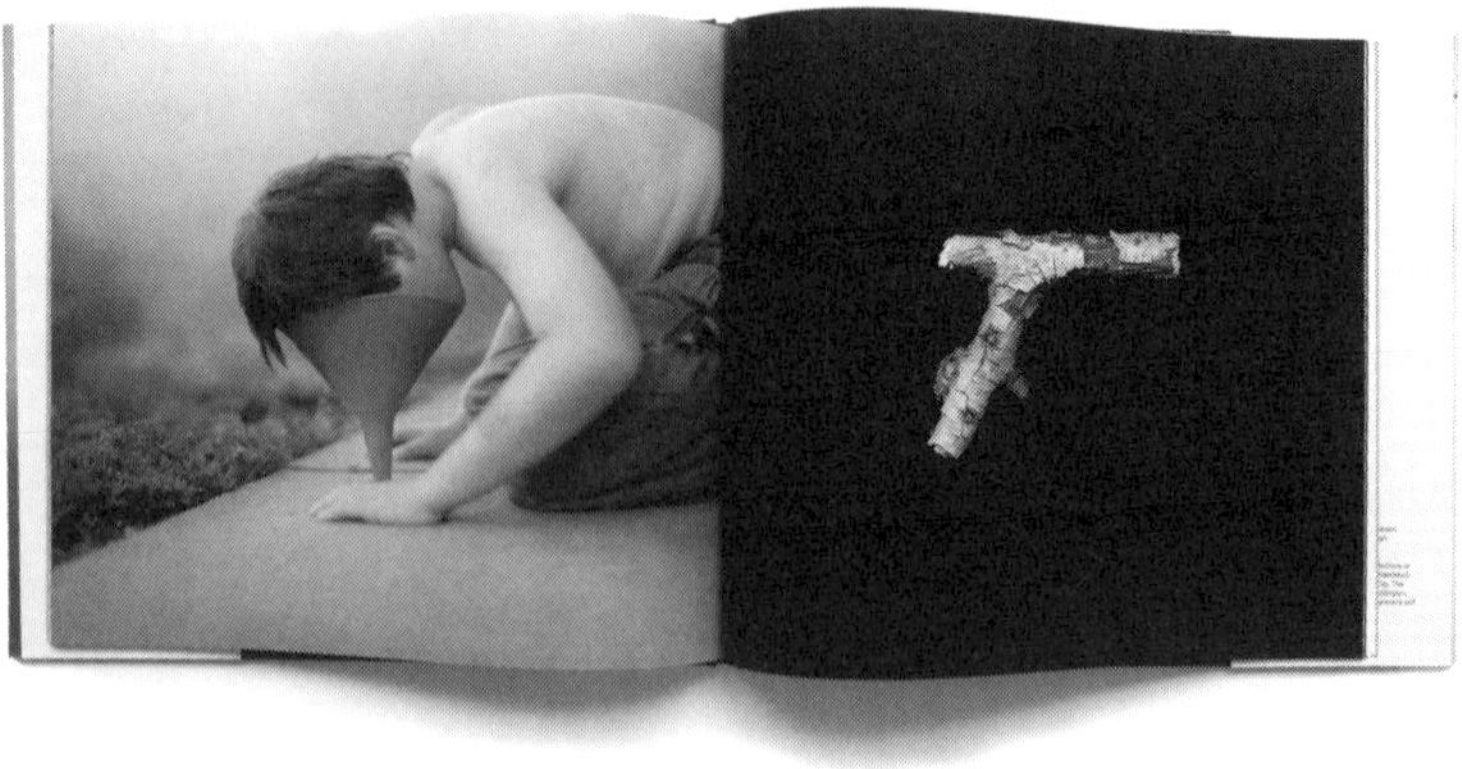

今年十歳から十一歳を迎えるイーライは、いまでは講演会で自分の自閉症について話せるまでになっていて、動画サイトでは父とともに作品を解説する少年の姿を見ることができる。

「遺伝的因子が関係する先天性の脳機能障害」というだけで、いまだ明確な原因も治療法もわかっていない、日本国内だけでも数十万人から百万人以上いるといわれる自閉症。それが「写真を撮ることで劇的に改善しました」なんて、民間医療の報告リポートみたいなもののために、この美しい写真集が世に出たわけではもちろんない。

アメリカのさまざまな雑誌や、広告分野でも活躍する写真家のティモシー・アーチボールド。彼にとって「エコリリア」のシリーズとは、クライアントもなく、掲載する媒体も編集者もなく、息子とふたりきりで、カメラとディスプレイとポラロイドを通じてコミュニケーションしながら、光と影と色彩でつくっていった絵画なのだろう。

そのゆっくりと、しかし着実な軌跡と、その究極の純粋さが僕らの胸を打つ。写真というメディアの深さを教えてくれる。そして世界を、これまでより少しだけ美しいものに思わせてくれる。

2009

『壁の本』

杉浦貴美子（洋泉社）

高山植物だけとか、富士山だけとか、スナックのママさんだけとか、世の中にはいろんな「それだけ」を撮り続ける写真家がいますが、これは「壁」だけを撮り続けている杉浦貴美子さんという若手写真家の作品集。

このひとはとにかく壁、それも年月が染みついた壁というものに、激しく惹かれるようで、カメラでそのディテールを切り取る作業を、ひたすら続けてきました。その記録を集めたウェブサイトは、ほとんど抽象画のパターン集の様相を呈していますが（http://www.heuit.com/）、こうして印刷されてみると、「切り取るという作業によって、壁がなにか別のもの——作品と呼び替えてもいいかもしれませんが——に変容すること」、つまり目の前の事物を「切り取る」という作業が、そのままアーティスティックな行為になりうることが、よくわかります。

僕も壁のディテールは大好きで、似たような写真をよく撮っているのですが（もちろん、彼女のエネルギーにはとうていかないませんが）、デジカメの時代になって、こういう作業はますます純粋さの強度が増してきたと思います。

フィルムで撮影しているときは、「切り取る」ことが、気分的に、まだひとつの作品をつくるという行為に直結していましたが、デジカメになってみると、もはや「撮影」というよりも、それは目の前にあるなにかを記録保存する気持ちに傾いてきます。デジカメは、もうカメラというより、スキャナーなんですね。

うしろのほうに、壁の撮影方法が書いてあって、そのなかに「最初はズームレンズを使っていたが、いまは単焦点レンズなので、自分が近づいたり離れたりする」という一節がありました。これ、実はすごく大切なことです。僕もよく初心者へのアドバイスとして、ズームは使うなと教えますが、自分が動くこと、たとえばもっと寄りたかったら、自分が近づくこと。遠くからズームで楽しないこと。それが、ブツであれヒトであれ、撮影ではほんとうに重要です。

この本を読んで、壁に興味をかきたてられたひとには、古本屋でこれも探すといいかもしれません。『日本の壁』。駸々堂という京都の出版社から一九八二年に発行された、定価二万円の立派なハードカバーですが（このころは京都にも立派な出版社が、たくさんありましたねー）、とにかく壁好き、特に日本の伝統的な壁の、あのなんともいえない美しさを愛するひとならば、まずゲットしておくべき定本でしょう。

2013

『堕落部屋』

川本史織（グラフィック社）

今週あたり全国の書店に行き渡っているだろう、話題の写真集がある。先行販売している一部書店やネットでは、すでにかなり盛り上がっているその一冊は『堕落部屋』という。デビューしたてのアイドルだったり、アーティストの卵だったり、アルバイトだったりニートだったり……さまざまな境

遇に暮らす、すごく可愛らしい女の子たちの、あんまり可愛らしくない部屋を五十も集めた、キュートともホラーとも言える写真集だ。

実はこの本、僕がオビを書かせてもらっている。ほかの文筆業の方々はどうなのかわからないが、僕にとって他人の本のオビを書くというのは、けっこうプレッシャーのかかる仕事で、ごく親しいひとの本以外はなるべく受けたくない。だから自分の本のオビも、かならず自分で書く。でも、この川本史織という若い写真家の作品集は、ゲラを見せてもらった時点で、なんとかキャッチーなオビを書いてあげたい、という気持ちになった。

『堕落部屋』とはもともと、アイドル予備軍の女の子たちが共同生活する寮の、すさまじい状態を自分たちで名づけたものだという。半分自虐的で、半分それを楽しんでいるような、陽性のヲタク感覚が、堅い漢字の輪郭から滲み出ているようだ。

五十人の登場人物はそれぞれ室内の全景と数カッ

トのディテール、それに本人のポートレイトというセットで、さらに巻末には名前と年齢、職業、出身地、好きなキャラや趣味、給料、「自分を食べ物にたとえると」、「嫌いな動物」なんてリストまで掲載されているので、読者は部屋主のキャラクターと、部屋のありようを正確にリンクして把握できるようになっている。

オビ裏の記述によれば、それは「ゲーム機器と珍味が同居する、歌って踊れるゲームアイドル」「手作りの仮面が散乱するデザイナー」「楽屋が本日のマイルーム、ゴスっ娘大衆演劇役者」「男根がインテリア、豪邸に住む主婦」「ホラーゲームの研究をする東大院生」「お宝は、潰れたティッシュ箱の劇団員（社畜）」「大阪の馬好きポニー娘」「BL好きOL」「蒐集癖が止まらないパティシエ」「服に埋もれるアイドル」……と、あまりなバラエティに富んでいるのだが、こんなに興味深い女の子たちの生活空間を、顔と体の写真付きで覗き見できる！というのが本書の最大の魅力であることは間違いない。そうしてその覗き見感覚にドキドキウキウキするのは、意外に女性読者のほうが多いんじゃないかという気もする。

川本史織という名前は女性と間違われそうだが、一九七三（昭和四十八）年生まれ、今年四十歳のれっきとした男性カメラマンだ。生まれたのは京都、大学に入るまでは金沢で育ち、卒業後は京都でフリーカメラマンとして働いたあと、いまから七年前に上京。浅草に住み暮らしながら、撮影の仕事を続けている。

うちは父親の仕事が染色で、母も織物をやっていたので、小さいころから嫌がる僕を美術館に連れて行く、みたいな美術環境の充実した家庭でした（笑）。両親は金沢美大の同級生だったんですね。

それで僕も漫画や絵を描くのは小さいころから好きだったんですが、それよりも『キャプテン翼』の影響でサッカーにハマったり、少年野球をやってみたりという、わりに活発な子供だったんです。

高校は工業高校の工芸科に進学しまして、そこでガラス・陶芸・染色と、伝統工芸をひととおり勉強しました。あと、当時はめちゃくちゃ釣りが好きで、ブラックバスがブームになる前だったんですが、一時はバスプロになろうと思ったぐらい。それで大学は、琵琶湖が近い京都精華大学を選んだんです（笑）。

まあ、親のやってる染色は外したいなあと思って、ビジュアルコミュニケーションデザイン学科というのに入ったんですが、学科の中に写真コースがあって、そこで写真を専攻したんですね。「美大に行くなら、写真ぐらいいちゃんと撮れたほうがいいぞ」って、親に言われてたのもあって。

大学を出たあと、金沢美大の大学院に進むんですが、その理由っていうのが……電通のADになりたかったんですよ！（笑）ADになれば、自分の思いどおりに好きなことができるって友達にささやかれて、それを鵜呑みにしちゃって。でも精華からクリエイティブに行くのは就職難もあって大変だったので、美大の院に行ったほうが有利かもと思って進学したんですね。

でも、（金沢美大には）通いはじめてすぐ、違和感があって。自分がしたいのは制作であって、勉強じゃなかったから。それであっというまに休学……自分の気持ちとしては退学ですね。

家に帰って一年間は親元でニート生活しながら、部屋に暗室を作って、撮影してはプリント、それを公募展に出すという繰り返しでした。毎日かならず撮る、みたいなスナップだったんですが、それが徐々に賞をもらうようになっていきました。

当時は女の子写真家がわっと出てきた時代でしょ。それで影響をけっこう受けましたね。それまで、ほんとは写真ってやりたくなかったんですよ。だって写真には修業が必要って聞いてて。奴隷みたいなスタジオやアシスタント生活を経て、ようやく独り立ちできる、みたいな……。そんな痛い思いをしてまでなるのはイヤだなって、ずっと思ってたんですが、女の子写真家が次々に賞を取ったり、美大を出てすぐに、自分から売り込んでフリーとして働き始めたりするのを見て、ああ、そういう道もあるのかって気づいたんです。

それで自分でもいろんな賞に応募するようになって。三年ぐらいして大阪で賞をもらったのをきっかけに、一九九七（平成九）年に金沢から京都に出てきました。

でも、師匠についてたわけじゃないから、師匠の仕事のおこぼれもないでしょ。それで大変でしたが、最初からフリーで、おもにブライダル写真とか、東京の雑誌の京都特集の写真とか撮ってました。

京都にはけっきょく五年ぐらいいるんですが、やっぱり小さい社会ですから難しいことがいっぱいあるし、僕はそんなに関西弁じゃなかったので、コミュニケーションもイマイチだし。だいいち東京と京都では、ギャラが三倍以上ちがうんですよ！

それで、そのころ大きな賞をふたつ取ったのもきっかけになって、三十二歳で東京に出てくるんです。ダメなら半年で帰ってくればいいやって。最初の半年はひたすら営業で。仕事はぜんぜんなくて、貯金の取り崩し生活で焦りましたが、徐々に仕事をもらうようになって。そこで大きな転機になったのが、台東区がクリエイティブ系の起業支援でやってる、デザイナーズビレッジというのがありますよね。その第二期に入って二年間いまして、そこで一気に人脈が広がったんです。

もともと秋葉原は大好きで遊びに行ったりしてたんですが、当時はメイド喫茶の出始めで、いつかメイドを撮りたいとか思ってたんですね。そのうちディアステージ（秋葉原にある、アイドルのライブスペース＆喫茶）と知り合って、そこのアイドルの子たちを撮るようになったんです。

もともと僕はメイドやアイドル文化自体には、ほとんど興味はないんですよ。でも、撮影に来てくれる子がみんなおもしろくて。それでアイドルというより、ひとりの女の子として応援したくなる。

そうやって写真が溜まってきて、自分でジンとかも作ってたんですが、やっぱり写真集にしたくなりますよね。そのときにいまの出版社（グラフィック社）から、ポーズ集をアイドルでできないかというお話が来たんです。

打合せの席で、アイドルの子たちが堕落部屋っていうのに住んでで……という話をしたら、いきなり編集さんが盛り上がってくれまして（笑）。それで「ポーズ集はどうせいっぱいあるから、堕落部屋の写真集にしましょう！」と。それが実は去年の八月末、そこで「三ヶ月で五十人撮影してください」ってなったんですね（笑）。だからもう、決まってからは必死でした。交渉から撮影まで、ぜんぶひとりでやったので。十一月の半ばになって、やっと目処がついたぐらいです。発売が一月なのにギリギリで……。知らない子の部屋に行くんですから、最初はもちろんおもしろいんですけど、やっぱり気を遣うし、ひとり六十～九十分ってお願いしてたので、時間の配分も大変。事前に説明してるのに、史織っていう名前だから女のひとが来るのかと思いました、って驚かれたり。そうやって毎日二～三軒回ってたんですが、そのうち部屋に行くまでの道のりがおもしろくなってきて、道中のスナップ撮影を楽しむようにもなりましたね。

上野御徒町の裏手、古いビルの上階に川本さんはスタジオを構えている。がらんとした部屋の片隅には姿見とホットカーペット。カーペットが敷いてあって、「ここは冬、寒いんで、待ってるあいだに風邪引かないようにと思って敷いてるんですけど、このうえで寝ちゃう子とかいるんですよ」という、なんともフレンドリーな雰囲気だ。

こういう環境と、川本さんの明るいキャラクターが、ああいう写真を生み出しているのだろう。いやらしいけど過度にエロくはなくて。男の目をちゃんと意識しているけれど、媚びてはいなくて。明るく朗らかそうだけど、ちゃんと闇も抱えていて。

そうしてそれが、芸能界がずっと再生産しつづけてきた、男たちの手による幻想の産物とは根本的に異なる、二十一世紀型のアイドルというまったく新しい存在のありようであることは、もはや指摘するまでもない。

2012

『池本喜巳写真集　近世店屋考』

池本喜巳（合同印刷）

地方取材に行くと、よく図書館に立ち寄る。東京にいるときは、よほどのことがないと行かないのに。

そのとき取材しているテーマの資料を漁ったり、「シャッター商店街」の昔の写真を探したり。公立図書館は基本的に出入り自由だし、司書のひとたちも親身に相談に乗ってくれるので、すごく助かることが多い。小さな町の図書館にだって、まだまだネットがとうてい及ばない、その土地の歴史と情報が詰まっているのだ。

こないだ鳥取の図書館で、鳥取市内の繁華街の写真を探していたときのこと。地元史の棚で、ペーパーバックの地味な写真集が目にとまった。『池本喜巳写真集　近世店屋考』――なにげなく手にとってパラパラしてみたら、それは鳥取県内の昔ながらの商店をモノクロームで撮影した記録だった。床屋、米屋、金物屋、時計屋、荒物屋、酒屋、駄菓子屋……大型カメラでじっくりきっちり、構図を固めて写し取られた空間と人物たち。一九八三年から二〇〇五年というから、二十年間以上にわたって収集された鳥取の商店は、どれも数十年の歴史を経てきたものばかりだ。それは昭和そのものにも見えるし、いまでも地方の旧道を走っていると、カーブを曲がった先にひょっと現れそうでもある。

作者の池本喜巳《いけもとよしみ》さんは、ご本人のウェブサイトに掲載されている略歴によると――

1944年鳥取市生まれ。最初の就職先である新聞社で、写真と出会う。以後、40年近く写真を撮り続けている。大阪で写真専門学校に通い、スタジオで修行を積んだ後、帰郷。故植田正治氏のアシスタントを長く勤め、鳥取市で池本喜巳写真事務所を経営している。ライフワークは鳥取を中心とした山陰の消えゆく風景・人物を記録すること。2005年には、愛知万博の瀬戸会場「愛知県館」にて海上の森を撮影した作品を上映。

ということで、生まれ育った鳥取の移り変わりをずっと記録してきた写真家である池本さん。『近世店屋考』は一九八六年、東京虎ノ門ポラロイドギャラリーでの個展が最初の発表で、それから各地で何度か展覧会があったあと、二〇〇六年に写真集として発行されている。ただ、全国の書店に流通するような出版物ではなかったし、いまでは地元の書店ですら見つけられないので、鳥取県民でも本書の存在自体を知らないひとが多いのではなかろうか。僕も池本さんの事務所に「どこで買えるんでしょうか」と連絡を入れたら、逆に「どこでご覧になったんですか!?」と驚かれた。

写真集の冒頭に、池本さんはこんな一文を掲げている——。

1983年頃、鳥取市青谷町は赤瓦の古い町並みが残っていた。カメラを肩に散策をしていると、表のガラス戸を開け放った床屋があった。河田理容室といった。入口には壊れたロボットのようなストーブがデンと居座っていて、右奥の一段高い畳の間にはなぜか4台のテレビが積んであり、ハサミやカミソリの棚にはご主人とそっくりな老猫が眠っていた。こんな店がまだあったのだ。

タイムカプセルのような世界に一歩足を踏み込み、「撮影させてください」と何度も頭を下げながら、すでにシャッターは切っていた。……それからはやたらと床屋が気になって県内を走り回った。やがて床屋以外の古い商店へと興味は広がり、肉眼では見落としてしまう小さな部分までも克明に記録したいと、190×240㎜のフィルムを使用する木製の大型カメラまで特注し、愛車に積み込み、街から街へ走りながら撮っていった。……撮影の間にも消えゆく商店があり、時間との競争でもあった。山陰の山ひだにひっそりと存在するこれらの商店は、やがて消えてゆくだろう。

池本さんが書いたように、こういう商店はいま次々と姿を消している。そういう「消えゆく時代の貴重な記録」として、池本さんは写真集出版後に経済産業相から感謝状も贈られている。でも、ここに収められている商店や人間たちは、特に貴重な文化遺産ではない。鳥取地方にしかない商業形態でもなければ、人間国宝みたいな希有な人物でもない。ごくふつうの場所で、ごくふつうの暮らしと商いを営んできた、ごくふつうのひとびとだ。そしてそういうふつうの生活を記録する池本さんのスタンスは、「古き良き時代へのノスタルジーに浸るスナップ」でもない。

本書のほとんどの撮影に使用されたのは、おそらく8×10と呼ばれる、現在フィルムが入手可能な最大級のカメラだろうが、その場でちゃちゃっとシャッターを押せるようなシロモノではない。まず三脚を立て、カメラをセットして、黒布を頭からかぶって構図やピントを調節して、それからポラロイドフィルムでテスト撮影して、ようやく本番ということになる。どんなに急いでも十数分の時間がかかるわけで、そのあいだ被写体となるひとたちは、じっと待っていなくてはならない。「撮影はまず店主の説得から始めるが、ほとんどの場合嫌がられる。それもときには激しく拒絶される」と池本さんは書いているが、そうした冷たい視線を受け止めながら、失敗することの許されない、いちどだけのチャンスのために機材をセットする時間は、さぞかし辛いものだったろう。

大がかりなセットと、いやおうない待ち時間。それが写される側にも一種の緊張状態と、撮影者に真っ直ぐ向き合う心理をもたらす。その目線を正面から受け止めなくてはならない撮影者にとっても、大型カメラは小型カメラでスナップするような「撮り逃げ」を許さない。「なぜ撮るのか」を明確に意識しないとシャッターすら押せない、遊びのない機械なのだ。

そんなふうに困難をともなうやり方をあえて選択した理由を、池本さんは「肉眼では見落としてしま

う小さな部分までも克明に記録したい」からと書いている。でも、肉眼でも見えないような細部を写し取ることに、いったいなんの意味があるのだろう。それは「大きく引き伸ばせば見えてくるから」というような実利的な理由を超えたなにか、言うなれば「対象への敬意と畏怖」だ。

僕もずっと同じような経験をしてきたから、そう感じるのだけれど、写真集の印刷ぐらいだったら、いまや高級デジカメでも、大判フィルムと同等のディテールは再現できる。そして扱いも、かかる経費も十分の一どころじゃない、百分の一ぐらいだ。

それでも重い機材を担ぎ、高価なフィルムを用意して、大型カメラで向かい合いたい、というか向かい合わざるを得ないと感じる瞬間がある。場の持つチカラ、ひとの持つチカラを正面から受け止めるのに、小さなカメラでは単純に弱すぎると思えてしまうのだ。肉眼で見えなくても、印刷で再現できなくてもかまわない。肉眼で見えない細部までも、そこに流れ淀む空気も含めて、時間をかけてフィルム面にすくいとろうとすること。それが目の前にあるものへの、最大のリスペクトにほかならない。それが池本さんの場合は、ふつうの暮らしを続けてきた「すごさ」へのリスペクトだったのだろう。

写真家という同業だから、そう思ってしまうのかもしれないが、この写真集が「失われゆく昭和の暮らしの記録」としてしか見られないのは、あまりにもったいない。僕にとってこの本は、ひとりの写真家が時代遅れの大型カメラを抱えて（いまや8×10はポラロイドさえ製造終了なのだし）、生まれ育った土地の奥へ奥へと踏み込む、二十年間のスピリチュアル・ジャーニーの記録なのだ。

2010

「建築写真文庫」（彰国社）

「建築写真文庫」という小さな本を、ご存じだろうか。建築やデザイン系の古書店でたまに見かける、ほぼ四六判、ハードカバーで百ページ足らずの薄い写真集のシリーズだ。

名前のとおり、これは建築の写真集なのだけれど、中に写っているのは有名建築家の作品でも、歴史的建造物でもない。東京や大阪の、ごくふつうの商店や映画館や遊園地や、住宅の玄関や座敷や庭だ。なかには『欄間』だとか『洋風の門』だとか『階段』だとか、いったいだれがだれのために作って、だれが買ったのか理解に苦しむような一冊も、けっこうある。

「建築写真文庫」が発行されたのは昭和二十八年から四十五年まで。十七年かかって全部で百四十五巻になった、一大シリーズだった。発行元は彰国社。建築専門書で知られる老舗出版社だが、社内でも若いスタッフは見たことも聞いたこともないという、ようするに出版社にすらほとんど忘れ去られていたこのシリーズを、僕は自分で集めているうちに、どうしても復刻してもらいたくなって、ダメもとでお願いしてみたところ、なんとそれが実現してしまったのだ。

この記事が出るころには、すでに書店に並んでいるはずの『Showa Style——再編・建築写真文庫商業施設編』という分厚い写真集が、それである。オリジナルのシリーズ全百四十五巻のうちから、商業・公共建築に分類される七十九巻を選び出し、単純計算しても八千ページ近くになるうちから写真を厳選して、八百ページの一冊にまとめなおしたものだ。それでも写真点数は千二百点近くにのぼった。七十九冊すべてを入念に読み返し、写真をセレクトし構成しなおしつつ、彰国社の倉庫に眠っていた古いプリントを探し出し、古いものでは五十年以上前の退色したプリントをスキャンして、色調を整える。そうした作業だけで三ヶ月以上かかったが、そのていどの日数で済んだのは、編集スタッフとデザイナーの驚異的ながんばりのおかげとも言える。

遊園地施設、映画館、小劇場、和風喫茶店、洋風喫茶店、コーヒースタンド、スタンドキッチン、レストラン、洋食店、飲食店、小料理店、料亭の玄関、料亭の座敷、料亭・旅館の調理場、すしや、そばや、のみや、バー、ナイトクラブ、キャバレー、ホテル、クラブ、温泉浴場、公衆浴場、旅館、旅館の客室と宴会場、旅館の設備、ガソリンスタンド、事務所、各種学校、保育所・幼稚園、体育館、寮・アパート、スタジオ・教習所、ギャラリー、出入口、新しい神社・寺院、墓碑と記念碑、医院、理髪店、美容院、看板と広告塔、店舗のファサード、看板の意匠、店頭の意匠、ショーウインドウ、専門店舗、売店、洋品店、装身具・化粧品店、薬局、靴店、時計・貴金属・眼鏡店、せともの・ガラス器具店、電気器具店、カメラ店。

いったいどこのだれが、こんなラインナップの建築写真集を考え出したのだろう。たとえばウジェーヌ・アジェが十九世紀のパリを、ベレニス・アボットがニューヨークを記録したように、「建築写真文庫」は、戦後復興期の東京や大阪の街を、ただ淡々と写し取っている。「作品」というような小賢しい意識は、そこにまったくない。建築専門出版社が出した書籍だから、基本的にこの文庫は商店や公共建築、住宅デザインにかかわる専門家へのレファレンスとして作られたにちがいないのだが、それがこれだけ大部のボリュームと無名性、言い換えれば市井のリアリティに徹していた背景には、いま目の前、生活のなかにあって、そのうち消え去っていくものを記録しておかねばならないという、強固な意志があったのだろう。

「建築写真文庫」は、実は北尾春道というひとりの人間によって、ほとんどすべてが取材撮影、編集、執筆、デザインされたものである。しかも北尾は彰国社の社員ですらなく、戦前から活動する建築家であり、数寄屋・茶室建築の研究家としても知られる存在だった。出版当時の状況を調べてくれた社内編集者によると、「北尾さんはたまに箱いっぱいの写真を抱えて会社に現れると、まっすぐ（先代の）社長室に、社長とふたりで閉じこもって、ああでもない、こうでもないとやって、それがいつのまにか本になってたようです」という、いまでは考えられない牧歌的な制作スタイルだったようだ。

十七年間にもわたって、百四十五巻もの写真集をひとりで撮影し、文章を書き、編集していた男がいる——そのことを僕が知ったのは、すでに今回の企画が進行しはじめたときだったが、僕にはなにか運命的な出会いのように思えた。口はばったい言い方で恥ずかしいが、こんな偉大な先輩がいた！というような。

明治二十九年、大阪で生まれた北尾春道は、東京高等工業学校（現在の東工大の前身）を卒業したあと建築の道に入り、一時は完成間もない丸ビルに事務所を構え、吉田五十八などと親交を結びながら、建築家として活動するのだが、戦前の時代から出版にも力を注いできた。最初に発表したのが建造物研究ではなく昭和七年の『影絵之研究』というのが、すでにして彼のディレッタント的側面を象徴しているが、以後『数寄屋聚成』全二十巻など、当時の和風建築設計事務所には欠かせない資料集を、次々と発表していく。

戦時中はシンガポールに渡り、海軍軍属として軍関係の施設建築にかかわったようだが、戦後帰国してからは実作よりも、数寄屋建築の調査研究と出版のほうにのめりこむようになった。昭和四十八年に七十六歳で他界するまで二百冊近い著作を残しているが、そのうちでも「建築写真文庫」だけはまったく異質の存在であり、北尾春道の業績を調査する数少ない現代の研究者の論文などでも、おそらくいちども触れられたことがない。メインストリームの建築史研究者にとっては、「建築写真文庫」のようなジャンルは、北尾にとっても「余技」でしかなかったとみなされているのだろうか。

北尾春道は建築家、研究者であるとともに、茶人でもあり、画家の後援者でもあり、花柳界にも通じた粋人であった。実際に文庫に収められた写真を見ていても、キャバレー、バー、旅館などで、ご本人にしか見えない姿がちらほら見受けられる。遺族によれば酒は飲まなかったが、そうとう世俗に通じた人間だったようだ。トルコ風呂やグランドキャバレーから高級料亭まで、ときにはかなり撮影許可が取りにくそうな場所にもずんずん入っているのをみても、「先生ならしょうがないですなあ」と言われるような常連だったことが、容易に察せられるのだ。

いっぽうで数寄屋建築や茶室の美に精通しながら、文庫のほうでは有名作家の作品だとか、歴史的建造物だとか、あるいは京都奈良のような景観都市には目もくれず、ふつうの人々が暮らす、ふつうの暮らしに徹底的にこだわった、そのスタイル。どこにでもあって、あまりにふつうすぎて、いつのまにか失われるまで、その大切さがだれにもわからない、そういう市井のリアリティが、北尾には見えていた。アジェやアボットに見えていたように。

昭和三十一年に東京に生まれて育った僕にとって、本書に登場する街角の風景は、自分が育った時代そのものだ。一枚一枚はたわいないスナップであっても、それが何百枚、何千枚と集まることで、どんなに高名なドキュメンタリー作家の作品もかなわない、はるかにリアルな、あの時代の空気感が、ページから立ちのぼってくる。

いま、僕らが暮らす時代を、いったいだれが、このように記録しつづけているだろうか。

2013

駅という名の広場があった

『新宿ダンボール村』迫川尚子（DU BOOKS）
『上野駅の幕間』本橋成一（平凡社）

一九六九年、僕は中学生だった。テレビでは東大安田講堂の攻防戦がニュースで流れ、海の向こうではウッドストックに数十万人の若者が集い、十九歳の永山則夫が米軍基地から盗んだピストルで四人を殺し、アームストロング船長たちが月面を散歩し、映画館には『真夜中のカーボーイ』や『イージー・ライダー』を観る列ができて、パチンコ屋からは「夜明けのスキャット」や「ブルー・ライト・ヨコハマ」や「人形の家」が流れていた年。そして一九六九年は駅が「広場」であることをやめ、「通路」になってしまった年でもあった。

一九六九年の半年間ほど、毎週土曜夜の新宿駅西口地下は、数千人に及ぶ若者たちが集まって、身動きがとれないほどだった。ギターを抱えてフォークソングを歌う者たち。ヘルメットに拡声器で反戦と大学解体を叫ぶ者たち。ジグザグデモをくりかえす者たち。そこはまさに、毎週末に出現する祝祭空間であり、緊張と怒りに満ちた磁場でもあった。そして機動隊による強制排除……一夜にして西口「広場」から西口「通路」へと改名されたあの空間は、「通路だから道交法が適用される」という理屈のもとで、そのとき「ひとの集まる場」としての生命を絶たれてしまったのだった。

数々の映画や音楽を引用するまでもなく、駅はいつも物語に満ちた空間だった。出会い、別れ、旅立ち、帰郷……そういう物語は、駅が「電車が出たり入ったりする場所」というだけでは、なにかが足りない。道と道が交わる場所に広場があるように、ひととひとが交わる駅にも広場が必要なのだし、それを昔はみんなわかっていた。

一九六九年に広場であることを放棄し、九八年にはダンボール村が撤去されて、無味乾燥な「広い通路」になってしまった新宿駅。一九八五年の東北・上越新幹線開業で、東京に残る最後の「駅という名の広場」であることをやめてしまった上野駅。偶然にも同時期に、このほど発表された二冊の写真集を紹介しながら、失われた「駅という名の広場」について考えてみたい。迫川尚子さんの『新宿ダンボール村』と、本橋成一さんの『上野駅の幕間』が、その二冊である。

『新宿駅最後の小さなお店ベルク』（ブルース・インターアクションズ）という本でも知られる、新宿駅構内のビア&カフェ・ベルクをご存じのかたは多いだろう。迫川尚子さんはベルクの共同経営者兼副店長であり、写真家でもある。

朝は四時起きで出勤（！）という激務のかたわら、新宿の街を撮り歩いていた迫川さんが、新宿駅西口のダンボール村を撮り始めたのは一九九六年一月のこと。それまで新宿駅と都庁を結ぶ地下通路でダンボール生活をしていたホームレスたちが、「動く歩道」設置を口実に東京都によって一斉排除され、西口地下広場に居を移したのが「ダンボール村」の始まりだった。それを迫川さんはこんなふうに、あとがきで記している――。

96年1月、新宿駅から都庁へ向かう通路脇の路上生活者たちが強制撤去されるというニュースを見て、すぐカメラを手にとり現場へ向かいました。その日がダンボール村の誕生の日でした。ダンボール村は西口駅前広場にあったので、ベルクの仕事の合間に東口からお散歩がてらに行けました。だからなおさら、取材というよりお隣にお邪魔する感覚でした。もちろん、目的は撮影ですが、まず客人として認められることが先でした。

住人たちに私の存在を確認してもらうため、毎日赤いコートを着て行ったものです。赤いコートの女がまた来た、と思ってもらえればしめたものでした。

何か大きな事件がある時だけやってくるカメラマンとは違い、どうやら私は毎日顔を出すし、出されたお菓子は全部食べるし、猫と勝手に遊んでいるし、まあほっとくか、と住人たちもそのうち私の存在やカメラを気にしなくなってくれたようです。

新宿ダンボール村が存在した九六年から九八年までの二年間、数々の報道がなされたし、支援者やジャーナリストによるドキュメンタリーもたくさん発表されてきたので、そのいくつかをご記憶の方も多いだろう。

本書に収められた写真が撮られてから、出版までには十五年間の歳月が流れたことになるが、数年前にはベルク自身が家主のルミネから「ファッションビルにするんで、ファッショナブルじゃない店は出てってください」と立ち退きを迫られ、その顛末がメディアでもかなり取り上げられたのはご存じのとおり（詳細はベルクのウェブサイトにて）。

幸いにも立ち退き問題は一時棚上げとなったようだが、アトレだのルミネだの高架下ショップだので、再開発路線を突き進むＪＲ東日本の勢いは加速するいっぽうだし、ダンボール村の住人たちは西口中央公園やいろいろな場所に分散しただけで、事態は十五年前からひとつもよくなっていない。

それでも迫川さんは毎朝五時には新宿駅にいて、コーヒーを淹れ、ビールを注ぎ、（もう赤いコートを着てるかどうかはわからないけれど）カメラを持って街を歩き続けるのだろう。変わらぬ目線（の低さ）で街とひとを見つめながら。

『新宿ダンボール村』は先月、紀伊國屋新宿本店で写真展が開催された。それは展示室のフロアに、初期のダンボールハウスが再現された素敵な展覧会だったが、六月末まで京都恵文社一乗寺店でも、小さなパネル展を開催中。恵文社ファンのみなさまは、猟書ついでに覗いてみてほしい。

『新宿ダンボール村』は小型のペーパーバックだったが、『上野駅の幕間』のほうはハードカバー、ケース付きの重厚な写真集だ。著者の本橋成一さんは、筑豊の炭鉱からチェルノブイリ、屠場まで多くの写真集や、『アレクセイと泉』『ナミイと唄えば』などの映画、更に東中野ポレポレ坐のオーナーとしても知られる、ドキュメンタリーの大御所である。

『上野駅の幕間』はもともと一九八三年に発表された写真集で、上野駅開業百三十周年を記念して、三十年ぶりに新装改訂版として甦ったもの。古書店でもなかなか見つからず、僕もオリジナルは見たことがなかったので、今回の再刊はほんとうにありがたい。

一九四〇（昭和十五）年に東中野で生まれた本橋さんは、お祖父さんの代から本屋が家業。太平洋戦争の空襲で家は焼けてしまったが、幸いにも家族は無事に生き残り、小学校から大学まで羽仁もと子、吉一夫妻によって創設された自由学園で学んだあと、写真専門学校を経てカメラマンとなった。デビュー作の『炭鉱（ヤマ）』で第五回太陽賞を受賞したのち、海外へとフィールドを拡大しつつ、旅芸人やサーカスなど、市井のひとびとの暮らしを追い続けてきた。

本橋さんが上野駅を撮影した一九八三年は、東北・上越新幹線が上野開業になる一九八五年の直前のこと。その後九一年には新幹線が東京までつながって、百年以上にわたった「北の玄関口」としての上野駅の役割は終わってしまう。その、変わってしまう直前の上野駅を撮るようになった動機を、こんなふうに語っている――。

駅は広場だって常々言ってるんです。東京大空襲の後、父はさすがに怖くなったのか、家族みんなで長野県の茅野・蓼科の祖母の家に疎開したんですね。新宿駅から中央本線で行くわけですけど、その時の新宿駅の印象が強く残ってるんです。何て言うんだろう。待たされた地下道の居心地が良くて、安心感があってみんなが集まれるところ。

それと同じような意味で、上野駅って、東京の中では、唯一残っている「駅らしい駅」だと思ったんです。平気で何時間も列車を待つ人、用もないのに集まってくる人たちがいて、まさに広場なんです。ヨーロッパ終着駅とかもそうですよね。人の出会いとか、別れとか、そこにドラマがある。そんなふうにたたずむのが、本来の「駅」なんだと思う。

僕はその頃、出版社に写真を届けたり、打ち合わせに出かける時は、どこでも食べられるようにって、お弁当を持ち歩いてたんです。だけどなかなか弁当を広げられるところって限られててね。デパートの屋上はいいけど、公園は人目が気になるとか。それで、神田とか、銀座近辺に来る時は、上野駅によく行ってたんです。上野駅だとね、ほんとにどこで食べてても気にならない。ちょっと余裕があればワンカップを買ったりして。上野駅も上越新幹線工事が始まると聞いて、今のうちに記録しておかなくちゃというんで通いだしました。

(『本橋成一　写真と映画と』タイムトンネルシリーズ24 ガーディアン・ガーデン展カタログより、二〇〇七年)

そういう、東京のどの駅にも、たぶん日本中のターミナル駅にもない「広場感」が、たしかに新幹線が通るまでの上野駅にはあった。写真集としてではなく、一枚のプリントとしていきなり見せられたら、日本じゃなくて、むしろバンコクのホアランポーン駅とか、ちょっと前のソウル駅や釜山駅と見間違えそうな、なんとも言えない、むせ返るようなアジア感。

バブルに向かって突き進んだ一九八〇年代の東京で、上野駅だけにはそんなしっとりした空気があった。ドキュメンタリー写真家の本分とは、突き詰めればセンスでもテクニックでもなく、「いるべきときに、いるべきところにいること」だと常々思うが、「いま撮っておかないと」という本橋さん

『上野駅の幕間』

『新宿ダンボール村』

の直感がなかったら、在りし日の上野駅を、つまりは昭和の日本人のすがたを、こんなふうに思い返すことはできなかったはずだ。

写真を一枚ずつ見ながら、本橋さんの上野駅にまつわるエピソードをうかがっていると、上野駅という「広場」と、そこで流れてきた時間は、巨大な短編小説の集合体なんじゃないかとも思えてくる――。

写真集の中に、ホームからおしっこしてるおじさんの写真があるでしょ。あのおじさんに、「どこから来たの」って聞いたら、出稼ぎの帰りで、東海道新幹線の新富士から秋田に帰るところだって。「新幹線の中ですれば良かったのに」って言ったら、「いやあ、忘れてた」って。それで上野駅に着いて、思い出した。決してほめられたことじゃないけど、ホームからおしっこできる駅っていうのは上野駅だけですよ（笑）。

しのばず口の売店で月に一度ワンカップを買うおじさんがいてね。そのおじさんはね、「これから田舎に帰るんだけど、これ一本飲むと汽車の中でよく眠れるんだよ」なんて言う。でも、あとで売店のお姉さんに聞くと「帰るわけないわよ」って。たしかに、荷物も持ってないし、田舎に帰るという感じではないんです。きっと、そのおじさんにはそのおじさんの事情がある。お姉さんの方も、帰らないとわかっていても「うん、うん」って話を聞いてあげたりする。そういうつながりがあって、おじさんもさることながら、売店のお姉さんにも上野駅での役割みたいなものがあるんです。（『写真と映画と』）

そういう上野駅は、もう本橋さんの写真の中にしか残っていない。現在の上野駅は、ただ単に「駅ビルの一階や地下が電車の乗降場所になってる空間」でしかないし、おばあさんが新聞紙広げて弁当食べられる隅っこも、おじさんが立ち小便できるホームも、ありはしない。新宿駅と同じく、ここもまた広場であることをやめた、巨大な通路に過ぎなくなってしまったのだ。

ＪＲと私鉄と地下鉄が複雑に入り組む東京都心の電車網は、一説によれば世界一複雑なのだという。携帯のアプリで乗り換え情報を確認しながら、足早に通り過ぎる通路。何時間も前に着いてのんびりと電車を待つのでも、送るひとと送られるひとが時間を共有するのでもなく、数分単位で時速三百キロとかいう、窓も開かない、食堂車もない新幹線が発着するだけのターミナル。広場を失って、僕らが得たものは、そういう駅だ。

新宿の書店・模索舎が発行しているウェブマガジンで迫川さんが指摘しているように、三月十一日の東日本大震災の夜、ＪＲは首都圏の駅を全面に封鎖してしまった。駅の周辺には行き場のない帰宅困難者があふれている、その目の前で閉められたシャッター。そこにあるのはもはや、広場としての駅の役割を完全に忘れ去った、私企業の論理だけだった。

『上野駅の幕間』は七月二十日から八月一日まで、紀伊國屋書店札幌本店で写真展が開催される。本来はこういう作品こそ、上野駅の正面玄関であるグランドコンコース（なんとそぐわない名前だろう！）とかで、大々的に展示されるべきものだろうが、駅をデパ地下化することしか考えていない、いまのＪＲにそれを一瞬でも望むのは、あまりにもむなしい。

2013

昭和という故郷

『サーカスの時間』
『昭和の肖像〈町〉』

本橋成一（河出書房新社）
小沢昭一（筑摩書房）

先月末から今月（十二月）にかけて、昭和の空気を捉えた見事な写真集が二冊、重なるように刊行された。ひとつはメルマガでも今年六月十九日号で紹介した『上野駅の幕間』の著者・本橋成一による『サーカスの時間』、もう一冊は昨年（二〇一二年）十二月に亡くなった小沢昭一の『昭和の肖像〈町〉』である。

本橋さんの『サーカスの時間』は、『上野駅の幕間』に続く再刊プロジェクト。旧版は一九八〇年に出ているから三十三年ぶりの再刊ということになるが、「旧版から写真を大幅に差し替え、増補再構成した決定版！」とのこと。大判で二百ページを越える、ずっしり重量級の造本で、モノクロームの印刷も深みをたたえて美しい。さらに巻末には小沢昭一さんと、サーカス曲芸師のヘンリー・安松さんの対談も収められている。

サーカスの写真といえば本メルマガでは今年一月三十日／二月六日号で、森田一朗さんのサーカス写真シリーズを紹介した。本橋さんのサーカス・シリーズも、森田さんと同じくおもに一九七〇年代中期から後半、つまり日本的なサーカスがしだいに衰退し、変容していく時期に、失われゆく街場の芸能の姿と、空気感までをも記録しようという試みだった――「一九八〇年に『サーカスの時間』を刊行した後、サーカスの「芸」は「ショー」へと変わり、それまであった芸能が生まれにくい土壌になってしまった。それは、サーカスに流れていた本来の「豊かさ」を置き去りにしたからではないか」（新版あとがきより）。

本橋さんの言う一九七六年の関根サーカスにあって、二〇一三年のシルク・ドゥ・ソレイユにない「豊かさ」とはなんだろう。貧しさをつつみこむ包容力だろうか。存在の陰影を彩る物語性だろうか。社会の周縁に生きる人間たちの逞しさだろうか。そうして「芸能」にあって「スペクタクル」にない、なにかだろうか。

そのなにかを声高に主張するのではなく、カメラという道具で淡々と書き留められたモノクロームの画面から、写真家の止むに止まれぬ思いが滲み出る。

『サーカスの時間』では写真の連なりのなかに、ひと息入れるような短い文章が挟み込まれていて、それもとてもいい。ひとつだけ引用させていただくので、そこから芸能に向き合う本橋成一の目線を感じ取っていただけたらと思う――。


千代子姐さんがぼくに声をかけてきてくれたのは、自分が可愛がっている三匹のプードルの写真を撮ってほしいということからだった。これがきっかけで、千代子姐さんは関根サーカスの中でぼくの一番の話し相手になった。

彼女が一番熱心に語ったのは、その生い立ちから現在に至るまでの話だった。母親とは二歳の時に死別したこと。満州に渡った父親を待つために、船が着く舞鶴に行きたくてサーカスに入団したこと。でも身体が大きいし顔立ちもいまひとつだったから、三十歳まで芸をやらせてもらえなかったこと。そして結婚、流産、離婚の繰り返し。千代子姐さんの半生記はドラマそのものだった。

しかし、話を繰り返し聞いていると、以前聞いた話とはちょっとずつ違うことに気がついた。たとえば、結婚した男が病死した話を涙ながらに話してくれたかと思うと、数日後には、その男が千代子姐さんを捨てたという話に変わっている。

はじめは驚き、何が事実なのか気になったけれど、いつの間にか、みな本当の話に思えてきた。こんなにすごい半生記を幾通りにも語れる千代子姐さんだからこそ、あれほどの強烈な印象を残す芸ができるのだと思った。千代子姐さんが自らの半生を語りなおす度に、それが芸の原動力となり、同時に自分自身の手で歴史を創りだしていく行為そのものであるような気がした。

本橋さんは小沢昭一と長く仕事をしてきた写真家でもあり、小沢さんが主宰していた雑誌「藝能東西」でもたくさんの、街場の芸能を撮影してきた。それは二〇一〇年に『昭和藝能東西』（オフィスエム）という、『上野駅の幕間』や『サーカスの時間』と同サイズの写真集として世に出ている。なので『サーカスの時間』のなかに小沢さんがいるのはごく自然な流れなのだが、熱心なファンにとって小沢昭一は俳優であり、芸能者であり、文筆家であるとともに、写真家でもある。『珍奇絶倫　小沢大写真館』という文庫サイズの写真集があって（ちくま文庫）、僕は大好きでいまでもときどき見かえす。小沢さんのもとに膨大な量の写真ネガやプリントが残されているという話は前から聞いていて、それがどうなるのかすごく気になっていたのだが、今回『昭和の肖像〈町〉』と

『サーカスの時間』

いうハードカバーの写真集になり、このあと続編も予定されていると聞き、まずはひと安心。

「私は東京も場末の写真屋の小倅《こせがれ》で……」と御本人が書いているとおり、写真館に生まれ育った小沢さんにとって、カメラはペンや演技と同じくらい、自分にとって「使い勝手のいい」メディアだったことは想像に難くない。

東京の下町で、日本全国津々浦々の仕事先で、遊んだ場所で、小沢さんがパチリとやった風景や人々。その一枚一枚に、むせ返るような昭和のにおいがこびりついて、僕らを強烈なちからで遠い、ではなく近い昔に引き戻す。

木村伊兵衛をはじめとして、昭和の庶民を撮影した写真家は数多いが、これほど「芸術」や「作品」への邪心のない、「好奇心」と「スケベゴコロ」に満ちた昭和写真は、なかなかあるまい。高層ビルも下町の路地裏も撮るけど、パンチラも撮る。祭りの香具師や駄菓子屋も撮るけど、トルコ風呂も撮る。

そのおもしろがりかたの強さと優しさといじらしさが、そのまま目線の、つまりはカメラを向ける動きとなって小沢さんを、僕らを町から町へ、路地から路地へ、暗がりから暗がりへと引っ張りまわしていく。

『サーカスの時間』と同じく『昭和の肖像〈町〉』にも随所にエッセイがちりばめられている。それが街歩きの途中で、古ぼけた喫茶店を見つけて入ってみたら予想外に美味しいコーヒーが出てきた、みたいなブレイクになっていて、やっぱりとてもいい。それはたとえば、こんな香りと味だ――。

> 女がみんなイイ女だね、この都電に乗るのは。私、女にね、させてやるって女としてもらうって女の二通りがあるような気がする。昨今、させてやるって女ばかりで私しゃ慨嘆してたけど、今日はよかった、皆、してもらうって感じで。女学生もイイ。ロングのスカートで、胸なんか三角でひろめにあいていて、ほのグレてるって感じ。しかも家にかえると、パッとセーラー服着替えて台所なんかでサッサッとかたづけものしちゃう。そんな生活のスポーティさが身についている娘。
> で、奥さん連もまたいいんだな。ちょっぴり哀しさがあってね。家に帰ってもイバってなんかいないでやるだけのことはキチッとやる。つり皮みたらね、小指のところにシモヤケなんかあるんだ。嬉しいねえ。近頃、女のヒビワレだとかシモヤケなんてなくなってきやがったから、クヤシクッてしょうがなかった。私、あれに泣いてたんだ、あのいじらしさに。今日は、ちょっといいつり皮が二、三本あったけど、ポーッとして写真うつすの忘れちゃった。

しかし「ほのグレる」って……（笑）。こんなふうに町やひとを見られたら、毎日散歩してるだけで一生飽きないだろう。「珍奇絶倫なるもの」の発見の仕方と、そこへの愛情の注ぎ方を僕に教えてくれた、小沢昭一は僕にとってこころの師なわけだが、邪心を捨てて好奇心に生きる達人の散歩スナップ道は、まだまだ奥が深い……と痛感させられる教科書でも、この本はあるのだった。

2014

残像・命ギリギリ芸『昭和の肖像〈芸〉』

小沢昭一（筑摩書房）

去年のメルマガ十二月四日配信号で紹介した、小沢昭一の写真集『昭和の肖像〈町〉』に続く待望の続編『昭和の肖像〈芸〉』が出た。

近代日本大衆文化、またフィールドレコーディングに関心のある者にとっても最重要な記録音源『日本の放浪芸』（復刻版ＣＤボックス四セット、全二十二枚！）でもわかるように、失われ滅びゆく芸能を訪ね歩き、記録する作業は、小沢昭一にとって単なる趣味でもなければ、学問的な興味でもなかったろう。

多忙な日々のかたわら、全国各地から韓国、中国、インド、ヨーロッパにまで調査範囲を広げ、「放浪芸大会」も主宰、果てはその成果をみずからの芸として披露する――それは彼にとって、「いま自分が動いて、残しておかなければ」という、止むに止まれぬこころだったにちがいないと、後輩

（と勝手に思っている）の僕には思われてならない。
『昭和の肖像〈町〉』編の紹介で、僕はこう書いた——。

木村伊兵衛をはじめとして、昭和の庶民を撮影した写真家は数多いが、これほど「芸術」や「作品」への邪心のない、「好奇心」と「スケベゴコロ」に満ちた昭和写真は、なかなかあるまい。高層ビルも下町の路地裏も撮るけど、パンチラも撮る。祭りの香具師や駄菓子屋も撮るけど、トルコ風呂も撮る。そのおもしろがりかたの強さと優しさといじらしさが、そのまま目線の、つまりはカメラを向ける動きとなって小沢さんを、僕らを町から町へ、路地から路地へ、暗がりから暗がりへと引っ張りまわしていく。

そういう「好奇心」と「スケベゴコロ」でフトコロを膨らませた、カメラ片手の散歩者としての小沢昭一が前著であったとすれば、今回の続編はまったく熱量の異なる、興奮と焦燥感がネガの一カット一カットに詰め込まれているようで——僕だけの思い込みかもしれないけれど——とても〈町〉編のように気軽にはページをめくれない、居ずまいを正される一冊になっている。ただおもしろがっているようでいて、実はどんな気持ちで小沢さんはファインダーを覗き、シャッターを切っていたんだろうと思うと、胸が痛くなってくるページすらある。

そこまでこだわる「芸」という世界を、小沢昭一はアジアの芸能について書かれた文の中で、簡潔に表現している——。

これまで日本の芸能の滅んでゆく姿を見守ってきて、ずっと感じていたことなんでありますが、どうも近代的文化的な生活と、ぼくの求めている芸能というのは相反するようなんですね。ぼくの求めている芸能ってのは要するに、人間が食うために仕方なしにがんばって、歯を食いしばって身につけた超人的な腕前ということなんですが、それはどうも近代の文明とは反比例するんではないか。今回アジアを旅して、単に空港がきれいな順にいうと、成田、ソウル、バンコク、デリー。大道芸の豊かさからいうと、その逆。便利で清潔な文化と命ギリギリ芸とは反比例する。これが実感なんです。

ちなみに現状を補足しておくと、デリーはともかく、空港がきれいな順番はバンコク、ソウル、成田……というわけで、タイや韓国では小沢さんが書いた当時の日本を上回るスピードで、「命ギリギリ芸」が滅び去ろうとしていることになる。

門付け芸から説経節、大道芸に見世物小屋まで、本書に収められている芸能のほとんどは、すでに日本のストリートから完全に消滅してしまったものばかりだ。そしてその中でも、小沢さんがいちばん熱を込めて記録しているのがストリップだ。

オールド・ストリップ・ファンが「ストリップの黄金期」とする昭和三十年代の、要するに「オープン／トクダシ」以前の時代ではなく、小沢さんがストリップを「現代に生きるピッカピカの放浪芸なのだと気がついた」のは、昭和四十年代後半あたりのようだ。オールド・ファンにとっては「芸ではなく見世物に成り下がった」当時のストリップに惹かれる理由を、小沢さんはこんなふうに分析する――。

まず、十日間ごとに、小屋から小屋へと楽屋泊まりを重ねて三百六十五日を過ごすというストリップの踊り子は、原始的職業芸能者の放浪性を、最も濃厚に残しているということ。

次に、社会から隔絶して閉鎖的に生活している彼女たちが、実は世間から白眼視されている存在であるという事実。

さらに、それが好んではじめた仕事ではなく、生活のために、やらざるを得ない所業であったということ。

もうひとつ付け加えるならば、その犯罪性。

これほど、過去の放浪芸能者の特質を備えて、現在を生きているものは、他に全く見当たりませんでした。

なので本書の中ほどにおかれたストリップの章は、当時のストリップ界を担う一条さゆりと桐かおる（レズの女王）の二大スターを核として、内容的にもひとつのピークになっている。前述したCDシリーズのなかにも、『ドキュメント　まいど日本の放浪芸』というタイトルで、彼女らふたりのステージや楽屋インタビューを収めたCD四枚組ボックスがあるくらいだから、小沢昭一のトクダシ時代ストリップへの思いは、なみなみならぬものがあったのだろう。

いまから三十年、四十年前に消え行き、滅び去ろうとしている世界を追いかけた小沢昭一。ストリッパーの大開脚の性器の奥に、彼が「命ギリギリ芸」の暗闇を見たのだったとしたら、二〇一四年の日本に生きる僕たちは、どこにそういう「命ギリギリ芸」を探したらいいのだろう。

それはもう、日本のどこにもないものだろうか。それともストリップ劇場の楽屋でも、お祭りの屋台の隅にでもなく、どこかまったく別の場所にあるのだろうか。たとえばそれはパトカーに追い詰められながら、アクセルワークで『ゴッドファーザー愛のテーマ』をカマしてみせる暴走族なのか。太客に無理やり飲まされながら、一糸乱れぬシャンパンコールをキメてみせるチャラ男ホストなのか。

ノスタルジーに浸る快感の先にある、まだ見えない目的地が、僕には気になって仕方がない。

2009 本棚が、いらなくなる日

本が好きな人間で、書斎を欲しいと思ったことがないひとはいないだろう。

重厚な机と柔らかな照明、高い天井の部屋の、床からずーっと上まで書棚が作り込まれていて、上のほうの棚に届くハシゴが据えつけられていて……。僕も、そういう部屋に憧れた時期があった。ずいぶん長いこと。

編集者という仕事を始めて、もう三十年。いままで仕事で日本各地、それに世界のいろんな場所の、本好きにたくさん出会い、すばらしい蔵書をたくさん見てきた。溜息しか出ないような美しい部屋の、溜息しか出ないような美しいコレクション。そういうのをずっと見てきて、やっと気がついたこと、それは「コレクションって、けっきょくはカネの勝負だ」という単純な事実だった。

なにも本に限ったことじゃない。絵画だろうが、骨董だろうが同じこと。「カネじゃなくて、選択眼の問題でしょ」と物識りは言うだろうが、現実にコレクションの質というのは、たぶん九十五%ぐらいまではカネで決まってしまう。ほんとに難しい、センスが問われるレベルというのは、最後の五%ぐらいの領域だ。

そう思うようになってから、「蔵書に埋もれて一生を送りたい」という気持ちがすっかり失せてしまった。けっきょく、貧乏人は金持ちにかなわないのだし、金持ちは大金持ちにかなわないのだし。

稲垣足穂という大作家がいた。この人は不遇な貧乏時代がすごく長くて、しかも大酒飲みだった。お気に入りの飲み屋に歩いていける距離のボロ・アパートに住んで、ちょっとでもカネが入ると、ぜんぶ飲み代に使ってしまう。着てるのは、浴衣みたいな着物がたった一枚。それに帯代わりの荒縄をデブの腹に締めて、家財道具なんてとうの昔に売り払ってしまってるから、見事になんにもない部屋でゴロゴロしつつ、夜さむいときは、陽に焼けたカーテンをはずして腹に巻きつけて、寝る。布団はない。枕もない。唯一の蔵書である広辞苑を、枕代わりにして、酔っぱらった頭を冷やしながら、夢を見ていたのだった。

新宿の地下道に、気になるホームレスのじいさんがひとりいた。この人は紀伊國屋に上がる階段のそばに寝っ転がっていて、着替えかなんかを入れた紙袋がひとつあるだけだったが、いつも本を二冊持っていた。それがやっぱり広辞苑と、たぶん研究社の英和辞典で、いつでもそのどちらかを読みふけっては、なんだか独り言をつぶやいていた。

足穂大人はとうにこの世からいなくなってしまったし、新宿のホームレスも姿を見なくなって、ずいぶんたつ。でも、僕にとってはいまだに、このふたりが最高の読書家だ。最高にうらやましい、本とのつきあいかたのスタイルだ。

こんな仕事をしていると、参考資料として本を買うことも多いし、自分で買わなくても送られてくる本がたくさんある。ほっておくとどんどん溜まるだけなので、当然ながら整理することになる。

本を処分するには、むかしは古本屋に持っていくか、来てもらったものだった。でも、いまは古本屋にも本があふれているから、なかなか「はい、じゃあ丸ごと引き取らせてもらいます」というわけにはいかない。これはいいけど、これはいらないとか、売る側にとっては身勝手にしか聞こえない理屈を並べられて、買い叩かれて、不愉快な気分になった経験をお持ちの方も、たくさんいるだろう。僕も古本屋にはイヤな思いを何度もさせられたので、もう神保町の老舗古書店というような店には、ぜったい売らない。来てもらうのは、いつもブックオフだ。雑誌でもなんでも引き取ってくれるし、態度もすごくいいので、何ヶ月かにいちど、定期的に来てもらっている。

とはいえブックオフでも、うちにたくさんある洋書や、美術展覧会のカタログなどは、引き取ってもらうわけにいかない。なのでいろいろ考えた末、このたび古本屋を開業することにした。自分で、自分の本を売るのだ。

古本屋ではあるが、店舗を借りる資金もなければ、店番をしている時間もないので、インターネット上でウェブ書店を開くことにした。サイトにアクセスしてもらうと、僕の本棚がずらーっと出てきて、一冊一冊に値段と、どこがおもしろかったり貴重なのか、ひと言コメントがついて、注文すればクレジットカードや代引きで発送される。ふつうのインターネット・ショップとまったく同じつくりだが、ちがうところがあるとすれば、それは並んでいる商品（書籍）が、ぜんぶ僕が自分で選んで、自費で購入したものというところだ。ただ、たくさんの本が並んでいるのではなくて、僕という人間が選んだというフィルターを通した品揃え。それが最大というか、唯一のウリである。

いま、本はAmazonなどのネット書店で買うというひとも多いだろう。「この本が欲しい」とわかっていて探すのには、巨大なネット書店は最高に便利な存在だ。それで、たとえばAmazonでお目当ての本を探し当て、注文しようとすると、「この本を買った人は、こんなのも買ってます」みたいなセクションがあって、そっちも見ているうちに、思わずあれもこれも購入してしまいました、というひと、けっこういるのではないか。僕もそのひとりだが、かつてはその役割を、優れた古本屋が果たしていたのだった。

いい古本屋には、独特の選択眼があった。なにか特定の本を探しに行ったとしても、同じ棚に並ぶ別の本がまた興味深くて、つい、いっしょに買ってしまう。そういう品揃えの鋭さを競うのが、古書店主の醍醐味だったはずだ。

でも、神保町的な老舗書店のほとんどに、いま、この時代の本好きたちのエネルギーやスピードに乗っていく能力は、もうない。何十年もかわらない品揃えに、夕方にはシャッターを下ろし、日曜はお休みという、大学の先生か隠居老人ぐらいしか行けないような営業態度。番台みたいな机の向こうから、常連以外のすべての客をじろりとにらむ、ものすごくフレンドリーじゃない接客スタイル。本を出したり入れたりしてるだけで、指が真っ黒になってしまう不潔な店内。もちろん、座って読めるような場所もない……。若い本好きたちが、いままでとはぜんぜんちがうテイストで運営する古本屋やブック・カフェが、日本各地に増えているのが、そのなによりの証拠だろう。業界が不景気だとか言ってるけど、古本がダメなんじゃなくて、旧態依然とした古本屋業界がダメなだけなのだ。

ネット古本屋開業のために表紙をスキャンして、ひと言コメントをつける作業をしているうちに、「あー、こんなのもあったか！」と、すっかり忘れていた本がたくさん出てきて、思わずパラパラしてみたり、売るのが惜しくなったりする。

でも、いまの僕は、どんなに豪華な図書館より、稲垣足穂の部屋のほうがうらやましい。ずっと仕事をしてきて、わかったことのひとつ、それは「ほんとうに必要なものならば、かならず探し出せる」ということだ。自分の手元に、いつ読むのかわからないまま、何百、何千冊という本を置いておくよりも、ネットにつながったノートパソコンがあればいい。一生かかっても追いつかないほど、行きたい場所がたくさんあって、会いたいひとがたくさんいて、作りたい本がたくさんある。そういう自分にとって、いちばん必要なのは資料の山じゃなくて、いつでもどこへでも、いま住んでいる場所を捨てて移動できるフットワークだ。

ウェブ古本屋がうまくいって、自分の本棚から本がすっかりなくなってしまう日。それを考えると、いまからワクワクしてくる！

1989年の「ArT RANDOM」から2013年の『独居老人スタイル』まで。取り上げた対象はいろいろだし、書店でもいろんな棚に置かれるけれど、作り手としてのスタンスは全然変わっていない。よく誤解されるけど、僕の仕事のモチベーションは「好きだから」じゃない。「いま取材しておかないと消えてしまう」「自分がやらなきゃ、だれもやらない」というやむにやまれぬ危機感、そして世間の無理解に対する怒りと焦燥感だ。（談）

●著書一覧（編著を含む）　＊文庫化、再刊はカッコ内に記載

『京都残酷物語』
（建築・都市ワークショップ、1992年）

80年代末の２年間、京都に住んでいた。時代はバブル真っ最中。街の再開発が進み、有名な建築家が素人目にはオモチャにしか思えない建物を建てまくっていた。それら奇怪な建築群を記録した日英バイリンガルの小冊子。この頃から自分で写真を撮り始めた。

「ArT RANDOM」シリーズ
編著（全102巻、京都書院、1989〜1992年）

現代美術業界が無視してきた、真に現代的な作家たちを紹介した安価で堅牢な美術全集。海外のキュレーターや評論家の力も結集したアートブック・プロジェクトだった。100巻を刊行後、W・バロウズとJ・M・バスキアが追加され全102巻で完結。

『ROADSIDE JAPAN 珍日本紀行』
（アスペクト、1996年12月→『珍日本紀行　西日本編』『珍日本紀行　東日本編』と改題してちくま文庫、2000年12月）

もともとは「週刊SPA!」に連載していた、日本の知られざる名所を訪ね歩いた旅行記。当初は短期連載のつもりだったが、いざ始めると予想をはるかに上回るおもしろさで、連載は約5年間続くことに。ここで僕は秘宝館やラブホテルの日本に出会った。

「ArT RANDOM CLASSICS」シリーズ
編著（全8巻、Lampoon House、1996〜1999年）

「ArT RANDOM」シリーズ古典編。超有名作家以外は、もしかしたら現代美術作家よりも資料を入手しにくい国内と海外の古典作家たちを、「ArT RANDOM」と同じ精神で紹介。当時はそれほどポピュラーでなかった伊藤若冲なども入っている。

『東京スタイル』
（京都書院、1993年9月→京都書院アーツコレクション、1997年5月→ちくま文庫、2003年3月）

90年代初頭から２年以上かけて撮影した、東京の若者たちの小さな部屋約100件の集成。あちこちの版元に企画を持ち込むが、どこも無反応。出版のあてもなく取材を続けていたが、「ArT RANDOM」の縁で京都書院から出版でき、しかしその後倒産してしまった。

『精子宮　鳥羽国際秘宝館・SF未来館のすべて』
（アスペクト、2001年5月）

2000年に閉館してしまった三重の鳥羽国際秘宝館唯一の写真集。撮影を終えてまもなくの閉館後、展示物の一部は僕が引き取った。ちなみに本書のデザインは野田凪さん。彼女はこの後瞬く間に有名になったけれど、惜しくも若くして亡くなってしまった。

『ローカル ROADSIDE JAPAN 珍日本紀行リミックス版』
大竹伸朗、北川一成との共著
（アスペクト、2001年5月）

この時期、地方を取材する連載を持っていた僕と大竹くんは、よく一緒に旅をした。僕の写真と大竹くんの絵をデザイナーの北川くんに渡して、まったく自由にデザインしてもらった実験的なアートブック。特装版もあり。

「STREET DESIGN FILE」シリーズ
（全20巻、アスペクト、1997〜2001年）

ラブホテルや暴走族、デコトラなど、「だれもが知っているのにバカにされているもの」「いま取材しておかないと消えてしまうもの」を国内外に集めた街場のデザイン素材集。このシリーズではあえて一冊ごとに違うデザイナーを起用したのも、挑戦だった。

『賃貸宇宙 UNIVERSE for RENT』
（筑摩書房、2001年12月→ちくま文庫上下巻、2005年5月）

『東京スタイル』拡大版とも言える、安くて居心地いい、都会の部屋の写真集。「SPA!」に連載した「関西スタイル」やアスキーのウェブサイト、デザイン雑誌など、複数の雑誌連載を再編集して、東京から関西まで網羅した、ものすごく分厚い一冊になった。

『フランスゴシックを仰ぐ旅』
木俣元一との共著
（新潮社、2005年1月）

なぜか僕にゴシックのテーマでの依頼が来た。「ゴスロリのゴスなら…」と答えると、「本物のゴシックです」（笑）。それならと、ゴシックでありつつゴスっぽい匂いのする場所を、パリで探し歩きまわった。修道士のコスチュームを借りて、夜明けのノートルダム大聖堂で撮影したり、楽しんだ。

『東京するめクラブ 地球のはぐれ方』
村上春樹、吉本由美との共著
（文藝春秋、2004年11月→文春文庫、2008年5月）

村上さんに時間があるとき、僕と吉本さんと3人で「だれでも知ってるけどリスペクトされない」場所を訪ね歩いた旅行記。ワイキキ、熱海、名古屋、清里からサハリンまで、いろんな場所を気ままに旅し、気ままに書いたコレクションだ。

『バブルの肖像』
（アスペクト、2006年8月）
世間ではバブル＝悪の代名詞のように言われていたが、そのただなか（の隅っこ）にいた身として、たんに揶揄するのではなく、もう少しあたたかい視点で当時の遺産を振り返ってみた記録集。もとは「週刊朝日」での連載。いまの中国の成金ぶりを嗤ってみても、それはほんの少し前の日本だったことがよくわかる。

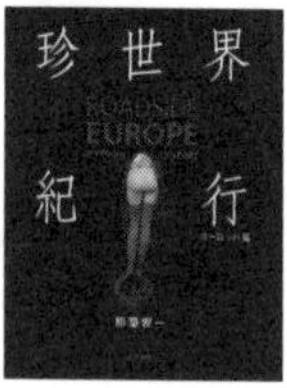

『ROADSIDE EUROPE 珍世界紀行ヨーロッパ編』
（筑摩書房、2004年3月→ちくま文庫、2009年12月）
「ROADSIDE JAPAN」の連載時、夏休みや正月など連休にあわせ、海外編を掲載していた。そのストックからヨーロッパ編を一冊にまとめたもの。日本とはまったくテイストの違う、ヘヴィなB級スポットが多いのが、ヨーロッパの特徴だった。

『Image Club』
（アムズ・アーツ・プレス、2003年7月→アスペクトLIGHTBOXシリーズ、2003年）
ラブホテル同様、見ようによってはインスタレーション・アートとも言えそうな、イメクラのデザイン的側面に光を当てた。この手の店は普通に取材依頼してもまず断られるが、風俗誌なら宣伝になるので取材OK。このために風俗系雑誌に連載を持ち、その成果をまとめた写真集だった。

『やせる旅』
（筑摩書房、2007年3月）
全日空の機内誌「翼の王国」での、1年間の連載をまとめた本。「ダイエット情報が女性向けばかりなのはおかしい！」と、自分の体を張って取材したダイエット紀行。「全日空が飛んでいるところなら」と、国内、海外、ずいぶんいろんな場所を訪ね歩くことができた。

『性豪　安田老人回想録』
（アスペクト、2006年11月）
『巡礼』の取材中、80代の現役AV男優だった安田義章さんと出会った。話があまりにもおもしろかったので、その後1年間ほど、安田さんのもとに通い、この一代記を作らせてもらった。本が出た後、書店で開いた安田さんにとって最初で最後のトークイベントが、いまはいい思い出。

『夜露死苦現代詩』
（新潮社、2006年8月→ちくま文庫、2010年4月）
あまりにマイナーで閉じた現代詩の世界に対して、「現代のリアルな詩とはなにか？」を探るべく、死刑囚の俳句から痴呆老人のつぶやき、暴走族の落書き、相田みつをまでを取り上げた詩論集。もとは文芸誌「新潮」の連載。詩壇からは完全に黙殺されたが。

『だれも買わない本は、だれかが買わなきゃならないんだ』
（晶文社、2008年2月）
新聞や雑誌の書評を集めて一冊にまとめたもの。当時からなるべく、ほかに紹介されない隠れた良書を紹介したいと思ってきたので、その集積もユニークなコレクションになった。しかしこのころから印刷メディアで、ちゃんと書ける場所が見つけにくくなり、それが自分でメルマガを始める動機のひとつにもなった。

『HAPPY VICTIMS 着倒れ方丈記』
（青幻舎、2008年11月）
金銭的な余裕はゼロにもかかわらず、ひとつのブランドを愛しすぎてしまった人間たちの記録。もとはいまはなきファッション誌「流行通信」で長く続いた連載だった。ブランド側にも喜んでもらえると思いきや、猛反発をくらったりして、ファッション業界の歪んだ実態をかいま見ることにもなった。

『巡礼　珍日本超老伝』
（双葉社、2007年3月→『珍日本超老伝』と改題してちくま文庫、2011年7月）
女装家の元大学教授や80代のラッパー等々、みずからの意志のままに生きてきた老人たちを訪ね歩いた記録。これが僕の「老人シリーズ」の端緒となった。もとの連載「サイゾー」にはウェブ版もあり、そこでは彼らの音声も聴けるようになっていた。

『HENRY DARGER'S ROOM』
小出由紀子との共編
（インペリアルプレス、2007年4月）
いまや伝説となったアウトサイダー・アーティスト、ヘンリー・ダーガーの部屋の写真があると聞いて、やむにやまれず友人とふたりでマイクロ出版社を設立、この一冊を自費出版した。書店にお願いに回ったり、断られたり、励まされたり。おかげで自費出版の仕組みにずいぶん詳しくなった。

『ラブホテル　Satellite of LOVE』
『大阪万博　Instant FUTURE』
（アスペクト、2008年3月、以上STREET DESIGN FILEシリーズの新装再刊）
『刑務所良品　Made in PRISON』（アスペクト、2008年6月）
『秘宝館　House of EROTICA』（アスペクト、2009年4月）
『イメクラ　Image Club』（アスペクト、2009年5月）
以前の「STREET DESIGN FILE」シリーズから、リクエストの多かった『ラブホテル』と『大阪万博』を、新装版で復刊。そこに新たに『刑務所良品』『イメクラ』『秘宝館』を加え、全5冊の「LIGHTBOX」シリーズとした。

**『Showa Style
再編・建築写真文庫
〈商業施設〉』**
編著（彰国社、2009年12月）
もともと好きで集めていた「建築写真文庫」の版元・彰国社に、再編集版企画を持ちかけて実現した一冊。数十冊の原本のスキャン作業から、貴重な写真資料が甦った。「商業施設編」の後に「住宅施設編」も出す予定だったが、まだ実現していない。

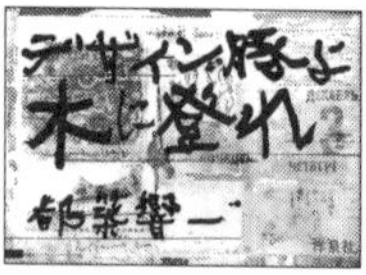

『デザイン豚よ木に登れ』
（洋泉社、2009年6月）

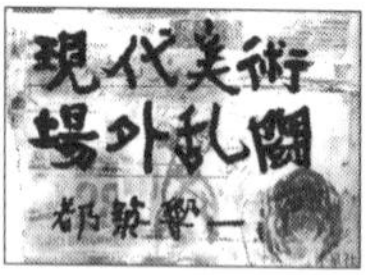

『現代美術場外乱闘』
（洋泉社、2009年6月）
「IDEA」や「ART iT」など、現代美術やデザインの雑誌に書いてきた仕事をまとめた本。一冊にはおさまりきらず2分冊に。『デザイン豚〜』がデザイン系、『現代美術〜』がアート系というかたちになっている。

『BORO　つぎ、はぎ、いかす。青森のぼろ布文化』
小出由紀子との共編
（アスペクト、2009年1月）
青森の貧しい農村や漁村で使われてきた、「ぼろ」と呼ばれる麻の服や布。それらがあまりにも素晴らしく、なんとか世の中に紹介したくて作った本。極限に貧しいからこそ、美意識ではなくサバイバルのために縫い重ねられたテキスタイル・デザインの傑作。

**『ROADSIDE USA
珍世界紀行アメリカ編』**
（アスペクト、2010年10月）
月刊誌「TITLe」（すでに休刊）で、創刊から7年ほども続けたアメリカ紀行連載の単行本化。ひとりでレンタカーを借り、アメリカ全州を回りながら、刺激的な珍スポットやアウトサイダー・アーティストを探す遠大な企画だった。僕の40代は、ほぼこの連載に費やされたと言える。

**『HEAVEN
都築響一と巡る社会の窓から見たニッポン』**
（青幻舎、2010年6月）
2010年に広島市現代美術館で開いた同名の展覧会の、カタログとして機能するように作られた一冊。『東京スタイル』から始まった、これまでの自分の仕事のうち、日本に関わるものの総集編。単なる展覧会カタログを超えた、読み物として充実させたかった。

**『天国は水割りの味がする
東京スナック魅酒乱』**
（廣済堂出版、2010年3月）
世の中にはこれほどスナックがあるのに、それについて書かれた本が一冊もない。ならば自分が作るしかない。そう思って取材を始め、何度も店に通い、飲みながら話を聞いた。もとはウェブ連載だったので、まとめてみたら800ページを超える大著になってしまった。

『東京スナック飲みある記 ママさんボトル入ります！』
（ミリオン出版・大洋図書、2011年12月）

都内23区で23のスナック街を訪ね歩いた、スナック世界のガイドブック。いつものとおり類書ゼロなので、「今週はこの区」と決めて、とにかく手当たり次第飲み歩く取材方法で、担当者と毎日のようにハシゴしていた。もとは自分のブログ上での連載である。

『演歌よ今夜も有難う 知られざるインディーズ演歌の世界』
（平凡社、2011年6月）

公民館や路上で活動するインディーズ演歌歌手たちを追ったインタビュー集。ウェブ連載時には音声や動画も視聴できた。スナック本からこのあたりにかけて、ネット上での連載のほうが、印刷メディアよりずっと使い勝手がよくなり、どんどんネットに仕事が移っていった。

『HELL　地獄の歩き方〈タイランド編〉』
（洋泉社、2010年10月）

タイの奇妙なＢ級スポットである、田舎の寺院の地獄庭園写真集。まだ珍世界紀行を手がけていたころ、こうした地獄庭園を知って以来数年間、暇をみつけては各地の寺院を撮影してまわっていた。知識人にはバカにされていて、現地での情報収集に苦労したのも日本の秘宝館と同じだった。

『独居老人スタイル』
（筑摩書房、2013年12月）

「独居老人」につきまとう哀れなイメージを一新したくて、経済的に豊かでなくても、それぞれの独居生活を満喫して苦も不満もストレスもない、16人の人生の先輩たちを紹介した。もとは『東京右半分』に続く、筑摩書房のウェブ連載をまとめたもの。

『ヒップホップの詩人たち』
（新潮社、2013年1月）

『夜露死苦現代詩』の続編として、日本語のラップに焦点を絞った、やはり「新潮」の連載をまとめたもの。東京中心でなく、おもに地方から発信される彼らのリリックの素晴らしさを、その生き様とともに、純文学ファンにこそ知ってもらいたいと願って続けた連載だった。

『東京右半分』
（筑摩書房、2012年3月）

数年前から東京の右側に遊びに行くことが増え、若い友人たちも引っ越していったりして、東京のエネルギーが西から東にシフトしているなと実感。そこで筑摩書房のウェブ雑誌で連載したものを一冊にまとめた。いわゆる「下町風情」を徹底的に排除した、いまこの時代のリアルを伝えてみたかった。

●初出一覧

[第一章]本をつくる

「モスクワ・ローリングストーンズ・ファンクラブ会報」scripta　2006年autumn号

『ドクメンタ13　マテリアルズ』ROADSIDERS' weekly　2012年11月7日配信号

『張り込み日記』ROADSIDERS' weekly　2013年10月9日配信号

ふぐりのうた　妄想詩集『エロ写植』ROADSIDERS' weekly　2013年9月25日配信号

『謄写技法 別輯1　ガリ版刷春本編』scripta　2008年autumn号

「Between C & D」scripta　2009年autumn号

『HENRY DARGER'S ROOM』scripta　2007年summer号

BOOKS AND PRINTS　ROADSIDERS' weekly　2014年3月6日配信号

ZINGという挑戦　ROADSIDERS' weekly　2014年3月6日配信号

[第二章]本を読む

『Hello My Big Big Honey!　Love Letters to Bangkok Bar Girls and Their Interviews』
scripta　2007年winter号

『らせん階段一代記』scripta　2007年spring号

『知られざる日本人　南北アメリカ大陸編——世界を舞台に活躍した日本人列伝』
scripta　2008年spring号

『izakaya　THE JAPANESE PUB COOKBOOK』scripta　2008年summer号

『ニッポンの廃墟』『1コイン廃墟ブックレット特別版　消えゆくニッポンの秘宝館　秘宝館を世界遺産に!』
scripta　2007年winter号

『銀座社交料飲協会八十年史　銀座 酒と酒場のものがたり』scripta　2009年winter号

『田中コレクションⅡ　サキオリから裂織へ』scripta　2009年spring号

『中国低層訪談録　インタビュー どん底の世界』scripta　2009年summer号

『トラック野郎風雲録』『別冊映画秘宝　映画『トラック野郎』大全集』scripta　2010年autumn号

「任侠手帳2010」scripta　2010年spring号

「昭和の「性生活報告」アーカイブ」scripta　2011年spring号

『ホットロード〜十代の光と影〜』scripta　2011年summer号

『歌謡・演歌・ナツメロ　ナレーション大全集』scripta　2011年autumn号

『リアルタイム「北海道の50年」すすきの風俗編』
上「1960年代〜1970年代」・下「1980年代〜2010年代」scripta　2013年autumn号

『音楽が降りてくる』『音楽を迎えにゆく』scripta　2012年spring号

『せんだいノート　ミュージアムって何だろう?』scripta　2012年autumn号

『死刑囚90人　とどきますか、獄中からの声』scripta　2013年spring号

『ロング・グッドバイ　浅川マキの世界』roadside diaries　2011年1月21日
『アメリカは歌う。歌に秘められたアメリカの謎』ROADSIDERS' weekly　2012年1月25日配信号
『カラオケ化する世界』論座　2008年5月号
『俺節』roadside diaries　2011年1月26日
『東京都北区赤羽』roadside diaries　2009年7月7日
『セレブマニア』roadside diaries　2010年1月27日
『レッツゴー!!おスナック』roadside diaries　2010年7月21日
『絶滅危惧種見聞録』roadside diaries　2010年5月5日
『123456789101112131415161718192021222324』roadside diaries　2011年3月22日
『憂魂、高倉健』roadside diaries　2009年7月1日
『ラブホテル裏物語　女性従業員が見た「密室の中の愛」』roadside diaries　2010年12月8日
「ワンダーJAPAN」roadside diaries　2010年8月11日
『果因果因果因』roadside diaries　2011年9月28日
「LB中洲通信」roadside diaries　2010年7月14日
『ナショナル ジオグラフィック　プロの撮り方 完全マスター』ROADSIDERS' weekly　2012年5月23日配信号
『電子顕微鏡で見るミクロの世界』roadside diaries　2010年10月13日
『まずいスープ』roadside diaries　2009年10月15日
『村上春樹　雑文集』roadside diaries　2011年2月2日
『ビ』新潮　2013年9月号
この3冊「放浪」『荒野へ』『田中小実昌エッセイ・コレクション2　旅』「土佐源氏」
毎日新聞　2013年1月27日号

[第三章] 人を読む

ワルの先輩　山下清　『山下清の放浪地図』収録（山下浩監修、平凡社、2012年4月）
幻視者としての小松崎茂　小松崎茂　ROADSIDERS' weekly　2013年9月4日配信号
ヌケないハダカ　篠山紀信　広告批評　2009年3月号
顔の力　細江英公　ROADSIDERS' weekly　2012年5月23日配信号
はじめてのおつかい　梅佳代　『梅佳代展図録』収録（産経新聞社、2013年4月）
記憶の島　岡本太郎と宮本常一　ROADSIDERS' weekly　2012年8月15日配信号
死して屍、拾うものあり。キース・ヘイリング　BRUTUS TRIP02　2008年may号
捨てる神と拾う神　森田一朗　ROADSIDERS' weekly　2012年12月5日配信号

[第四章]イメージを読む

『The Nine Eyes of Google Street View』ROADSIDERS' weekly　2013年12月25日配信号
『Gentlemen of Bacongo』ROADSIDERS' weekly　2013年8月21日配信号
『隣人。38度線の北』ROADSIDERS' weekly　2013年1月23日配信号
『ODO YAKUZA TOKYO』ROADSIDERS' weekly　2013年11月27日配信号
『Retratos Pintados』scripta　2011年winter号
『少女ポーズ大全』scripta　2012年winter号
『うしじまいい肉写真集』scripta　2013年summer号
『Los Tigres del Ring』roadside diaries　2011年9月21日
『昭和のレコードデザイン集』ROADSIDERS' weekly　2012年2月15日配信号
『おかんアート』ART iT連載「ニッポン国デザイン村」　2011年11月14日（http://www.art-it.asia/top）
『ワイルドマン』ROADSIDERS' weekly　2014年1月8日配信号
『海女の群像　千葉・岩和田 1931 - 1964（新装改訂版）』
ROADSIDERS' weekly　2012年9月26日配信号
『アラスカ』ROADSIDERS' weekly　2013年5月22日配信号
『スペクター 1974 - 1978』ROADSIDERS' weekly　2014年1月15日配信号
『ECHOLILIA』ROADSIDERS' weekly　2013年11月6日配信号
『壁の本』roadside diaries　2009年9月3日
『堕落部屋』ROADSIDERS' weekly　2013年1月23日配信号
『池本喜巳写真集　近世店屋考』ROADSIDERS' weekly　2012年9月12日配信号
「建築写真文庫」scripta　2010年winter号
駅という名の広場があった『新宿ダンボール村』『上野駅の幕間』
ROADSIDERS' weekly　2013年6月19日配信号
昭和という故郷『サーカスの時間』『昭和の肖像〈町〉』
ROADSIDERS' weekly　2013年12月4日配信号
残像・命ギリギリ芸『昭和の肖像〈芸〉』ROADSIDERS' weekly　2014年2月12日配信号

本棚が、いらなくなる日
yom yom 2009年7月号（のち新潮社編『私の本棚』収録、新潮社、2013年8月刊）

ブックデザイン　倉地亜紀子
口絵・本文写真　都築響一
本文写真　植本一子
齋藤宙
本文写真のうち、19、20、47、54、60、62、209、218、224ページは著者、その他は植本一子、齋藤宙が撮影。
255ページの写真のみ、
『ROADSIDERS' weekly』より引用

ROADSIDE BOOKS

書評2006-2014

二〇一四年六月三十日　初版第一刷発行

著　者　都築響一

発行人　浜本　茂

印　刷　中央精版印刷株式会社

発行所　株式会社 本の雑誌社

〒101-0051

東京都千代田区神田神保町1-37　友田三和ビル

電話　03（3295）1071

振替　00150-3-50378

ISBN978-4-86011-257-8　C0095